Rudolph Lothar

Kritische Studien zur Psychologie der Literatur

Rudolph Lothar

Kritische Studien zur Psychologie der Literatur

ISBN/EAN: 9783742868299

Hergestellt in Europa, USA, Kanada, Australien, Japan

Cover: Foto ©Suzi / pixelio.de

Manufactured and distributed by brebook publishing software
(www.brebook.com)

Rudolph Lothar

Kritische Studien zur Psychologie der Literatur

Rudolph Lothar.

Kritische Studien zur Psychologie der Litteratur.

—❦❦❦—

Von **Rudolph Lothar** ist erschienen in E. Pierson's Verlag, Dresden:

Der verschleierte König. Ein Bühnenmärchen. 2. Aufl. 1892.
Der Werth des Lebens. Ein Mysterium. 2. Aufl. 1893.
Caesar Borgia's Ende. Ein Trauerspiel. 1893.
Rausch. Ein Schauspiel. 1894.

———————

Im Verlage von M. Engel & Söhne, Wien:

Das hohe Lied. Ein dramatisches Gedicht. Mit Illustrationen von Max Levis. 1893.

———————

Im Verlage der Schlesischen Buchdruckerei, Kunst- und Verlags-Anstalt v. S. Schottlaender in Breslau:

Der Wunsch. Ein Märchenspiel in Versen. 1895.

——— ◄• •► ———

Kritische Studien

zur

Psychologie der Litteratur.

Von

Rudolph Lothar.

Breslau.

Schlesische Buchdruckerei, Kunst- und Verlags-Anstalt
v. S. Schottlaender.

Leipzig: E. F. Steinacker.   1895.   New-York: Gust. E. Stechert.

Herrn Dr. Eduard Bacher

in treuer Freundschaft und herzlichster Verehrung

zugeeignet.

Wien, im October 1894.

Inhalt.

I.

Zur Geschichte der Kritik in Frankreich.

❧

Eine Geschichte der Kritik ist noch nicht geschrieben.

Doch ehe die Wissenschaft an die Lösung dieser gewiß in vieler Hinsicht interessanten Aufgabe geht, wird sie sich erst eine Frage vorlegen müssen, deren endgiltige Beantwortung bisher noch nicht erfolgt ist.

Was ist Kritik? Was ist ihr Zweck und was ihr Ziel? —

Die Sprachreiniger haben das Fremdwort „Kritik" mit Besprechung übersetzt, und dieser Ausdruck ist insofern glücklich gewählt, als man sich gemeiniglich unter Kritik in der That nichts Anderes vorstellt, als die Aussprache eines Fachmannes über ein in sein Fach schlagendes Werk, als die Aeußerung seiner Meinung darüber. So sagt denn Brunetière, der hochgeschätzte Kritiker, seit Kurzem auch Herausgeber der Revue des Deux Mondes und einer der jüngsten „Unsterblichen": „Die Aufgabe der Kritik ist immer, zu urtheilen und zu classificiren." Damit giebt er nur der gang und gäben Ansicht von der Aufgabe der Kritik präcisen Ausdruck. Brunetière sieht in der Classification den Endzweck aller Wissenschaft, also in einer classificirenden Kritik eine wissenschaftliche Kritik. Untersuchen wir aber sein Vorgehen — und das Vorgehen aller Kritiker, die sein Princip

1*

theilen — näher, so finden wir, daß jede Classification
auf Vergleichen, jeder Vergleich auf Urtheilen beruht.
Und diese Urtheile haben nun, je nach dem Standpunkt des
Kritikers, eine verschiedene Begründung. Der Aesthetiker
wird untersuchen, ob ein Kunstwerk schön oder häßlich,
der Moralist, ob es gut oder schlecht ist. Wollen wir
also die oben gegebene Definition als wissenschaftlich
gelten lassen, so müssen wir uns vorher überzeugen, ob
der an die Kunstwerke gelegte Maßstab ein wissenschaftlicher ist. Da müssen wir denn sagen, daß gut und schlecht,
schön oder häßlich ebenso wenig wie warm und kalt
wissenschaftliche Ausdrücke sind. Die Thermometerscala
ist eine Erfindung des Menschengeistes. Es giebt in der
Natur ebensowenig eine absolute Schönheit, als es eine
absolute Wärme giebt. Schön (resp. gut) ist, was sich
mit unseren Begriffen von schön (resp. gut) deckt, und
diese unsere Begriffe sind das Resultat von Erziehung,
Vererbung, klimatischen und zeitlichen Verhältnissen, im
letzten Grunde das Ergebniß gegenseitiger Suggestion.
Jedes Ideal ist der erträumte Zustand eines vollkommenen
Gleichgewichtes zwischen unserer Innenwelt und der
Außenwelt; so erwarten wir beispielsweise vom Glück
das Gleichgewicht zwischen unseren Wünschen und deren
Erfüllung. Wenn ein Kritiker ein Buch schön oder gut
findet, so theilt er dem Leser nur die Scala seiner Begriffe
mit; wenn er das Kunstwerk in Bezug auf ein schönheit-
liches oder sittliches Ideal betrachtet, so zeigt er nur, welches
schönheitliche oder sittliche Ideal durch Erziehung, Vererbung ꝛc. ꝛc. seine, des Kritikers, Gedankensphäre be-

herrscht. Ein solches Urtheil kann sehr werthvoll sein — aber nur insofern, als es uns über den Seelenzustand des Kritikers unterrichtet. Aber nicht um den Besprecher, um das Besprochene handelt es sich bei der Kritik.

Bevor wir den wahren Zweck der Kritik erkennen, müssen wir uns erst über den Zweck des Kunstwerkes klar sein. Brunetière, der uns als der Typus des zünftigen Aesthetikers gelten mag, bezeichnet die Verkörperung der Schönheit als Ziel der Kunst. Indem nun ein Künstler die Schönheit verkörpern will, sucht er nach dem Ausdruck für das, was seiner Zeit und seinen Zeitgenossen als Schönheitsideal vorschwebt — sein Werk ist also eine Resultirende der Zeit, und nur in dieser Zeit, auf diesem Boden, unter diesen Verhältnissen möglich, so wie eine bestimmte Frucht nur von einem bestimmten Baum in einem bestimmten Boden unter bestimmten klimatischen und anderen Verhältnissen möglich ist. Wir können also sagen, das Ziel der Kunst ist, die Ideale, die in der Volksseele schlummern, zum Ausdruck zu bringen. Die Strömungen, die ein Volk, eine Zeit durchfluthen, in den Künstlern treten sie zu Tage und in ihren Werken sind sie meßbar. Das Erkennen und das Messen jener Strömungen, das Zurückführen derselben auf ihre Quellen, das Verfolgen ihres Laufes und ihrer Verzweigungen ist es, was wir als höchste Aufgabe der Kritik bezeichnen wollen.

Die moderne Kritik stellt sich oft die Frage, für wen der Dichter schreibt? Der Künstler schafft, wie die Blume blüht, ohne daran zu denken, daß man sie pflücken wird

— er schafft in erster Linie für sich. Das Publicum ist sein Werk, wie die Wellenkreise das Werk des Wellenerregers sind. Afterpoeten, die fremde Kreise benutzen, um sich von ihnen tragen zu lassen (nenne man dies nun Nachahmung, Schule oder Manier) gehören nicht zu den volksgeweihten Priestern der Kunst, und ihr Auftreten und der Beifall, den sie finden, bedeuten immer einen Stillstand oder einen Rückgang der Kunstentwickelung. Aufgabe der Kritik ist es, jene Staaten im Staate, das Publicum im Volke zu erkennen und zu umgrenzen, im Beifall einen Gradmesser für die Entwickelung der Volksseele zu finden.

Halten wir uns nun den Zweck der Kunst vor Augen, und sehen wir in der Kritik die Controle, ob und wie dieser Zweck erreicht worden, so ergeben sich zunächst folgende Fragen, die der Kritiker in jedem einzelnen Falle zu beantworten hat, ehe er an die Lösung der allgemeinen Probleme geht:

Was wollte der Künstler sagen? Wie sagt er es? In welchem Verhältnisse steht das Gesagte mit unseren Anschauungen und Gefühlen?

Indem die Kritik die Vorbedingungen der ersten Frage untersucht, d. h. festzustellen trachtet, inwiefern der dem Kunstwerk zu Grunde liegende Gedanke das Seelenproduct des Künstlers ist, fußt sie auf der Psychologie. Die zweite Frage ist rein technischer Natur. Die dritte Frage, die die Verbindung zwischen Cultur und Kunst, d. h. zwischen Geistesströmungen und den Werken, in denen diese zum Ausdrucke kommen, in jedem einzelnen Falle klar legen will, berührt sich mit der Sociologie. In

ihrer Beantwortung liegt die Erkenntniß der Schaffenskraft und Schaffenshöhe der Volksseele. Aus dem Ge-
sagten geht hervor, daß wir in der Kritik das Bindeglied
zwischen Naturwissenschaft (Psychologie) und Culturwissen-
schaft (Sociologie) erblicken. Wir zweifeln nicht, daß die
Kritik der Zukunft in diesem Sinne gehandhabt werden
wird. Dann wird vielleicht die Zeit gekommen sein,
kritisch die Kritik der Vergangenheit zu betrachten. Was
heute zur Geschichte der Kritik vorliegt, sind lediglich
Bausteine, die der berufene Werkmeister nur mit Vorsicht
wird gebrauchen können.

Als einen bloßen Baustein für ein künftiges Gebäude
will auch Ferdinand Brunetière den ersten Band seines
Werkes: L' Évolution des genres dans l'histoire de
la littérature (T. I: L' Évolution de la critique
depuis la renaissance jusqu'à nos jours) betrachtet
wissen. In diesem Werke beabsichtigt Brunetière die
Entwickelungslehre in Litteraturgeschichte einzuführen,
weniger weil er die Darwinische Methode als die ge-
eignetste für seine kritischen Zwecke ansieht, als weil er
darin eine Alles erfassende Strömung der Zeit erblickt, der
er folgen will. Aber ehe er daran geht, in seinen Vor-
lesungen (denn auf der Hochschule ist das Buch entstanden)
an das Studium der Dichtungsarten zu gehen, an die
Darlegung ihrer chronologischen und genealogischen Reihen-
folge, ihrer ästhetischen Verbindung, ihrer Gesetze — will
er, wie um sein Handwerkszeug zu prüfen, die Entwickelung
der litterarischen Kritik in Frankreich in raschen Zügen
darstellen.

Brunetière zu Folge entspringt die Kritik aus der Philologie und eine Geschichte der Kritik müßte also mit einer Geschichte der humanistischen Bestrebungen beginnen. Nachdem er also den Ursprung der Kritik im Italien des XV. Jahrhunderts, im ersten Dämmern der Renaissance gesucht, sieht er in Du Bellay, der zuerst das classische Alterthum der französischen Litteratur als Muster aufgestellt (mit der für den Anfang des XVI. Jahrhunderts charakteristischen Vorliebe für das Griechische), in Scaliger mit seiner die Alleinherrschaft des Lateinischen einleitenden Poetik die Bahnbrecher für Malherbe, dessen große Bedeutung für die Technik der französischen Poesie er in dessen Beschäftigung mit dem Alterthume findet. Auf dem römischen Classicismus steht, d. h. thront auch Boileau, der Obergott der ästhetischen Kritik in Frankreich. Ueber zwei Jahrhunderte hinweg reicht Brunetière dem Dichtmeister die Hand, sichtlich bestrebt, in der Boileauschen Aesthetik, diesem Vernunftcultus des Natürlichen, den Vorläufer, wenn nicht gar das Ideal des Naturalismus zu erblicken. So sieht er auch den Streit zwischen Boileau und seinen Gegnern Perrault und Fontenelle, den berühmten Streit zwischen den Alten und den Modernen, dessen Schlachtruf lautete: hic Classik, hic freie nationale Kunst! noch in der Gegenwart fortdauern. Und er macht aus seinen Sympathien in diesem Streite kein Hehl. Er verfolgt die Boileau'schen Theorien durch's XVIII. Jahrhundert bis in die neue Zeit in allen ihren Verkörperungen in Büchern und Menschen. Aber er zeigt uns auch, wie andere kritische Theorien auftauchen, sich entwickeln, Geſtalt und Bedeutung gewinnen. Beim Abbé Dubos (1419), bei Montesquieu erſcheint ſchon die Frage nach dem Einfluſſe des Milieu auf das Kunſtwerk, Diderot, der mit den Künſtlern fühlt, ſich nicht über ihr Fühlen ſtellt, deſſen Nerven vor dem Nahen des XIX. Jahrhunderts zittern, iſt ein Vorläufer des Realismus, und ehrlich iſt Brunetière's Haß ihm gegenüber. Seltſamer Weiſe vernachläſſigt Brunetière Grimm, den erſten impreſſioniſtiſchen Kritiker, der, den Zuſammenhang des Milieu mit der Litteratur, den der Culturgeſchichte mit der Geſchichte der Kunſt erkennend, ein Vorläufer Henri Taine's zu nennen iſt. Brunetière faßt die Entwickelung der Kritik bis zum XIX. Jahrhundert in den Worten zuſammen: „Zuerſt philologiſch, dann exegetiſch und apologetiſch, ſozuſagen, ſahen wir die Kritik dogmatiſch werden mit Boileau, höfiſch mit Perrault, äſthetiſch mit Voltaire und Diderot, hiſtoriſch endlich mit Laharpe." An der Schwelle unſeres Jahrhunderts ſteht Rouſſeau, mit dem die Revolution in der Litteratur zum Durchbruch kommt, der den Zwang der Regeln verwirft, ſeinen natürlichen Trotz den Geſetzen entgegenſtellt. Sein Individualismus verlangt, daß im Menſchen nicht das Allgemeine, ſondern das Beſondere (was den Einzelnen eben von der Allgemeinheit unterſcheidet) entwickelt werde. Indem er dieſen Satz auf die Kritik anwendet, ſucht er der Individualität des Dichters und der Dichtung gerecht zu werden. Brunetière zeigt uns den Einfluß Rouſſeau's bei Mme. de Staël und Chateaubriand, zeigt uns, wie Beide ohne Rouſſeau nicht denkbar ſind. Mme. de Staël iſt es, die mit Eifer die

Wechselwirkung zwischen Cultur und Kunst zu ergründen sucht. Inzwischen sehen wir die historische Schule an Boden gewinnen. Villemain, Guizot, und Cousin er-kämpfen der Kritik Rang und Stellung unter den histori-schen Disciplinen. Und Villemain beweist am XVIII. Jahrhundert, wie jede Litteratur der Ausdruck ihrer Zeit ist. Sainte-Beuve endlich führt das Porträt des Dichters in die Besprechung seiner Werke ein, beschäftigt sich mit der Physiologie des Autors, um von dieser auf dessen Psychologie zu kommen. Die Naturgeschichte der Geister — bei Sainte-Beuve kaum mehr als eine Metapher, wird bei Taine zum Angelpunkt seines Systems. Und alle die Ge-danken die von Abbé Dubos, Montesquieu, Rousseau, Mme. de Staël, Villemain, Sainte-Beuve in dunklem kriti-schen Drange mehr geahnt als ausgesprochen wurden, in Taine gelangen sie zu einheitlicher, zielbewußter Form; er faßt sie in dem Grundsatze zusammen: „die menschlichen Werke zu betrachten als Thatsachen und Producte, deren Charakter und Ursachen man zu untersuchen hat."

Brunetière sieht die Nothwendigkeit des Zusammen-hanges zwischen Cultur und Litteratur nicht ein, ja er möchte sogar gelegentlich das Gegentheil beweisen. Dabei scheint er aber zu vergessen, daß es in jedem Volk und zu jeder Zeit verschiedene, oft entgegengesetzte Strömungen giebt, die in den Künstlern natürlich zu verschiedenem, oft entgegengesetztem Ausdrucke kommen. Aehnliches meint wohl Renan, wenn er sagt: „Man gehört seinem Jahr-hundert und seiner Rasse an, selbst wenn man gegen sein Jahrhundert und seine Rasse reagirt." Taine sucht die

Gesetze, welche das Auftreten der Künstler zu Ursachen hat. Brunetière entgegnet, daß das Wesen eines Gesetzes in einer Voraussicht oder einer Macht bestünde, man aber bisher weder einen Racine voraussehen, noch schaffen konnte. Brunetière leugnet Taine gegenüber den Einfluß der Rasse, den Einfluß des Milieu; nur den Einfluß des Augenblickes läßt er gelten, ja, sieht in ihm den einzig ausschlaggebenden. Und wenn Brunetière Wechselwirkungen anerkennt, so sind es lediglich solche zwischen Kunstwerk und Kunstwerk.

In der Bekämpfung der Taine'schen Methode wie überall dort, wo Brunetière front macht gegen einen Kritiker oder eine Theorie, treten uns am besten Brunetière's eigene Theorie und kritische Arbeitsweise entgegen. Kritik als Werthschätzung und Classification der Litteraturwerke betrachtet, ist der Grundgedanke seines Systems. Dazu bedarf er eines Werthmessers, und dieser ist für ihn die französische Classik. Racine und seine Zeitgenossen sind die Bürgen für sein kritisches Urtheil. Und es ist bemerkenswerth, wie in Brunetière zwei gleiche Strömungen, deren Quellen doch in ganz verschiedenen Zeiten liegen, sich vereinigen. Boileau, durchdrungen von dem lateinischen Cultus der Form, legt in seiner Poetik das Schwergewicht auf diese, er selbst der Ausdruck einer Zeit, in der das Aeußerliche, die Etikette, die Form Alles galt. Und heute, am Ausgang des XIX. Jahrhunderts sehen wir wiederum einen Triumph der Form! Zum Theile beruht die jetzige Herrschaft der Form auf der Romanik, die so sehr das Aeußerliche zum Gegenstande ihrer Dichtung machte. Die Erkenntniß der

Natur, die Lust am Schildern, die Freude an Farbe und
Form, lauter Errungenschaften des XIX. Jahrhunderts
und das Wesentliche des Romantismus ausmachend, haben
mächtig dazu beigetragen, die Form über den Inhalt zu
erhöhen. Charles Morice, ein Führer des modernen
jungen Frankreich, hat Recht, wenn er sagt: „In allen
Dingen spannt man — der Volksausdruck ist so richtig!
— den Pflug vor den Ochsen. Der Pflug ist vervollkommnet, die Ochsen verkommen. Niemals wurden die
Mittel so studirt wie heute; das Ziel ist gleichgiltig geworden.“ Man nennt unsere Zeit das Jahrhundert der
Technik, und auch in der Kunst verdient es diese Bezeichnung. So stützt sich Brunetière's Kritik, die vor Allem
das Aeußere des Kunstwerkes in's Auge faßt, einerseits
auf das XVII. Jahrhundert, andererseits wird sie von
der Denk- und Empfindungsweise der Gegenwart getragen.
Boileau ist die Brücke, die Brunetière mit dem classischen
Rom verbindet. In lateinischer Tradition wurzelt er mit
einem guten Theil seiner Anschauungen. Auch der gänz-
liche Mangel an Nervosität berührt uns römisch — wir
möchten fast sagen, Brunetière verstehe die Nervosität des
Jahrhunderts gar nicht, stehe unserer Zeit in dieser Beziehung fremd und theilnahmslos gegenüber. Und deswegen ist er ein verständniß- und theilnahmsloser Richter
— und Richter zu sein, ist ja sein Bestreben! — allen
Werken gegenüber, die in der erhöhten Reiz- und Em-
pfindungsfähigkeit unserer Nerven die Grundbedingung
ihres Entstehens haben. Der französische Impressionismus,
die russische Mitleidsromantik sind nervöse Erscheinungen,

und gerade sie zählen zu den bemerkenswerthesten Producten der Zeit. Noch eine andere Eigenschaft seines Geistes scheint Brunetière aus dem alten Rom überkommen zu haben: das strenge Verdammen der „Welt", die geringe Achtung vor der Bedeutung der Frau. Ein Dichter, eine Litteratur, die der „Welt" und insbesonders den Frauen gefallen, sind schon darum für Brunetière werthlos, und er hat für solche Modelieblinge, für diese Berserade, Quinault, Preciösen und Modernen nur eine Geberde des Mitleids. Ja, er geht so weit, den Einfluß der Frau verderblich für die Litteratur zu finden, und bei jeder Stillstands- oder Verfallsepoche möchte er rufen: cherchez la femme! Racine und Molière haben deswegen nicht die Tiefe von Shakespeare und Goethe erreicht, weil sie den Frauen gefallen wollten, dem Geschmack der Menge, d. h. der „Welt", gefolgt sind!!

So wurzelt Brunetière mit dem Kreise seiner Vorstellungen in einer fernen Zeit, an die er sich durch Veranlagung und Studium enge angeschlossen hat. Da aber der Kreis seiner Erfahrungen nothgedrungen in der Gegenwart liegt, so steht er auch unter dem Einflusse der Strömungen, die diese bewegen. Er ist Pessimist, weil unsere Zeit pessimistisch ist, er liebt Paradore, weil unsere Zeit das Paradore bevorzugt. Der Geist braucht immer ein Spiel, um seine Spann- und Schnellkraft zu erproben und zu üben. In früheren Zeiten dienten diesem Zwecke Casuistik und Dialektik; heute dient diesem Zwecke das Paradoron. Der Chauvinismus seiner Landsleute ist an Brunetière nicht spurlos vorübergegangen. Er ist in seinem

Fache zünftig gesinnt, weil alles Zunftwesen wieder zu er=
wachen scheint, als Reaction gegen die Freiheit der Ge=
werbe und der Künste. Und der Satz: „Man darf über
die Kunst nicht urtheilen, ohne eine lange und gründliche
Erziehung des Geschmackes, braucht man dazu auch keine
Fähigkeiten, so doch mindestens eine Lehrzeit" ist ihm von
einer Zeit dictirt, die weniger auf die Fähigkeiten als auf
die Lehrzeit, (und auf ein dies bestätigendes Zeugniß) sieht.

Brunetière schreibt außerordentlich klar und deutlich.
Seine eigenen Ansichten treten dem Leser faßlich entgegen,
und auch die Ideen, die der Kritiker bekämpft, sind in
festen Zügen gekennzeichnet. Der durchsichtige, knappe und
bündige Stil verräth die Meister der französischen Prosa,
die ihn gebildet haben. Wenn man damit die überkünstelte
mystisch-dunkle Schreibweise der Modernen vergleicht, kommt
man so recht zum Bewußtsein, wie sehr die französische
Litteratur von heute sich von der des XVII. Jahrhunderts
entfernt hat.

Brunetière, der, wie gesagt, die Kunstwerke an und
für sich losgelöst vom Volke, das sie hervorgebracht, be=
trachtet, hat kein Auge für die Strömungen, die dieses
durchfluthen. Doch liegt in diesen allein Ursache und
Bedingung der Kunst und der Künstler. Diesen Satz legt
Ernest Tissot seinem Buche: Les Évolutions de la
critique française zu Grunde. Er will die moderne
französische Kritik und deren Entwickelung in ihren Haupt=
typen und nach ihren Methoden schildern. Vor die Frage
gestellt, worin die Ursache dieser reichen und vielgestaltigen
Entwickelung der Kritik im heutigen Frankreich liegt, sieht

er als dominirende Erscheinung der letzten zwanzig Jahre
eine Abnahme der Phantasie, eine Ausbildung des analy=
tischen Verstandes. Ein Analytiker ist auch er und bemüht
sich, mit dem Hilfsmittel wissenschaftlicher Analyse die
Arbeits= und Denkweise unserer Zeit in ihren Kritikern
zu studiren. Aber auch er glaubt, die Classification nicht
entbehren zu können. Er theilt die Kritik nach ihren
Methoden ein und zwar in

I. Die litterarische Kritik, die „Kunstwerke vom
Standpunkt der Aesthetik betrachtet, sie nach ihrer äußeren
Form beurtheilt, die sie vollkommen oder unvollkommen
findet, je nachdem sie den Moralgesetzen entsprechen oder
nicht". (Brunetière, Jules Lemaître.)

II. Die moralische Kritik, die „die Kunstwerke vom
sociologischen Standpunkte betrachtet, sie beurtheilt nach
ihren Wirkungen, die sie gesund oder ungesund findet, je
nachdem sie den Moralgesetzen entsprechen oder nicht".
(Barbey d'Aurevilly, Edmond Scherer.)

III. Die analytische Kritik, die, „ohne die ästhetische
Prüfung zu vernachlässigen, ohne die sociologische Unter=
suchung zu verachten, im Kunstwerk Wirkungen sieht, die
vor Allem eine schöpferische Intelligenz, das Milieu, in
dem sich diese Intelligenz entwickelt hat, die Race, der
sie entsprungen ist, zu directen Ursachen haben. Im
Werke diese Intelligenz, dieses Milieu, diese Race er=
kennen, ist ihr Ziel." (Paul Bourget, Emile Hennequin.)

Letztere kritische Methode, die direct auf Taine zurück=
geht, wendet Tissot bei seinem Buche an. Er sucht die
Strömungen unserer Zeit kennen zu lernen, soweit die

Analyse der einzelnen Kritiker und ihrer Werke ihm über
diese Aufschluß giebt. Um eine Entwickelungsgeschichte
der französischen Kritik zu geben, um uns den Werdegang
des kritischen Geistes zu zeigen, hätte er auch schildern
müssen, wie die einzelnen Strömungen sich berühren und
verstärken, sich kreuzen und brechen, wie sie entstehen und
wie sie verrinnen. Er hätte die Fäden, die er entdeckt
und bloßgelegt, in sicherer Hand zusammenfassen, zu einem
starken Gewebe verknüpfen müssen — zur analytischen
Methode die synthetische Betrachtungsweise fügend. Dann
wäre freilich die oben angeführte Classification unmöglich
gewesen, denn es hätte sich ergeben, daß die gleiche
Strömung Aesthetiker, Moralisten und Analytiker ergreift,
allerdings mit verschiedenen Berührungscoëfficienten.

Wir wollen, wenn auch nur flüchtig skizzirend, versuchen, unsere Meinung zu erhärten, indem wir an
einzelne Strömungen, die Tissot in seinem Buche, jede für
sich und ohne auf den Zusammenhang mit anderen in
gleicher oder entgegengesetzter Richtung fließenden zu achten,
bespricht, synthetisirend herantreten.

Die Eisenbahnen, d. h. die Möglichkeit, rasch und
billig die Länder zu durchqueren, die gesteigerten Handels-
beziehungen unter den Völkern, die internationalen Aus-
stellungen und Feste ꝛc. haben den Kosmopolitismus
großgezogen. Der Kosmopolitismus mit seinem weiten
gern die ganze Welt umschließenden Blick steigert in
immer wachsendem Maße die Summe der äußeren Eindrücke und gleichzeitig die Empfänglichkeit für diese. Die
Geister, die von dieser Strömung erfaßt werden, sind weit em-

pfänglicher für andere Strömungen als jene, die im starren
Erz des Patriotismus, das ihre Brust umschließt, ein Boll=
werk nach außen suchen und finden. Aber aus diesem selben
Erz sind die Pfeiler nationaler Kunst geschmiedet, jener Kunst,
deren Gebäude heute immer mehr und mehr verödet. Tissot
hat den Kosmopolitismus als Factor in Paul Bourget's
Werken erkannt, nachdem er analytisch schon die Sensibi=
tität und den Hamletismus in diesen gefunden. Wie aber
hängen diese drei Factoren unter einander zusammen?
Wie treten sie bei anderen, anders gearteten Naturen auf?
Auch Edmond Scherer ist Kosmopolit. Doch bei Scherer
führt die Beschäftigung mit den Strömungen der Welt zu
einem engeren Sichverschließen, einer räsonnirenden Welt=
anschauung einerseits, zu einem harten Skepticismus
andererseits. Der Skepticismus des Gläubigen (und Scherer
war ein Gläubiger, als Kritiker wie als Mensch ein ortho=
doxer Calvinist) ist aber der Hamletismus des Denkers.
Der fatalistische Zweifler auf Helsingör war Kosmopolit
— und kosmopolitisch ist Paul Bourget's Hamletismus
in Lackschuhen, das Monocle im Auge, die Gardenia im
Knopfloch. Und so stehen sich auch Paul Bourget und
Edmond Scherer, durch Tissot's Classification getrennt,
näher, als Tissot, gestützt auf die Ergebnisse seiner Ana=
lysis, selbst wohl ahnt.

Aber noch eine andere Strömung der Gegenwart be=
günstigt die Skepsis. Der Wissensdurst unserer Zeit, aus=
gerüstet mit allen Waffen der Naturwissenschaft und der
Technik, muß Halt machen vor den Schranken alles
Wissens; und angesichts des Ewig=Unfaßbaren bemächtigt

sich der im tollen Jagen nach Erkenntniß Entflammten
ein Schauer, der sich in erhöhtem Zweifel oder in erhöhtem
Glauben äußert — in Skepsis oder in Mystik. Und so
geht denn, gleichsam der skeptischen Strömung parallel,
ein gewaltiger, gläubiger Zug durch das weltliche Paris.
Der Materialismus hat enttäuscht, der Glaube soll ent-
schädigen. „Die Domäne der Kunst ist das Absolute —
das Absolute offenbart sich in der Religion am Anfang,
in der Metaphysik am Ende, daher die Kunst auf Religion
und Metaphisik beruhen muß." So verkündet Charles
Morice, den wir schon citirten, das neue Dogma. Die
Jünger dieser Lehre predigen, daß die antiken Culturen
zu Grunde gingen, weil die Mysterien entweiht wurden —
also Rückkehr zu den Mysterien, die Wahrheit verhüllt
mit dem Schleier des Symbols, das Ideal gesucht hinter
dem Schleier, der die ewige Wahrheit verbirgt! Und
dieser idealistische Zug, gleichzeitig verstärkt durch eine
Reactionsströmung gegen die naturalistische Kunstrichtung,
ist so stark, daß Wenige im modernen Frankreich von ihm
unberührt bleiben, die am allerwenigsten, deren Blick nach
innen, nicht kosmopolitisch nach außen gerichtet ist.
Barbey d'Aurevilly, der letzte nationale Romantiker,
der, ein später Kreuzritter, zu Felde zog gegen Demokratie,
Materialismus und Realismus, ist in ihm aufgegangen,
Paul Bourget hat er gestreift, seine mimosenhafte
Sensibilität gelegentlich zu krankhafter Ekstase umsetzend.

Doch eben dieser Sensibilität begegnen wir nicht bei
Bourget allein. Es ist dies eine andere unsere Zeit
mit breiter Fluth durchziehende Strömung, die sowohl in

Jules Lemaître's geistvollen Impressionismus, als in
Barbey de'Aurevilly's Mystik, als in Emile Hennequin's scharfsinniger Analyse zu Tage tritt. Es ist
dies weniger eine Fähigkeit unseres Geistes als unserer
Nerven, die bei dem geringsten Anlaß vibriren; es ist
keine gemüthliche Empfindsamkeit, die unserem aus-
gehenden Säculum ihr Gepräge aufdrückt. Wir möchten
diese Strömung Feminismus nennen, denn es ist uns,
als äußere sich das Streben des Weibes nach Macht,
der Wettbewerb der Frau mit dem Manne darin, daß
sich weibliche Ueberempfindlichkeit in Schauen, Genießen
Denken und Fühlen dem Manne mittheilt, ihn erobert.
Eine nervös veranlagte Individualität wie Bourget
geht in dieser Strömung auf. Man kann bei Bourget
beobachten, wie diese vom Weibe ausgehende Welle ihn
wieder zum Weibe zurückführt, ihn fortwährend dazu treibt,
das Weib und das weibliche Herz mit wonnigem Leid
zu analysiren. Andere Naturen, die frei sind von der
Krankheit des Jahrhunderts, lassen den mittelbaren Einfluß der Strömung erkennen, heiße diese nun Pessimismus
oder anders. Es ist eine physiologische Thatsache, daß
der Mensch für Schmerz empfänglicher ist, als für Freude,
seinen Geist weit mehr auf die Betrachtung, die Rückver-
folgung des Schmerzes auf seine Quellen richtet, als auf
die Untersuchung freudiger Eindrücke. Eine erhöhte
Empfänglichkeit — eines Individuums wie einer Zeit
— erhöht also in erster Linie die Empfänglichkeit für den
Schmerz, für das Bittere und Harte des Lebens, begünstigt
in erster Linie den Pessimismus. Denn Pessimismus ist

keine Sache der Vernunft oder des Verstandes, sondern des Gefühls. „Man kommt als Pessimist zur Welt, man wird es nicht," sagt Tissot, wie er den Pessimismus Brunetière's bespricht. Aber er sagt uns nicht, wie dieser Pessimismus zwei so entgegengesetzt scheinende Naturen wie Brunetière und Bourget verbindet.

So versäumt es leider Tissot, die Strömung, deren Erkenntniß er seiner analytischen Betrachtungsweise der einzelnen Kritiker verdankt, uns in ihrer Stärke, ihrem Verlaufe, ihren Producten beim Begegnen mit anderen Strömungen zu zeigen — die gewonnenen Resultate seiner Forschung zu einem klaren Bilde zu vereinigen. Sein Buch, für Jeden, der daran interessevoll herantritt, eine Fülle Material bergend, bietet uns sechs mit Verständniß und Feinfühligkeit gezeichnete Porträts, aber keine Entwickelungsgeschichte der französischen Kritik. Wir haben gesehen, wie zwei von Tissot getrennt dargestellte Individualitäten von gemeinsamem Standpunkte aus betrachtet werden können. Wir wollen nun auch zeigen, wie das Band, mit dem Tissot zwei Individualitäten verknüpft, lose geschlungen ist. Tissot stellt Jules Lemaître — den er geistvoll den Don Juan der Kritik nennt, der bald den Alten, bald den Jungen ein freundliches Wort zuflüstert — mit Brunetière zusammen, Beide als Vertreter der „litterarischen Kritik" bezeichnend. Und doch — wie verschieden sind diese beiden Männer gerade in ihrer Methode. Der eine urtheilt nach einem starren Dogma, im Vertrauen auf einen überzeugten Autoritätsglauben, der andere vertraut nur seinem Geschmack, läßt sich unbekümmert um Dogma und Theorien nur vom Eindrucke leiten, den ein Buch auf ihn gemacht. Lemaître „sieht in der Kritik die Kunst, die Bücher zu genießen und mit ihrer Hilfe seine Empfindungen zu bereichern und zu verfeinern". Lemaître ist mit einem Wort Impressionist. Wir haben oben Impressionismus eine nervöse Erscheinung unserer Zeit genannt. Wir stehen nicht an, darin eine Hauptströmung der Gegenwart zu erblicken, die sowohl allein als besonders dort, wo der Feminismus sie verstärkt, wie keine andere geneigt und geeignet ist, Künstler und Kunstwerke hervorzurufen. Wie kommt es nun, daß Tissot von dieser Strömung nicht spricht, bei seiner so gewissenhaften Analyse nicht auf ihre Spuren stößt? Wir können auf diese Frage eine doppelte Antwort geben. Erstens verwechselt Tissot — und mit ihm die meisten Kritiker Frankreich — diese Strömung mit einer anderen, des modernen mit dem Dilettantismus, der aber eigentlich gar keine Strömung ist, sondern nur das immer und immer wiederkehrende Product sich begegnender Wellen. Der Dilettantismus ist eine moderne Arbeitsweise, zwar ein Kennzeichen unserer Zeit, aber keine dieselbe durchziehende Strömung. Lemaître neigt zu dilettantischer Methode, weil er Impressionist ist. Zweitens ist Tissot selbst zum nicht geringen Theile vom Impressionismus ergriffen, und dieser ist es sogar, der seinem Buche einen markanten Charakter giebt, besonders an jenen Stellen, wo der Kritiker zurücktritt, um dem Menschen, dem Künstler das Wort zulassen.

Was aber heißt Impressionismus? Es ist dies die Fähigkeit, das durch die Sinne Empfangene sofort in

Gefühle umzusetzen und aus diesen Gefühlen erst die Ge=
danken erstehen zu lassen. Weil aber die verschiedenen
Einzelheiten, aus denen z. B. ein Bild zusammengesetzt
ist, nicht gleich stark auf unsere Sinne wirken, so ist es
eine fast regelmäßige Folge impressionistischer Anschauung,
daß ein Detail, für das eines unserer Sinne besonders
empfänglich ist, das stärkste Gefühl auslöst und alle Ge=
danken gleichsam in sich einsaugt. Sollen wir nun das
Geschaute in Tönen, Worten oder Farben wiedergeben,
so werden wir demgemäß nicht alle Details in gleicher
Weise — wie der Naturalismus es verlangt — sondern
dasjenige, das uns am meisten berührt, als die anderen
dominirend darstellen. Der impressionistische Maler, der
in einem Mädchengesicht einen violetten Ton entdeckt, ist
im Stande, ein violettes Porträt zu malen, der Dichter,
dessen Herz bei den Liebeslauten der Menschen mitschwingt,
wird uns die Welt darstellen als einzig und allein von
der Liebe beherrscht. Der Kritiker endlich wird sich durch
die verwandten Saiten, die ein Buch in ihm angeschlagen,
in seinem Urtheile beeinflussen lassen. Es ist selbstver=
ständlich, daß die Gedanken, die eine Anschauung in uns
erwecken sollen, auf ihrem Umwege über die Gefühle eine
eigenthümliche Ablenkung erfahren. Das giebt impressio=
nistischen Kunstwerken, die wirklich Kunstwerke sind, einen
eigenthümlichen Reiz, der Keinem fremd ist, der z. B. Pierre
Loti gelesen. Wenn wir nun die anderen Strömungen
unserer Zeit; das Weltbürgerthum (mit der Fülle immer
neuer Anregung zum Schauen und Empfangen), den
Feminismus (der die Gefühlsfähigkeit so unendlich ver=

feinert), die Herrschaft der Form über den Inhalt (als maßgebenden Factor bei der Wiedergabe des Geschauten), im Begegnen mit diesem Impressionismus betrachten, so ergeben sich als Producte unsere impressionistischen Künstler, Dichter und Kritiker. Die Differenzirung ergiebt sich, je nachdem im betreffenden Individuum die eine oder die andere Strömung zur Macht gelangt.

Auch der deutsche Kritiker ist ein Product dieser Strömungen. Nur fehlt hier fast gänzlich der eine Factor, der Feminismus — dafür wirkt ein anderer nachdrücklich auf ihn ein. Und dieser andere ist — wir wählen diesen Ausdruck, weil uns ein anderer leider nicht zu Gebote steht — der Journalismus. Es wäre eine höchst dankbare Aufgabe, das Verhältnis der Zeitung zur Litteratur historisch zu beleuchten. Ein junger und frischer Kritiker, Charles Le Goffic, behauptet in seinem Buche Les Romanciers d'aujourd'hui (Paris, L. Vanier 1890), daß die Presse an dem Niedergange der Novelle schuld sei. Vor Zeiten galt die Novelle als eine der höchsten Kunstleistungen, jetzt ist durch die starke Nachfrage von Seiten der Zeitung und durch die dadurch forcirte Production, die die Kraft des Einzelnen übersteigt, aus dem Juwel eine Nippes-Figur geworden. Die Form muß den Inhalt ersetzen — an der Stelle echter Kunst tritt glänzende Technik. Dasselbe läßt sich mutatis mutandis auch von der Kritik sagen, insbesondere von der Zeitungskritik in Deutschland wie in Frankreich. Auch in unseren kritischen Feuilletons — und bei uns begegnet man leider die litterarische Kritik selten in anderem Gewande — triumphirt die Form über den Inhalt. Das meisterhafte Feuilleton läßt den Gedanken an die schwache Kritik schier gar nicht aufkommen. Der Schriftsteller begegnet dem Wunsche des Lesers. Auch dieser will vor Allem Form!, schöne Form, auch dieser zollt der Technik vor Allem seine Bewundernng — und auch dieser wird vom Impressionismus getragen. Er will den Eindruck kennen, den ein Kunstwerk hervorzurufen im Stande ist, und der impressionistische Kritiker giebt den Eindruck und Nichts als den Eindruck wieder, den er empfangen. Und ist er ein Meister seines Faches, so gelingt es ihm auch, seinen Eindruck seinem Leserkreis zu suggeriren. Die Weltherrschaft des Journalismus, die Macht der Zeitung liegt ja in der Suggestion — Suggestion in politischer, wirthschaftlicher, künstlerischer Beziehung.

Sainte-Beuve bemerkte einmal, es sei eine Bedingung für ein kritisches Genie, keine eigene Kunst, keinen eigenen Stil zu haben. Er meinte damit, daß der Künstler im Kritiker zurücktreten müsse vor dem Forscher. Gerade das Umgekehrte ist in der heutigen Kritik der Fall: der Kritiker will vor Allem Künstler sein. Selten trug die Kritik prächtigeres Gewand als im modernen Feuilleton. Beißender Witz, funkelnder Geist, ein blendender Reichthum der Sprache helfen dem Feuilletonisten, seinem Impressionismus Ausdruck zu geben. Wo impressionistische Betrachtungsweise sich mit dem Theater beschäftigt, mag sie am Platze sein, denn die Schauspielkunst will impressionistisch wirken, will uns die Gedanken des Dichters auf dem Umwege über unsere Gefühle vermitteln; wo sie aber — und zwar meist mit der dilettantischen Methode im

Gefolge — an ein Buch, an ein Kunstwerk herantritt,
zeigt sie sich in ihrer wissenschaftlichen Werthlosigkeit.
Deutschland besitzt zur Zeit mehrere Theaterkritiker aller-
ersten Ranges — aber giebt es auch bei uns echte und
wahre Kritik für das Buch und dessen Bedeutung?

Tissot hat sich als Mensch vom Impressionismus
nicht frei zu halten gewußt — dazu ist die Strömung zu
stark; als Kritiker hat er fast, ohne es zu wissen, den
Kampf, wenn auch nicht in allen Punkten bestanden.
Vielleicht deshalb, weil er im Journalismus nicht seine
Kraft verloren. Beide Kritiker der Kritik, die wir in
vorliegenden Zeilen besprochen, Brunetière so wenig wie
Tissot, haben aber der Zeitungskritik gebührende Beachtung geschenkt. Und doch gebührt ihr diese im hohen
Grade. Die Zeitung ist dem Historiker unserer Cultur das
wichtigste Document. Er wird darin, gespiegelt in der
Strömung des Journalismus, fast alle Stömungen unserer
Zeit erkennen und beobachten können. Und vor Allem
wird er darin ersehen, wie in unseren Zeitläuften Kritik
getrieben und gehandhabt wurde.

II.

Neue Litteraturströmungen in Frankreich.

Im Sommer 1891 erschien in Paris ein dünnes Bändchen Gedichte: „Le pélerin passionné" von Jean Moréas. Es war berufen, im litterarischen Frankreich ein allgemeines Aufsehen zu erregen. Nicht als ob es die Offenbarung eines gewaltigen poetischen Geistes gewesen wäre, nicht als ob man darin eine neue, die Gemüther bezwingende Welt- oder Lebensanschauung gefunden hätte — sondern deshalb, weil die Symbolisten es als ihr Evangelium, Moréas als ihren Führer und ihr Haupt erklärten.

Die Symbolisten sind nämlich eine junge Dichterschule, die seit ihrem Bestehen, und das mögen keine zehn Jahre her sein, immer nur verspottet, verlacht und verhöhnt worden ist. Dem ernstesten und düstersten Kritiker huschte mindestens ein boshaftes Lächeln um die Mundwinkel, wenn er gelegentlich auf die Symbolisten (oder Décadents, wie sie auch genannt werden) zu sprechen kam. Ihr hervorragendstes Merkmal war die Unverständlichkeit. Man mochte ihre Verse — sie schrieben und schreiben fast nur in Versen — noch so oft lesen und wieder lesen, das klang seltsam, bisweilen sogar schön, sehr schön am Ohr vorbei, aber ein Sinn war absolut

nicht zu entdecken. Auch den zahlreichen Programmen und
Manifesten, die sie, eine neue Kunst prophezeiend, her=
ausgaben, stand man ziemlich rathlos gegenüber. Schließ=
lich nahm kein Mensch die jugendlichen Feuerköpfe, die
mit ihren schmalen Gedichtbüchern den Realismus und
den Naturalismus in Stücke schießen wollten, mehr ernst.

.   Der große Vorzug des „Pélerin passionné" ist nun
der, man weiß, was der Dichter sagen will. In den ein=
fachen Versen steht das Programm der Symbolisten klarer
und deutlicher, als in all' den gequälten Kundmachungen,
die Jung=Paris bisher vom Stapel gelassen. Was die
Symbolisten wollen, ist: Krieg dem Naturalismus, Kampf
des Verses gegen die Prosa! Sie wollen eine subjective
Poesie. Sie verwerfen das Gesetz, das die modernen
„wissenschaftlichen" Romanciers aufstellten, daß der Dichter
sich seiner Persönlichkeit entäußern, der Natur, die er wieder=
giebt, parteilos, objectiv gegenüberstehen solle. Die Symbo=
listen sehen überhaupt in der Natur nicht das, was ihre
Sinne ihnen zeigen, sondern das, was hinter der Er=
scheinungsform steht; sie sehen das Abstracte im Concreten,
ein Bild, ein Symbol in Allem und Jeglichem. So spielt
denn die Uebersinnenwelt in ihre Dichtung geheimnißvoll
und mächtig hinein, und sie werden mystisch und gläubig.
Und mystisch ist auch ihre Verehrung der Harmonie. Der
Vers sei vor Allem Musik! Sein Wohlklang, der Zauber
seiner Rhythmen geht ihnen über den Sinn der Worte,
die Bedeutung der Gedanken. Sie flüchten weit weg von
dem modernen Leben in das sechzehnte Jahrhundert, in
die Zeit Ronsard's, um seltene Versformen, vergessene,

wohllautende Worte der alten Sprache zu neuem Leben zu
erwecken; sie flüchten zurück in's Mittelalter, um an ur=
sprünglicher Naivetät, an echtem Glauben sich zu erbauen.

Man hat diese Grundsätze, die nach der Versicherung
der jungen Schule und ihrer Meister das Heil einer neuen
Entwickelung der Litteratur in sich tragen, seit dem Er=
scheinen des „Pélerin passioné“ viel besprochen. Da=
durch angeregt, machte sich der Redacteur einer Pariser
Zeitung, Herr Jules Huret, auf und ging zu allen
Dichtern, die heute einen Anspruch auf Bedeutung haben
oder mindestens erheben, und bat sie um ihre Ansicht be=
züglich der Symbolisten, bezüglich der Entwickelung der
Litteratur in Frankreich und bezüglich der Zukunft dieser
Litteratur. Er ging zu den Psychologen und den Mystikern,
zu den Symbolisten und den Naturalisten, zu den Neo=
Realisten und den Parnassiens, zu den Philosophen und
zu den Unabhängigen; er fand überall offene Thüren,
liebenswürdigen Empfang, redselige Antwort. Die Er=
gebnisse seiner Fragen liegen nun in einem stattlichen
Bande gesammelt*) vor. Man greift mit hochgespannter
Erwartung nach dem Buche, aus dem man vernehmen
soll, wie das litterarische Frankreich, das fast vollzählig hier
versammelt ist, über sich und seine Zukunft denkt. Man
wird bitter enttäuscht. Aus der kritischen Enquête ist ein
Kampfplatz geworden, wo mit allen möglichen Waffen

---

*) Jules Huret, „Enquête zur l'Évolution Littéraire. Conver-
sations avec M. M. Renan, de Goncourt, Emile Zola, Guy de Maupassant, Huysmans, France etc.“ Paris, Charpentier 1891.

Einzel- und Massenkämpfe ausgetragen werden. Haß, Eitelkeit, Mißgunst, Neid sind die Kampfrichter. Mit Dolch und Degen, mit Keule und Boxhandschuh, mit Gift und siedendem Schwefel äußert da der Eine seine Meinung über den Andern. „Der Naturalismus liegt im Verscheiden! Der Naturalismus ist todt!" Das ist der einzige Punkt, in dem fast Alle übereinstimmen. Wer tritt das Erbe an? fragt begehrlich Herr Jules Huret. Aber er bekommt nirgends ein directe Antwort. 64 Poeten hat er befragt, und es dürfte wohl nicht viel weniger als 64 Candidaten für den, wie es nun heißt, vacanten Thron geben.

Doch wären die Fragen Huret's vom Standpunkte des Litterarhistorikers aus in lehrreicher Weise zu beantworten gewesen. In der Kunst, wie in Allem, was irdisch ist, giebt es keinen Stillstand, sondern eine fortwährende Entwickelung. Manche Epoche zeigt, hervorgerufen durch die Macht der Zeit und der Umstände oder durch die Macht eines Einzelnen, eines Genies, eine raschere, energischere Bewegung. Dann kommen wieder Zeiten der Trägheit. Dem Wellenberge folgt das Wellenthal, dem Stoß der Rückstoß, die Reaction. Aber wie jedes Wellenthal einen Wellenberg vorbereitet, so birgt jede Reaction auch den Keim eines Auf- und Ansteigens in der Entwickelung. Eine solche Reactionsströmung fluthet gegenwärtig durch unsere Kunst.

Es ist eine Reaction auf allen Linien gegen den Naturalismus. Dieser war der Ausdruck einer positiven materialistischen Epoche. Nun will ein neues Sehnen in

der Menschheit erwachen nach dem Uebersinnlichen, Un-
faßbaren, Seelischen oder Göttlichen, nach Alledem, was
die positive Strömung zurückgedrängt, mißachtet hatte.
Oder vielmehr, es ist die alte, urälteste Sehnsucht, die
Schöpferin der Religion und der Poesie, die wieder in den
Herzen spricht, die in der Litteratur von morgen ihren Aus-
druck finden wird. Man hat uns die Dinge sattsam ge-
zeigt, wie sie uns erscheinen, wie wir sie mit unseren
Sinnen sehen und erfassen können. Nun kommen wieder
Dichter, die das Sichtbare, Sinnenfällige gering achten, im
Größten, wie im Kleinsten nur Ausdrucksformen für etwas
Hohes, Gewaltiges, in seiner Gänze Unfaßbares erblicken,
— Symbolisten! Ich meine damit nicht jene französischen
jungen Barden mit ihren klingenden und klingelnden
Worten, sondern wirkliche Symbolisten, welche die Stimme
des großen Pan in der Natur vernehmen; und solche
Symbolisten waren alle hohen Dichter, waren Sophokles
und Shakespeare, Dante und Goethe. Der Realismus galt
ihnen nur als ein Mittel zum Zwecke und als solches hat
ihn stets die wahre Kunst geheiligt. Der Realismus zum
Zwecke selbst erhoben, wurde der Naturalismus. Der
Naturalismus hat zwei Jahrzehnte lang die Litteratur beherrscht, den Roman begünstigt, die Lyrik erschlagen, die
Bühne zu erobern gesucht. Das ist ihm aber nicht gelungen. Auf der Bühne wird es zur Entscheidungsschlacht
kommen, auf der Bühne wird die Reaction ihren ersten
großen Sieg erringen.

Der Roman war fast die einzige Ausdrucksform des
Naturalismus. Er wurde maßlos überschätzt auf Kosten

der anderen Kunstgattungen. Mit der Herrschaft des
Naturalismus ist auch seine Größe gesunken: der Bücher=
krach in Paris ist ein Krach des Romans. Im Drama
aber regt sich neues Leben, schießt neue Kraft in die
Halme. Und manche neue Erscheinung ermuthigt uns,
die Zukunft unserer Litteratur=Entwickelung im Drama zu
suchen. Wir sehen ein Tappen und Tasten nach dem
richtigen Wege. Wir finden, dienend diesem Wegverlangen,
die „freie Bühne" mit ihren Erfolgen und Mißerfolgen.
Diese soll den dramatischen Talenten das sein, was die
Uebungsbühne den Schauspielern bedeutet. Nichts weiter.
Aber es scheint etwas Berauschendes in den Worten:
freie Bühne! zu liegen, etwas wie ein Kriegsruf, den man
in die Welt hinausschreien möchte — auch wenn es just
kein Land zu erobern, keine Krieger zu begeistern giebt.
Das Théâtre Libre, das M. Antoine 1887 in Paris
gründete, war eine reine Experimentirbühne. Es wollte
keiner Schule, keiner Partei dienen, sondern blos der Kunst.
Es hat auch dem Naturalismus Zutritt gewährt, aber
nur dessen dramatische Unfähigkeit bewiesen.

Die Geschichte des Naturalismus auf der Bühne ist
in wenigen Worten erzählt. Nachdem mit Victor Hugo
die Romantik zu Ende gegangen, nachdem es sich gezeigt,
daß die von Hugo angestrebte Vermischung des Grotesken
und Erhabenen, die Verschmelzung des Lustspiels mit der
Tragödie kein lebensfähiges Drama ergeben, begann man
sich aus der historischen Flitterwelt nach modernen Ge=
stalten, modernen Problemen zu sehnen. Die Reaction
gegen den Schwung, die Erhabenheit und den Stelzengang

hugo'scher Helden ergab die glatte Alltäglichkeit, die Scribe
aus seinem unerschöpflichen Sacke auf die Bretter spazieren
ließ. Scribe's Menschen waren zwar keine Idealgestalten
mehr, aber sie waren Alles, nur keine wirklichen Menschen.
Und diese wollte man nun einmal sehen! Der Mann,
der diesen Wunsch des Publicums zu erfüllen sich an=
schickte, war Dumas, das erste realistische Schauspiel hieß:
Die „Cameliendame". Dumas brachte ein Stück Leben auf
die Bühne, allerdings kein Stück, wie das Leben es dar=
bietet, sondern ein solches, wie er es sich zurechtgeschneidert,
um einen Satz, eine These, ein Problem zur Anschauung
zu bringen. Dumas schrieb das Thesenstück der Phantasie,
Augier das des Verstandes. Und allgemach wurden die
Figuren immer wesenloser, immer schattenhafter; der These
zu Liebe wurden auch sie zu Puppen; sie trugen nicht das
Wamms, die Krause und den Degen, es waren Mario=
netten in Frack und Balltoilette. Aber das Publicum war
eigensinnig. Es wollte um jeden Preis einmal wirkliche,
ganz wahrhaftige Menschen auf der Bühne sehen! Dies
geschah, als die Brüder Goncourt am 5. December 1865
„Henriette Maréchal" aufführen ließen, statt des ge=
schraubten Dialoges das gewöhnliche Gespräch mit seinen
Wendungen uns Argotismen den Schauspielern der Comédie
française in den Mund legten. Der scandalöse Durchfall,
den das Stück erlebte, beruhte auf politischen Motiven
— man wußte oder glaubte zu wissen, daß ein Mitglied
des kaiserlichen Hauses, die Prinzessin Mathilde, die Auf=
führung erleichtert, die Censur gezügelt hatte. Noch ein
Schritt weiter, und wir begegnen Henri Becque. Da haben

3*

wir denn die alleinseligmachende Formel: treu nach der
Wirklichkeit! Und Becque ist in seinen Stücken: „Les
Corbeaux"*) „La Parisienne" ein ausgezeichneter Beobachter. Er verpflanzt seine Personen aus dem Leben
direct auf die Bühne mit allen ihren Wurzeln, ihrer ganzen
Atmosphäre. Das gelingt ihm, aber was herauskommt,
ist kein Drama, sondern eine Aneinanderreihung von
Scenen. Die Feinheit der Details geht auf dem Wege
über die Rampe verloren. Auch Becque ist durchgefallen
— aber nicht aus politischen Motiven. Der Endpunkt
der Reaction gegen Victor Hugo war eben schon erreicht,
und eine aufwärtssteigende Linie hatte begonnen, die sich
immer mehr vom bloßen Abklatsch der Wirklichkeit entfernt. Alle Versuche, die auf dem Théâtre Libre ange-
stellt wurden, über Goncourt und Becque hinauszustreben,
sind gescheitert, so trefflich auch unter Anderem Oskar
Méténier's dramatische Studien aus der Hefe des Pöbels
als Studien eben sind („Monsieur Betsy", „En
famille")**).

Der Grund liegt darin, daß die Gesetze, die der
Naturalismus aufstellt, für den Roman wohl anwendbar sind,
aber nimmermehr auf der Bühne Geltung haben können.
Der Naturalist geht analytisch zu Werke: er nimmt alle

---

*) „Die Raben" wurden vor einigen Jahren vom Burg-
theater zur Aufführung angenommen. Weiteres geschah nicht.

**) In seinem Büchlein: „Les voyous au théâtre" (Bruxelles,
H. Kistemaeckers, 1891) hat Méténier in interessanter Weise die
Entstehungsgeschichte und die Bühnen-, respective Censurschicksale
seiner Stücke erzählt.

Sinne zu Hilfe, um sein Bild, sei es nun das Bild eines
Menschen, einer Landschaft, einer Zeit, sei es ein Gedanke
oder ein Gemüthszustand, in alle Einzelheiten zu zerlegen.
Er will dabei vollständig wissenschaftlich, das heißt mit der
kalten Objectivität des Forschers, der Documente sammelt
und prüft, vorgehen. Das Drama aber ist ein Werk der
Synthese. Es verlangt gerade vollständige Subjectivität.
Wir wollen den Dichter selbst von der Bühne herab hören
und je gewaltiger seine individuelle Eigenart, desto größer
seine Bedeutung. Daher kommt es auch, daß Meister des
Romans wohl Schule machen können, dramatische Meister
aber niemals; denn das Geheimniß ihrer Meisterschaft ist
ihr innerstes Wesen, und Individualität läßt sich nicht lehren.
Die Bühne ist ein Mikrokosmos, in dem sich der Makrokos-
mus spiegelt, ist ein Bild der Welt, aber keine Nachbildung.
Ihre Figuren dürfen keine Curiositäten und klinischen
Fälle sein, sondern Typen. Immer wird es die Aufgabe
des Dramatikers bleiben, den Typus im Kampfe mit der
Zeit und dem Milieu zu schildern. Die Dichter aller
Zeiten stehen denselben Problemen, denselben Gefühlen
und ihren Conflicten gegenüber: Liebe und Haß, Glaube
und Zweifel, Jubel und Qual sind ewig. Aber die Zeiten
wechseln, und die Gesichtspunkte ändern sich mit ihnen.
Jedes Säculum, jedes Jahr, jeder Augenblick sieht die
Welt unter einem anderen Winkel. „Der Dichter soll nur
seine Zeit schildern" — ist dies Gebot nicht ein Pleonas-
mus? Er kann ja beim besten Willen nicht anders, kann,
wenn er sich noch so sehr anstrengt, schlechterdings aus
seiner Haut nicht heraus. Er soll den Geist seiner Zeit

wiedergeben, aber er soll nicht der Chronist ihrer Aeußerlichkeiten werden. Und wenn selbst der Roman das
moderne Leben schildern kann, wie es wirklich ist, mit
all diesen Aeußerlichkeiten, mit allen Details, die Bühne
kann es nicht. Die Tragödien, die sich in unserer modernen
Cultur abspielen, sind Tragödien unserer Innenwelt.
Der Held, der in der That sich ausgab, gehört der Geschichte an. Unsere Helden sind reflectorisch und nervös,
und die Conflicte werden zwischen Gedanken und Nerven
ausgetragen. Um diese Conflicte aber dem Publicum
verständlich zu machen, müssen sie in die Außenwelt
projicirt werden, die Gedanken müssen zu Worten, die
Gefühle in Handlung umgesetzt werden. Die Modernen
verbannen den Monolog, da, wie sie begründend sagen,
kein Mensch Selbstgespräche hält. Aber wer wird bestreiten
wollen, daß ein Mensch mit seinen Gedanken und Gefühlen sich beräth, und der Schauspieler kann nicht Alles
dem Publicum vordenken! So muß denn das „Stück
Leben", ehe es auf die Bühne kommen kann, vergröbert
werden. Es muß helles Licht und kräftige Farben empfangen, man muß die Einzelheiten unterdrücken, nicht zu
Herren machen. Der Schauspieler bedarf der Schminke
und der Dichter der Phantasie.

Der Phantasie des Dichters kommt die Phantasie des
Publicums entgegen. Es giebt ein psychologisches Gesetz,
daß die geistigen Kräfte, die ausgeruht sind, am geeignetsten
sich zur Arbeit zeigen und sehr leicht zur Thätigkeit angeregt werden. Wir gehen in's Theater, müde von der
Arbeit und den Anforderungen des Tages; wir wollen

unſerer Phantaſie Nahrung geben. Der angeſammelte
Ueberſchuß ihrer Kraft harrt nur der Gelegenheit, Spiel=
raum zu gewinnen. Die Zumuthungen, welche die Bühne
an die Phantaſie des Hörers ſtellt, werden faſt niemals
als zu groß gefunden. Aber man verſuche doch einmal,
die Hörer zwingen zu wollen, einem Rechen=Exempel, und
wäre es das einfachſte, zu folgen. Der müde gehetzte
Verſtand würde die Arbeit zu ſchwer finden. (Allerdings
giebt es Zeiten, wo die Phantaſie der Menſchen von
der großen Bühne der Welt aus in Brand erhalten wird
und auch tagsüber nicht zur Ruhe kommt: Kriegszeiten,
Zeiten großer politiſcher, ſocialer Unruhen, jene Epochen,
wo die Fieberſchauer der Erwartung großen Ereigniſſen
vorangehen. Da werden dann die Verſtandes=Komödie,
das Rührſtück, der ſeichte Poſſenſpuk die Räume der
Theater füllen.) Die Bühne ſoll die Phantaſie des Hörers
löſen und anregen, ihr eine Bahn anweiſen, ihr Flügel
leihen. Der Naturalismus auf der Bühne knechtet mit
ſeinen tauſend Details die Einbildungskraft, drückt ſie da=
mit zu Boden, zerſplittert ſie, wenn ſie ſich zum Schwung
in's Weite aufraffen will. Wir werden nicht erhoben,
eine gepreßte Stimmung bemächtigt ſich unſer. Der
Naturalismus will uns zwingen, mit unſerem Verſtande
die ungezählten Fäden und Fädchen, deren Verknüpfung
die Handlung ergiebt, im Auge zu behalten. Und das er=
müdet uns — und Ermüdung iſt der Erbfeind des äſtheti=
ſchen Genießens.

Alle dieſe Einwände gegen die naturaliſtiſche Kunſt auf
dem Theater, die wir ſoeben angeführt, leben bewußt oder un=

bewußt in unserer Zeit, wenn sie sich gegen die Productionen gewisser Modernen ablehnend verhält. Der Zeit, dem Publicum schwebt immer ein bestimmtes Ziel vor, und nur das Werk findet Erfolg, das sich diesem Ziele nähert.

Was sucht nun unsere Zeit?

Sie sucht, wie wir schon angedeutet, in erster Linie Nahrung für ihre Phantasie. Sie will nicht im Theater die Wirklichkeit wiederfinden, die ihr in grausam hartem Tageskampfe wie ein bitterer Feind erscheint. Sie will keine Prosa, sie will Poesie! Der Naturalismus hat den Vers mißachtet, nun drängt er allerorten mit Macht hervor. Man will sich an Worten, an der Melodie, an Rhythmen berauschen. Der Materialismus hat die Herzen erkältet, den Geist beschwert, den allerletzten Fragen noch keine Lösung gebracht. Nun sucht man Rettung, Trost, bei den Priestern des Wortes, den Poeten. An die Stelle der Philosophie tritt Naivität und Glaube. Der Greis, der unser Jahrhundert nun ist, wird zum Kinde, streckt beide Hände nach naivem Genießen aus. Das zeigt sich überall. In der Malerei, wo Uhde die Naivität der alten Meister zu der seinen macht, wo man die Prä= rafaeliten bevorzugt und sich an ihrer Einfachheit erquickt; in der Lyrik, wo man zum Volksliede zurückkehrt; im Drama, wo ein heimliches Suchen nach dem Fabellande, nach Chimerien, dem Reiche der Träume und der Verse, dessen Grenzen die Unendlichkeit bildet, dem wahren Reiche der Poesie, erwacht ist — überall strebt man nach naiver Kunst, naivem Genusse. Und ist nicht auch die Perfall-Bühne eine Erinnerung an den naiven Theaterbau Shakespeare's?

Zum Teufel mit der naturalistischen Treue, mit der nackten Lebenswahrheit, mit dem abconterfeiten Alltags= jammer! Und siehe da! Der Teufel kommt in höchst= eigener Person aus der Nacht der Versenkung heraufge= stiegen und nimmt Besitz von diesen schönen Sachen und spricht und agirt, als wäre er wirklich und wahrhaftig. Armand Silvestre hat ihm in seinem Drama „Grisélidis"*) wieder Leben eingehaucht. „Grisélidis" hat in Paris an der Comédie française sehr gefallen. Es ist kein be= deutendes Werk, es kommt nur dem Verlangen der Zeit nach Naivität, nach Poesie entgegen, daher sein Erfolg. Es bringt eine Poesie der Lilien und Rosen, der Schwalben und Nachtigallen, eine Welt, getaucht in Mondschein und Frühlichtschimmer, unklare, dämmernde Gefühle, deren Grenzen verschwimmen wie die Bilder, die des Dichters Phantasie hervorzaubert — Bilder, Bilder, Musik, Arabesken, wenig Gedanken! Man darf seine Bilder nicht zu genau untersuchen, so wenig man Träume logisch zergliedern darf. Und eine Traumstimmung liegt über dem ganzen Werk. Silvestre sagt irgendwo: „Die Musik der Verse vor Allem!" So klingt und tönt, rauscht und harft es denn melodisch durch seine Märchendichtung. Unsere Zeit hat ein großes musikalisches Bedürfniß. Silvestre bringt diesem mit graziöser Hand die funkelnde Krone seiner Reime dar.

Aber auch andere Dichter bemühen sich, diesem Ver=

---

*) Armand Silvestre et Eugène Morand, „Grisélidis", Mystère, Paris. Kolb, 1891.

— 42 —

langen der Zeit zu dienen. So hat vor Kurzem Emile
Bergerat einen Band: „Théâtre en vers"*) heraus=
gegeben. Ein Stück daraus: „La Nuit Bergamasque"
war einer der vollgiltigsten Erfolge des Théâtre Libre.
Bergerat lehnt sich theilweise an die Mantel= und Degen=
stücke der Spanier an, theilweise sucht er den komischen
Vers des altfranzösischen Lustspiels, wie Regnard es ge=
schaffen, neu zu beleben. Vorbild und Richtung aber geben
ihm Shakespeare und dessen Märchen=Komödien. Doch
wie der Humor des Teufels in „Grisélidis" nur versi=
ficirter Boulevard=Humor ist, so müht sich auch Bergerat's
Humor vergebens ab, shakespearisch zu sein. Für uns
aber scheint dieses Streben nach Humor ein bedeutsames
Zeichen. Denn Humor ist eine subjective Erscheinung, die
Bethätigung individuellster Weltanschauung. So lange
Naturalismus herrschte, gab es keinen Humor. Auch ihn
bringt die Reaction wieder zur Macht.

Der Shakespeare, an den Bergerat denkt, ist der
Dichter des „Sturm" und des „Wintermärchens". Ein
anderer moderner Poet sucht Erbauung und Stütze bei
Shakespeare, der „Hamlet" und „Macbeth" schuf. Sein
Name dürfte in deutschen Landen wohl wenig bekannt ge=
worden sein, in Frankreich hat er eine Zeit hellen, leuchten=
den Glanzes hinter sich. Er heißt Maurice Maeterlinck**).

----

*) Bergerat, „Théâtre en vers" („Enguerrande", „La Nuit
Bergamasque", „Le Capitaine Fracasse"), Paris, Charpentier, 1891.
**) Maeterlinck, „La princesse Maleine", drame en cinq actes.
Bruxelles, Lacomblez 1890. — Maeterlinck, „Les Aveugles" (L'In-
truse — Les Aveugles), Bruxelles, Lacomblez 1891.

In jähem Zuge ist er zur Berühmtheit geworden, und
seine Stücke, von ihm für ein Puppentheater bestimmt,
sollten ihm die Unsterblichkeit sichern. Man hat wiederholt versucht, ihnen die wirkliche Bühne zu erobern. So
in Paris, in Kopenhagen, in London und in Wien. Ein
Curiositätserfolg war der höchste, was man erreichte. Gelegentlich der Kopenhagener Aufführung schrieb mir Georg
Brandes: „Ich habe L'Intruse hier gesehen. Maeterlinck
scheint mir ein Dramatiker von mehr Talent als Natur
zu sein. Sehr bezeichnend, daß er von dem affectirten
Octave Mirbeau zuerst gewaltsam gepriesen wurde. Auch
der Mirbeau hat mehr Talent als Natur, ohne deshalb
viel Talent zu haben. Und er, Maeterlinck, wurde „der
belgische Shakespeare" genannt; war eine sinnlosere und
geschmacklosere Benennung denkbar? Bei Maeterlinck geht
Alles darauf aus, eine Stimmung hervorzurufen, und zwar
eine düstere, unheimliche. Un dramatische Handlung denkt
er gar nicht. Er wirkt nicht durch Charaktere, sondern
durch Symbole. Um besten in Les aveugles. Er hat
augenscheinlich dies Stück nach dem alten Gemälde Pieter
Brueghel's (in Neapel) „Die Blinden" gemacht. Der eine
stürzt und stirbt und zieht alle die Anderen nach sich in
seinen Fall. Schon bei Brueghel ist dies allegorisch gemeint. Da ist bei Maeterlinck viel Effect, wenn auch viel
Stimmungstüpfelei. L'Intruse wirkte trotz einer vorzüg-
lichen Aufführung auf der Bühne fast nicht. Allzu lang,
allzu eintönig, ewige Wiederholung derselben Worte.
Und doch waren einige Repliken gestrichen. Und dann
irritirte mich die geringe Vornehmheit der Ausführung:

diese niederträchtige Sense des Todes, die gestrichen wird,
und diese Thür, die nicht zugemacht werden kann, weil
der Tod (der doch sonst nicht so dick zu sein pflegt) eben
durch will ꝛc. Gewiß, der Mann ist originell, er hat ein
kleines Gebiet gefunden, das sein eigen ist, aber diese
Originalität ist nicht ohne Affectation, und er ist nicht stolz
genug, um triviale Züge gänzlich zu verschmähen." Auch
zu Maeterlinck, der Advocat in Gent ist, fuhr Herr Huret,
um seine Enquête zu vervollständigen. Das Interview
Maeterlinck's ist sicherlich eines der interessantesten, wenn
nicht das bedeutendste in dem Buche. Er sagte: „Um
ein dauerhaftes Kunstwerk zu schaffen, muß man sich über
seine Zeit erheben, sich loslösen von den Zufällen der
Civilisation, den Anforderungen der umgebenden Actua-
lität." Nach ihm wird ein Werk um so länger bestehen,
je reiner die dargestellten Gefühle von den Schlacken des
Tages sind. Darsteller ewiger Gefühle, wie Homer,
Aeschylos, Shakespeare es gewesen, sollen die Dichter sein.
Ein Werk ist symbolisch, sobald es ein echtes Kunstwerk
ist, denn da steht die Welt, die Ewigkeit dahinter. Aber
man darf nicht ausgehen, das Symbol zu suchen.
Maeterlinck ist Symboliker im besten und im schlimmsten
Sinne des Wortes. Er hat jüngst einen flämischen
Mystiker aus dem dreizehnten Jahrhundert, J. van
Ruysbroeck, herausgegeben und in der Einleitung die
Worte geschrieben: „Welches ist die Handlung des Menschen,
deren letzter Beweggrund nicht mystisch wäre?" Er liebt
in seinen Werken die Schauer der Nacht; er ist ein Dichter
der Angst und des Schreckens. Eine traurige, herzbe-

klemmende Stimmung (die Stimmung der Nachtscenen von
„Hamlet" und „Macbeth") liegt über seinen Stücken.
Eine nordische Luft weht uns an, Nebel ziehen über ein
Sumpfland, die Bäume ächzen, schwere Wolken hängen
über, die Raben schreien. Und die ganze Natur spielt mit,
sie ist beseelt von volksthümlich naiver, doch ergreifender
Anschauung. Die Menschen sind ernst und wortkarg.
Die Rede bewegt sich in den einfachsten Worten, die
Handlung geht stoß-, ruckweise vorwärts, die Scenen sind
ungelenk und ungefüge. Es ist bisweilen, als ob man
die Gelenke der Seele knacken und knarren hörte. Manchmal jagt ein frischer Sturmhauch durch das Düster. Der
Dichter hat das Land gesehen mit dem klaren Auge des
Nordländers, er ist kein Stadtkind — seine Sinne sind
überfein, aber sie sind nicht krankhaft, nicht gereizt, nicht
nervös. Seine Eigenart offenbart sich vielleicht am besten
in der Scene: L'Intruse. Da sitzen der Mann, der
Onkel, die Töchter, der blinde Großvater um den Tisch
herum; im Nebenzimmer liegt die schwerkranke Frau. Es
ist Abends, heller Mondschein draußen im Garten. Der
blinde Alte wird unruhig, er hört Jemanden durch den
Garten kommen. Man geht zum Fenster — es ist
Niemand auf dem mondbeschienenen Kieswege zu sehen —
aber die Nachtigallen sind verstummt, und die Schwäne
haben sich erschrocken geflüchtet. Nun dengelt Jemand
seine Sense draußen. Es wird wohl der Gärtner sein.
Nun hört der Alte schwere Tritte auf der Treppe. Die
Magd kommt, man schilt sie aus, aber sie entschuldigt
sich, sie ist ganz leise aufgetreten. Der Alte träumt vor

sich hin, die Andern sprechen über sein Kindischwerden, seine Blindheit. Er sieht nur mehr große Hellen. Da fährt er wieder auf. Er fragt alle Anwesenden um ihre Namen, es war ihm, als säße noch Jemand am Tische. Warum steht nun Jemand auf? Nein, nein, er irrt sich. Licht! Licht! ruft er aus. Da tritt die Nonne aus dem Nebenzimmer: die Frau ist eben verschieden . . . Die tragische Schlichtheit dieser Scene, die Mitternachtsstimmung, die über dem Ganzen brütet, lähmt Einen förmlich. Man folgt mit den geschlossenen Augen des Greises dem leisen Handeln des entsetzlichen, unsichtbaren Gastes. Was zwischen den einfachen Worten fluthet, der Athem des Todes legt sich Einem centnerschwer auf die Brust.

Nicht selten allerdings schlägt Maeterlincks Vorliebe für derartige Stoffe in's Barocke um; oft tritt an die Stelle des Naiven und des künstlerisch Empfundenen das Kindische, das Banale. Es ist, als ob das Talent des Dichters nur ein äußerst enges Gebiet hätte, nur über eine Saite verfügte. Und man kann ein tappendes, tastendes Suchen über die Grenze dieses Gebietes hinaus beobachten. Dann aber versinkt der Boden unter den Füßen, und alle Contouren verschwimmen. Wenn man diesen Mann als Titanen seiner Kunst gepriesen, wie dies in Frankreich geschah, so ist dies nur ein Beweis, wie sehr die Zeit geneigt ist, Talente, die ihr zu Dank arbeiten, die den richtigen Ton, der ihr entspricht, treffen, zu überschätzen.

Wir haben versucht, in unsere Zeit hinauszuhorchen, um diesen richtigen Ton zu erfassen. Wir haben gefunden, daß das Programm der Symbolisten, der vielverhöhnten,

vielverlachten, wohl unſerer Zeit entſpricht, ſich mit ihren
Wünſchen deckt. Es gilt eine Rückkehr zum Naiven,
Volksthümlichen; es gilt, neue Gebiete der Phantaſie zu
erſchließen. Es regt ſich ein Erwarten, daß der Dichter,
der die Stufen zum Tempel der Wahrheit hinanſchreitet,
die großen Geheimniſſe der Welt, des Lebens und Sterbens,
des Guten und Böſen, mit löſendem Worte deute. Der
Materialismus hat uns die Phyſik des Alls, ſo weit es
unſeren Sinnen erfaßbar iſt, gezeigt — aus dem Laboratorium lockt es nun gewaltig in's Freie, in's Weite. Aus
dem Endlichen ſchweift der Blick in's Unendliche, und die
Poeſie weiſe den Pfad. Man will Wohlklang und
Harmonie, Vers und Reim, Rettung vor der Ueberfluth
der Proſa. Man will, von einer mächtigen Subjectivität
gepackt, emporgezogen werden. Man will Erhebung, Erbauung, Läuterung! Man will alles Das, was die Sym-
boliſten — verſprechen. Es fehlt nur noch der Dichter,
der große, der wahre Dichter, der das Programm erfüllt.

III.

Vom französischen Roman.

∴

Pierre Loti.

Es giebt Seelen, die Dante „trüb in dem süßen, sonnenheiteren Luftkreis" nennt, unglückliche Seelen, die mit schmerzlichem Empfinden die Natur betrachten und auf Glanz und Helle nur mit Tönen der Wehmuth, der Unlust antworten. Acedia nennt Petrarca diesen Zustand und er ist der Erste vielleicht, der diesen dunklen Schatten in seinem Herzen erkannt, ihm Namen und Ausdruck ge= geben. Wir nennen diesen Schatten heute Pessimismus, Weltschmerz, Weltekel — und er ist groß und mächtig geworden und liegt wie eine schwere Wolke über unserem Jahrhundert und seinen Menschen. Aber das Gleiche hat diesen Schatten geworfen über uns wie über Petrarca. Die Renaissance ist wie das XIX. Jahrhundert eine Zeit des Individualismus, eines Ringens des Menschen um sein eigenes Ich, eines Ringens mit den Mächten der Welt und des Himmels. Dieser Kampf, den das hellenistische Alterthum mit den Waffen herzbeengenden Zweifels be= gonnen, die Renaissance hat ihn wieder erweckt, dies Säculum will ihn zu Ende kämpfen. Und immer ist es die Natur, in die der Mensch zu solchen Zeiten, wie bang nach einer Antwort lauschend blickt. Unser Jahr=

4*

hundert — Rousseau steht an seiner Schwelle! — ist eine
Epoche der Naturbetrachtung. Aber hat bisher der Mensch
im Mittelpunkt gestanden, hat frühere Anschauung nur
danach gestrebt, die Natur in Harmonie mit dem Menschen
zu bringen, so verließ Rousseau die Menschen um der
Natur willen, flüchtete zu ihr wie getrieben von der Furcht
vor den Menschen, von dem Haß aller Cultur. Doch
nicht nur diesen Gegensatz zwischen der guten und reinen
Natur und der schlechten und verdorbenen Menschheit hat
Rousseau gezeigt. Er war es auch, der — in der Natur,
wie im Menschen — nicht das Allgemeine, sondern das
Besondere zum Gegenstand des Studiums machte. Der
moderne Mensch ist analytisch, er verliert nicht selten über
der Beschäftigung und Freude am Detail den Ueberblick
über das Ganze, die Kunst, die Allgemeinheit zu erfassen.
Das ist es, was die Naturbetrachtung der Gegenwart so
sehr von der Naturbetrachtung der vorangegangenen Jahr=
hunderte unterscheidet: unser Auge hat sich vervollkommnet,
wir sind im Stande, in einer Landschaft die Scalen der
Farben, der Eindrücke zu verfolgen: war die Natur früheren
Dichtern ein Gott, vor dem man geblendet niedersank in-
Begeisterung und Bewunderung, so greifen wir prüfend
mit den geläuterten Sinnen des Forschers nach dem
strahlenden Kleide des Gottes und mühen uns, seine Farben
und Flecken, seine Gestalt und seinen Stoff zu erkennen.
Aber der naive Genuß ist gewichen und mit ihm die Be=
geisterung! Und noch ein zweites kennzeichnet die Natur=
betrachtung unserer Zeit. In ihren Höhepunkten — im
Hellenismus, in Shakespeare, in Goethe und Byron —

war die Naturanschauung bis jetzt stets eine Naturbeseelung. Der Mensch von heute ist Materialist — auch der Natur gegenüber. Die Natur hat keine Seele mehr! Unsere Zeit hört keine heilige Stimme der Natur, die pantheistische Naturandacht Spinoza's und Goethe's ist ihr fremd — nur was ihre Augen, ihre Sinne erfassen können, ist für sie vorhanden. Die Romantiker waren es, die der Farbe und Form einen Altar errichtet — aber der Dom, in den sie den Altar gestellt, ist verlassen und verfallen, denn nichts Göttliches hat in ihm gewohnt. Die Romantik war eine Zeit des Ringens von Gedanken und Gefühl und zugleich eine Zeit, wo Natur und Gedanke, Gedanke und Gefühl sich zu verschwistern suchten. Ihre Dichter setzten das Geschaute in Gedanken um, suchten die Gedanken auf den Umweg über die Gefühle dem Leser, dem Hörer zu vermitteln. Aber alle Klarheit der Anschauung und des Denkens ging unter in dem Meer der Gefühle — alle Bilder der Natur, die diese Dichter treu und wahr wiederzugeben trachteten, waren nur tanzende Spiegelbilder auf dieser unruhvollen Fluth. Und plötzlich verschwindet die Fähigkeit zu fühlen aus der Welt — philosophische Discussion, naturwissenschaftliche Forschung drängen Herz und Seele an den Rand des Abgrundes — mit Selbstver-höhnung endet die Romantik. Die Sinnesempfindung tritt an die Stelle der Herzensempfindung — an Stelle der Romantiker treten die Impressionisten. Der Impressionis-mus findet in der Natur keine Anregung zu Gedanken und zu Gefühlen, er erfaßt sie nur so weit, als sie Sinnes-empfindungen auszulösen vermag. Doch die Sinne sind

keine treuen, uneigennützigen Beobachter und Zeugen.
Sie verkleinern und vergröbern, sie sehen immer durch die
Linse der Subjectivität. Bei dem impressionistischen Dichter
ist bald dieser Sinn, bald jener mehr ausgeprägt, er ist
für jene Detaileindrücke mehr oder minder empfänglich —
das Bild, das er sieht, das er mit Tinte und Stift vor
die Augen des Lesers stellen will, wird von diesem Sinn
beeinflußt, von jenem Detail dominirt — seine Kunst sucht
darin ihre Aufgabe, das Bild so wiederzugeben, wie er
und nur er es sieht. Der Naturalismus stellt dagegen
das Gesetz auf, ein Bild nur so darzustellen, wie alle
Welt es sieht, es sehen muß; er verlangt, durch getreue
Aneinanderreihung aller Einzelheiten die „äußere Wahrheit" zu erreichen. Aber das ist ein Postulat der Natur-
forschung und nicht der Poesie. Auch Zola ist impressionistisch — denn unsere Zeit ist es und der Künstler ist
immer nur der Ausdruck seiner Zeit. Wenn wir eben
von Rousseau, von den Romantikern sprachen, so wählten
wir nur den Namen für eine Zeitströmung, in welchem
sie zum Siege kommt.

Der große, große Erfolg, der Pierre Loti — den
„göttlichen Loti" nennt ihn Paul Bourget — und seinen
Büchern geworden, ist ein solcher Triumph. Loti sieht
und schildert die Natur, wie seine Zeit sie sieht und
schildern möchte, wenn ihr der richtige Ausdruck zu Gebote stünde. Diesen Ausdruck hat Loti gefunden; der
Impressionismus Loti's ist die Anschauungsweise seiner
Zeit. Er möchte mit seinen Sinnen die ganze Welt umfassen, genießen, was sie ihm bieten, bis zum Schrecken

des Endes. Ja, er bangt schier zurück vor dem Beweise, den seine Sinne ihm liefern, daß Alles nichts Anderes ist als Materie!

Die Gefühle des Menschen, die Pracht der Natur — Alles, Alles nur Materie, Wirkung der Materie — und keine Seele! Loti nennt die Natur „eine blinde seelenlose Mutter". Wohl sind ihm das Meer, der Sturm in ge= waltiger Persönlichkeit entgegengetreten — aber sollte die Welt besitzen, was dem Menschen versagt ist, ein Gött= liches, den Sinnen Unfaßbares, eine Seele? Mensch und Natur sind für Loti Eins, ja, es scheint uns sogar, als wären seine Menschen nur ein Theil der Landschaft, in der sie sich bewegen, als wären Aziyadé, Rarahu, Mme. Chrysanthème nur seltene Blüthen, die er geschaut und die er sorgfältig beschreibt, Blüthen, Blumen, aber keine Menschen mit rothem Blut und denkendem Hirn. Blatt um Blatt dieser seltenen Blumen beschreibt er, wie er Detail um Detail eine Landschaft schildert mit dem scharfen Auge der Analytikers, der sich über Alles, was seine Sinne ihm zuführen, Rechenschaft geben will. Und doch sind Loti's Gemälde, und sei es, daß sie das unendliche Meer, das bizarre Japan, das einsame Island, das strahlende goldene Horn oder die schwermüthige Bretagne darstellen, trotz der fast greifbaren Wirklichkeit, in der sie uns erscheinen, nicht vollkommen, denn die Sinne sind trügerisch, verschweigen und übertreiben. Loti sagt selbst, daß oft unvollkommene Bilder „uns weit mehr ergreifen können, als geschickte und geniale Malereien, dadurch eben, daß sie unvollständig sind und man bei ihrer Betrachtung

gezwungen ist, aus Eigenem tausend Dinge hinzuzufügen,
Dinge, die im tiefsten unerforschbaren Innern ruhen, und
die kein Pinsel wiedergeben kann". Loti ist der Magier —
denn er ist ein echter Dichter! — der mit seinem Zauber=
stabe uns zu dieser ergänzenden Arbeit zwingt. Wir
folgen dem Blicke des Dichters, unbewußt geben wir dem
Bilde mit den ergänzenden Einzelheiten unser individuelles
Gepräge — und daher kommt es, daß es Jedem er=
scheint, als hätte Loti mit seinen, mit des Lesers Augen
gesehen. Aber ein solches Mitarbeiten des Lesers ist
nur möglich, wenn auch dieser impressionistisch ist — der
mächtige Erfolg Loti's hat gezeigt, daß seine Leser es
waren.

Wenn man Loti's Technik näher betrachtet, so fällt
Einem eine Eigenthümlichkeit derselben in's Auge. Das
Adjectivum spielt bei Loti eine große, ja entscheidende
Rolle. Er weiß die Allgemeinheit des Hauptwortes durch
das einschränkende, erweiternde, bestimmende Beiwort zu
zerlegen. Seine Schilderung wird nicht durch Häufung
schwerer Substantive gehemmt, sie bekommt Leben, Farbe,
Form, durch die an einander gereihten, sich ergänzenden
und nuancirenden Adjective. Loti blendet nicht durch un=
gewöhnliche Worte, eigenartige Neuschöpfungen oder prekäre
Ausgrabungen vermoderter Sprachschätze — sein Wörter=
buch ist allgemein verständlich, ja man könnte sagen, nicht
einmal allzu reich. Aber die Kunst, bekannte, vertraute
Empfindungen erweckende Worte neuartig zu verbinden,
leiht seinen Büchern einen Schimmer heimlicher, inniger
Poesie, läßt sie uns erscheinen wie einen Strauß seltsamer

Blumen, deren märchenhafter Duft uns fremdländisch und doch nicht fremd anmuthet.

Wie Loti die Worte, so reiht er auch die Eindrücke an einander, Farbe an Farbe, Nuance an Nuance, fast ohne Uebergang. Manche seiner Schilderungen sind wie die scenischen Angaben des Theaterdichters, manches seiner Bücher zieht an uns vorüber wie eine prächtige Wandel= Decoration. Loti weiß das wohl selbst. Er hat eine fast kindliche Freude an Decoration und Costüm. Schon als Knabe beschäftigt er sich jahrelang mit dem Anfertigen phantastischer Decorationen zu einer Feerie, „Eselshaut", die er auf einem selbstgefertigten Bühnchen aufführen will. Dabei tritt nach und nach sein Interesse für die Handlung und die handelnden Personen ganz zurück, die Decoration wird ihm die Hauptsache. Und wie dem Kinde ergeht es dem Dichter. Er vergißt das Drama des Lebens über der Ausstattung der Weltbühne, und was ihm beim Mit= spielen in diesem Drama die größte Freude macht, ist das Costüm. Er ist Türke in Stambul, Japaner in Nagasaki. Wenn aber plötzlich in trüber Stunde ihm Decoration und Costüm als Tand und Flitter erscheinen, dann ergreift Pierre Loti unter dem Turban Alif Efendi's „eine miß= launige unerträgliche Empfindung". Jene Zweitheilung des Menschen, die Paul Bourget in seinem Roman „Le disciple" geschildert, wo ein Ich dem andern Ich zuschaut, jene Scheidung der Persönlichkeit in ein handelndes und ein beobachtendes Individuum — auch Loti kennt und — fürchtet sie. Wenn sie eintritt, dann erfaßt den Be= obachter ein egoistischer Haß gegen den Handelnden, dann schlägt Loti's Melancholie in düsteren Pessimismus um. Denn Melancholie heißt die Linse der Subjectivität, durch welche Loti die Außenwelt erblickt.

„Un paysage est un état de l'âme," hat der feinsinnige Amiel in sein Tagebuch geschrieben, und das ist, impressionistisch ausgedrückt, nichts Anderes als Zola's berühmter Satz: „Ein Kunstwerk ist ein Stück Natur, durch ein Temperament gesehen." Und das Temperament unserer Zeit ist nicht heiter und weltfreudig. Die Gründe für den immer zunehmenden Pessimismus unserer Zeit sind mannigfach. Sie sind zu suchen in der fortschreitenden culturellen Entwickelung, im socialen Kampfe, im heißen Ringen nach Erkenntniß — sie sind zu finden in der Ent-täuschung dieses Kampfes, in der Aussichtslosigkeit dieses Ringens, in dem schrecklichen Gedanken, daß jede Entwickelung des Menschen, wie der Menschheit ein Schritt dem Tode, dem Nichts entgegen ist. Nicht Byron hat den Weltschmerz der Welt gelehrt, sondern der Weltschmerz lehrte Byron singen, nicht Schopenhauer ist der Vater des Pessimismus, sondern der Pessimismus hat Schopenhauer gezeugt. Und die dunkle Woge dieser das Jahrhundert durchrauschenden Strömung trug auch Loti empor. Nur fehlt Loti die böse Erfahrung mit Menschen und Menschenschicksal; er hat sein Leben in großer, freier Natur verbracht. Der Keim, den seine Zeit in ihn gelegt, wurde gemildert durch den erlösenden Hauch der Natur, und der Weltschmerz, der Weltekel, der den Jüngling in seinen Bann geschlagen, ist der Melancholie gewichen. Die milde Thräne der Resignation trat in das heiße, un-ruhige Auge und hat den Blick geklärt und geläutert.

Loti sagt gelegentlich der Beschreibung des goldstrotzenden
Wundertempels auf dem heiligen Berge Nikko: „(Diese
Schilderungen) können nur eine Art genauer Aufzählung
all' der Reichthümer sein, wobei das Wort Gold unwider-
ruflich in jeder Zeile wiederkehrt." Und so, könnte man
sagen, kehrt bei Loti das melancholische Empfinden un-
widerruflich zwischen allen Zeilen wieder. Seine wahrsten,
am tiefsten gefühlten, man könnte sagen, erlebten Beschreibungen sind die der schwermüthigen Bretagne, des
einsam träumenden Meeres.

Sehnsucht kennzeichnet die sentimentale Poesie des
vorigen Jahrhunderts, sehnsuchtsvoll blicken die Romantiker
in die Zukunft; wir haben kein Sehnen mehr, weil der
Pessimismus uns sagt, es gäbe nichts Sehnenswerthes.
Und auch Loti kennt kein Sehnen, kein Schauen in die
Zukunft; er kennt nur ein schmerzliches Erinnern, er träumt
von Vergangenem, nicht von Zukünftigem. Wie ein
fortwährendes Abschiednehmen erscheint ihm das Leben,
beschwert mit einer Menge unbedeutender, unnützer Dinge,
die für ihn die Kette seiner Erinnerungen bilden. Wenn
er eine fremde Stadt verläßt, wo er einen Theil seiner
Existenz gelassen, wo er mit einem kleinen seltsamen
Wesen — Aziyadé, Rarahu oder Madame Chrysanthème
Etwas wie Liebe durchlebt, dann drückt diese Kette schwer
auf seine Schultern, dann fühlt er immer wieder, „die Qual,
Alles verlassen zu müssen, mit der unbestimmten Angst,
nicht mehr wiederkommen zu können," die der arme
Sylvester Moan empfindet, als er fort, in den bösen Krieg
nach Tonking zieht. Nicht mehr wiederkommen zu können!

Wie traurig das durch Loti's Bücher klingt! Das ist die Erkenntniß, daß jeder Augenblick des Lebens uneinbringlich ist, jede Stunde unaufhaltsam in den Abgrund sinkt, jeder Schritt vorwärts — ein Schritt zum Grabe! Das Grab, der Tod, das ist auch das Einzige, was Loti in der Zukunft sieht — der bittere Tod, der unaufhaltsam durch die Welt schreitet, hinweg über Blüthen und Blumen.

Aber diese Angst vor dem Sterben, diese bange Scheu des Todes ist bei Loti kein klares, bewußtes Gefühl; nicht der Gedanke, daß der Tod an ihn oder Jemanden, den er liebt, herantreten könnte, greift ihm an's Herz — nein, der Tod ist ihm das große Unbekannte, das gähnende Nichts, die Finsterniß, in die er mit weitgeöffneten Augen hineinstarrt. Der mystische übersinnliche Reiz des Unerforschbaren, der ihn bestrickt, es ist derselbe, der täglich dem Spiritualismus und Spiritismus neue Gläubige zuführt. Und dieser leise mystische Zug schlägt oft seltsam schwingende Saiten in seinem Innern an — ich erinnre blos an die Begegnung mit dem Gespensterschiff in „Pêcheur d'Islande". Loti haßt den Tod nicht, denn der Haß und — wer weiß? auch die Liebe sind ihm fremd. Loti's Gefühlswelt ist eng und begrenzt, sie steht, wie unsere ganze Zeit, im Zeichen des Indifferentismus. Der Kampf um's Dasein, der rücksichtslose Wettbewerb um's Vorwärtskommen hat Gefühl und Mitgefühl in uns ertödtet; nie war vielleicht die Menschheit egoistischer als heute. Das rasende Vorwärtshasten bedarf des Egoismus; der Fortschritt rechnet nicht mit dem Herzen, die Gefühle verstummen im Brausen der Maschinen. Mit der immer wachsenden

Verfeinerung unserer Sinne geht im gleichen Verhältniß
eine Abstumpfung unserer Gefühle einher. Unsere Sinne
empfangen und beobachten — unser Herz kommt nicht in
Frage. So erscheint uns auch Loti als kühler, unberührter
Beobachter von Leid und Freud', von Entstehen und Ver=
gehen. Ja, selbst das, was in seiner eigenen Brust vor=
geht, betrachtet er mit dem prüfenden Zweifel des Modernen.
Er ist in seinen Büchern immer nur Zeuge, nie Richter;
nie zittert der Stift in seiner Hand, weil das Herz ihm
heftiger schlägt. Er glaubt weder an Liebe noch Freund=
schaft, nicht an Gott noch an Moralgesetz. Sein Bekenntniß:
„Ich glaube an Nichts und an Niemanden, ich liebe Nichts,
ich liebe Niemanden — ich kenne keinen Glauben und
kenne keine Hoffnung," ist wahr, trotz der Byron-Musset'schen
Affectation, die darin liegt. Und doch! Ein Gefühl kennt
Loti — das Gefühl der Mutterliebe, und Jemanden auf
der Welt liebt er: seine Mutter! Um seiner Mutter willen
kennt er Thränen, um seiner Mutter willen kennt er sein
Vaterland, um seiner Mutter willen liebt er das Leben.
Die einzige Stelle, wo er bei Schilderung fremden Leides
sich bewegt fühlt, ist der Abschied des alten Großmütterchens
Yvonne von ihrem Enkelkinde, dem kleinen Sylvestre, den
sie nie wiedersehen soll. („Pêcheur d'Islande.") Der
Indifferentismus Loti's ist das Product der Zeit, die Loti
hervorgebracht, die ihn trägt, ist durch diese bedingt, so
gut wie seine analytische Naturbetrachtung, sein Pessimis=
mus. So ist auch Pierre Loti, der die ganze Welt durch=
fahren, der in Nagasaki wie am Goldenen Horn, in Tahiti
wie am Senegal für flüchtige Zeit ein Heim gesucht —

der die Welt durchirrende moderne Mensch, deſſen Verbindung mit dem Vaterlande vom Kosmopolitismus
immer mehr gelockert wird. In der zweiten Hälfte unſeres
Jahrhunderts iſt jene wißbegierige Liebe für das fremd-
ländiſche, jener geiſtige Eroberungszug in die Ferne zu
einer mächtigen Strömung geworden, die in den Thaten
kühner Forſcher, die in der Politik, wie in der Poeſie
ihren Ausdruck findet. Dieſe poetiſche Richtung nennt
man in Frankreich Exotismus, und was man damit bezeichnet, verkörpert uns Loti. Loti iſt kein bloßer Touriſt,
der ſeine Eindrücke in ſein Wanderbuch einträgt, nein, er
fühlt ſich immer Eins mit der Landſchaft, durch die er
zieht, er ſchlägt Wurzeln in fremdem Lande — und wenn
es an's Scheiden geht, ſo regt ſich in ihm ein ſeltſames
Gefühl — das Weh der Fremde könnte man es nennen.
Und dieſes uns ſo eigenthümlich anmuthende Gefühl,
dieſes exotiſche Heimweh des Weltbürgers, dem Loti in
allen ſeinen Ich-Romanen Worte geliehen, es iſt der
Grundton, der durch alle ſeine Bücher zittert.

Auch andere Dichter vor Loti haben den Exotismus
gekannt, wenn auch nicht in dieſer ſchwermüthigen Form.
Flaubert hat ſich am fremdländiſchen berauſcht, mit glühen-
der Phantaſie ſich dem Exotismus in die Arme geworfen.
Aber man darf daraus nicht etwa ſchließen, daß Flaubert
der Lehrer Loti's geweſen; man findet in „Salammbô"
wie in Pierre Loti's Werken verwandte Züge, weil eben
der Schöpfer „Salambô's" in ſeiner Vorliebe für die farben-
prächtige Weite eine Loti verwandte Natur iſt. Man findet
aber auch ſo manches Aehnliche in den Büchern Loti's und

Alphonse Daudet's, denn Beide sind Impressionisten, nur blickt der Eine auf die Menschheit, der Andere auf die Natur. Ferdinand Brunetière hat einen markanten Einfluß Flaubert's und Daudet's bei Loti erkennen wollen. Mit Unrecht, wie wir glauben. Die Zeit und ihre Strömungen haben Loti gebildet und beeinflußt, weit mehr als Bücher und Menschen. Der einzige Dichter, der einen Einfluß auf den Jüngling, den werdenden Mann geübt, ist derjenige, der seiner Welt= anschauung nach ihm am nächsten steht — Alfred de Musset. Als Knabe liest er klopfenden Herzens seine Verse und träumt, er sei Don Paez; und in der Vorrede zu „Aziyadé" indentificirt er sich mit anderen Helden Musset's, etwa mit Hassan „(Namouna"), und dabei schildert er sich selbst: „Sehr fröhlich und trotzdem sehr mißgestimmt, sehr naiv und doch sehr blasirt. In Bösem wie in Gutem sehr weit gehend — und vielleicht doch mehr Rolla als der egoistische Hassan."

Loti nennt den Menschen das Product zweier Factoren, und bezeichnet als diese erstens: erbliche Veranlagung, zweitens: die Macht der Umstände.

Die Macht der Umstände aber ist vor Allem die Macht der Zeit. Inwiefern die Zeit dazu beigetragen hat, den Dichter Pierre Loti zu formen, glauben wir im Bisherigen dargestellt zu haben. Doch sein Bild wäre un= vollständig, wollten wir nicht auch den anderen Factor prüfen, wollten wir auch nicht versuchen, das Kind der Menschen im Kind der Zeit zu bestimmen. Loti selbst hat sich in seinem letzten Buch diese Aufgabe gestellt. „Le Roman d'un enfant" ist die Werdegeschichte seiner

Individualität. Es ist nicht die Erzählung, es ist das
Bekenntniß seiner Kindheit. Sein Schifflein ankert noch
im stillen Hafen des Elternhauses; von langer, langer
Meerfahrt heimgekehrt, betrachtet der gereifte Mann das
kleine Boot, mit dem er seine Reise angetreten. Wie war
es gerüstet gegen Sturm und Welle, mit welchen Gedanken,
welchen Gefühlen hat er es bestiegen, welche Hand hat er
zum Abschied gedrückt und welch ein Geist saß am Steuer?
Er denkt der ersten kleinen Fahrten, der ersten Begegnungen
— er weiß auch vom ersten Leck. Der Knabe, den er
uns in jenem Boote zeigt, ist Zug um Zug der künftige
Mann, der künftige Dichter. Denn als Dichter ist Loti
geboren.

Er legt sei erstes Tagebuch an. Wie gleicht es doch
in seinem Inhalt, in dem, was ihn zum Schreiben drängte,
allen Büchern, die er schrieb! „Ich notirte weniger die
Ereignisse meiner kleinen Existenz, als meine unzusammen=
hängenden Eindrücke, meine Traurigkeiten des Abends,
mein Leid um einen dahingegangenen Sommer, meine
Träume von fernen Ländern . . . Ich hatte schon das
Bedürfniß, flüchtige Bilder festzuhalten, gegen die Gebrech=
lichkeit der Dinge und meiner selbst anzukämpfen.“

Ein andermal erzählt Loti, wie er sich an den fremd=
ländischen Namen von Völkern und Ländern berauscht,
von denen ihm ein alter Großonkel, ein Arzt, der in Afrika
gelebt, erzählte. Das war dann willkommene Nahrung
für sein Träumen. Und eben das Träumen ist das Beste
und Schönste, dessen er sich aus seiner Jugend erinnert.
„Alle meine Spiele waren Trauerspiele,“ erzählt er, und

seine erste Liebe — ist eine Traumgestalt. Doch war diese Liebe „Die wahre Liebe mit ihrer unendlichen Melancholie und ihrem unendlichen Geheimniß, mit ihrem erhabenen traurigen Reiz, der wie ein Duft an Allem zurückbleibt, was sie berührt."

Der Träumer, der er als Kind gewesen, ist er geblieben. „Du träumst, anstatt zu denken!" ruft er sich später selber zu. Aber Träumen ist ein Geschenk der Götter, und der wahre Dichter ist ein Liebling der Himmlischen. Die Helden und Heldinnen in Loti's Romanen träumen wie er. Doch es sind keine hellen, heitern Träume, die vor das Auge des Kindes wie des Mannes treten. Loti war ein trauriges Kind. „Es ist seltsam, daß meine so zärtlich geleitete Kindheit mir hauptsächlich traurige Bilder hinterlassen hat." Anfangs kann er sich nicht Rechenschaft geben über Grund und Ursache seiner Trauer, aber bald erwacht in ihm jene „gelangweilte Furcht des Lebens", jene Enttäuschung, die hinter den unbedeutenden Ereignissen seiner Kinderjahre auftaucht. „Nichts weiter?!" fragen seine großen Kinderaugen das Leben. „Nichts weiter!" antwortet das Leben.

Das ist das Leck, von dem wir oben sprachen. Es ist nicht verstopft worden. Die Strömung hatte leichtes Spiel, da einzudringen. Aber zuweilen überkommt Loti das quälende Verlangen, diese Wunde in der Flanke seines Schiffleins zu schließen — er sieht angstvoll nach Mitteln, der einschießenden dunklen Welle, die das Fahrzeug immer tiefer und tiefer zieht, einen Damm zu setzen; er nennt das „das Bedürfniß der Reaction, welches später zu gewissen Zeiten vollständiger Abspannung mich zum Lärm drängte, zur Bewegung, zur einfachen brutalen Lustbarkeit der Matrosen." Als Knabe erfindet er in gleicher Absicht irgend einen tollen Streich, über den er dann hell und fröhlich lacht. Das Lachen hat Loti nie ganz verlernt. Es ist zum Lächeln des Humors geworden, der wie spielend Stand gehalten gegen Ernst und Schwermuth des Lebens, ein treuer Begleiter, ein guter Freund auf allen Wegen. Die Schlagschatten und Lichtblitze seiner Jugend, die er heute in der Erinnerung wieder aufleben läßt, bringen ihm zum Bewußtsein, wie er als Kind voll Widersprüche steckte. Die heterogensten Gefühle und Empfindungen wohnten in seiner jungen Seele hart aneinander. Spätere Zeit hat dann diese Gefühle und Empfindungen verknüpft, zu eigenthümlichen Ideen-Associationen verbunden. Heiteres und Dunkles, Helles und Trauriges, Geheimnißvolles sind durch irgend ein Bild in unlösbaren Zusammenhang gebracht. Loti erzählt in seinem Buche die so einfache und rührende Geschichte, wie ein Schmetterling, ein Citronenfalter, ihm immer wieder den Refrain eines Liedes, eines melancholischen Volksliedes, in's Gedächtniß bringt. Und gar viele solche Schmetterlinge flattern, gefolgt von einem traurigen Kehrreim, durch seine Erinnerung und seine Bücher. Die heilige Jungfrau aus Porzelan lächelt im sturmgejagten Schiffe vor Island, eine fröhliche Meise singt bei einem einsamen Kinder-Leichenbegängniß in Stambul — das sind Antithesen, so innerlich empfunden, daß sie den Leser ergreifen. Loti liebt das Gegenüberstellen — nicht von Menschen, Gedanken und

Gefühlen, sondern von Empfindungsquellen. Dieselbe Sonne, die dem armen, sterbenden Sylvestre im Tropen- meere ihr blutiges Roth zuwendet, sieht Großmütterchen Yvonne über'm Nähtisch gebeugt, gießt ihr bleiches Licht über Island.

Eine Kleinigkeit, ein Detail ist im Stande, bei Loti eine ganze Kette von Empfindungen wachzurufen. Es ist begreiflich, daß das jedes Mal ein gewaltiges Hinderniß für das Fortschreiten der Handlung giebt. Aber giebt es denn überhaupt eine eigentliche Handlung bei Loti?! Loti hat nicht die geringste Erfindungsgabe; er kann nur er- zählen, was er selbst erlebt, nur schildern, was er selbst geschaut. Seine Romane sind fast alle Ich-Romane, und ihr Held heißt Pierre Loti. Was in „Aziyade", in „Mme. Chrysanthème" vorgeht, ist schier das Gleiche. Bald ist der Schauplatz Stambul, und die Gefährtin in Loti's selbst- gesuchter Einsamkeit in einer türkischen Vorstadt ist die zierliche Haremsdame Aziyade; bald ist es Rarahu, die während eines Aufenthaltes auf Tahiti Loti als kleine Freundin, kleine Gattin zur Seite steht; bald macht in Loti's Heim von Bambus und Papier auf Diou-djen-dji vor Nagasaki das drollige Figürchen von Madame Chrysanthème die Honneurs des Hauses. Große Kämpfe in diesen kleinen Liebesidyllen sind Loti erspart gebliebeu — so fehlt denn auch fast Alles, was man sonst in einem Roman Verwicklung oder Knoten nennt. Nur die Möglich- keit einer Verwicklung fliegt manchmal wie eine leichte, im Traum geschaute Wolke vorüber. Die Lösung ist immer die gleiche: der wehmüthige Abschied, die

5*

traurige Gewißheit des Vorüber. Auch die Geschichte,
die Loti in „Pêcheur d'Islande" erzählt, ist ihm nicht
fremd. Er kannte ihre Helden — Gaud sowohl wie
Yann Gaos (er heißt in Wirklichkeit Connic und ist nicht
wenig stolz darauf, der „Held" eines Buches zu sein!)
leben noch in Paimpol und Pors-Aven, wenn sie auch
den Ereignissen ferne stehen, zu deren Trägern sie der
Dichter gemacht hat. Doch diese Ereignisse sind nicht Loti's
Phantasie entsprungen — die einfache Geschichte mit
ihrer erschütternden Tragik war Loti vertraut seit Jahren,
und ihre dramatische Kraft giebt Loti wie ein Chronist
unbewußt wieder. Denn er hat keine dramatische Begabung; er baut seine Bücher nicht auf; er schreibt sie
nieder, wie sein Empfinden sie ihm dictirt. Er ist ein
Lyriker, wenn er auch in seinem ganzen Leben keinen
einzigen Vers geschrieben!

Dieses Geständniß macht Loti in seinem letzten Buche.
Er versucht auch darin, sich zu erinnern, wie sein Empfinden, wie seine Sinne sich entwickelt haben.

Rarahu, das Maori-Kind auf Tahiti, nennt Loti
mit dem Kosewort Mata reoa. Mata heißt in der
alten, dem Untergang geweihten Maori-Sprache Auge,
reoa bedeutet das Firmament, die Tiefe, das Geheimniß . . .

Ueber alle Sinne triumphirt bei Loti das Auge.

Das Gehör spielt eine secundäre Rolle. Die Musik,
die „Beschwörerin der Schatten", erweckt dem Knaben
Gesichtsempfindungen. Aber Chopin verfehlt nicht seinen
Eindruck auf das träumende Gemüth.

Ehrlich und wahr zeigt uns auch Loti seinen werden=
den Charakter. Er war ein kleiner Egoist, der sich gerne
lieben ließ. Erst später, viel später, hat er für seinen
Egoismus einen Ausdruck gefunden: „Was man am
meisten in Anderen liebt, das ist sich selbst.“

Der Roman seiner Kindheit soll den Frühling seines
Lebens schildern. Aber es ist uns, als wäre nie ein echter
rechter Frühlingssonnenschein durch sein Leben gefluthet.
Die Zeit des Sehnens, die Zeit der das Erinnern unbe=
kannt, ist Loti fremd geblieben. Sein Leben beginnt schon
mit Erinnerung.

Als er zum ersten Mal das Meer erblickt, glaubt
er, es schon gesehen zu haben, lange, lange bevor er ge=
boren ward; und dieser Gedanke, die Möglichkeit atavistischer,
im Menschen schlummernder Vorstellungen und Bilder
beschleicht den Knaben, wie den Mann mit geheimniß=
voller Macht.

Unsere Litteratur ist herbstlich, wie unsere Zeit. Und
auch Loti's Poesie ist wie ein schöner Herbsttag, der uns
an den Frühling mahnt mit seiner milden Luft, seinem
blauen Himmel — dann aber sehen wir die rothen und
gelben Blätter an den Bäumen, und unser Fuß raschelt
in todtem Laub . . .

Die Moralischen, die Unmoralischen und der Roman der Zukunft.

Moral und Kunst sind zwei grundverschiedene Dinge, die Nichts mit einander zu schaffen haben! Dieses Paradoxon, das irgend Jemand, aus der Seele unseres Jahrhunderts sprechend, in die Welt setzte, hat fast bis auf den heutigen Tag als Dogma gegolten. Die materialistische Weltanschauung wußte mit Moral begriffen, die auf einem transscendentalen Sockel stehen, Nichts anzufangen und die Lichtträger im Reiche der Geister blickten mitleidig auf die Philister herab, die mit ihren Werken moralische Absichten verfolgten, ihre Kraft freiwillig mit den spanischen Stiefeln metaphysischer Sittengesetze quälten. Aber unser Jahrhundert geht zu Ende. Und wie so mancher Freigeist, vor der großen, dunklen Pforte stehend, plötzlich in der Angst vor einem möglichen Jenseits sich an die Hand des Priesters klammert, so ruft es an sein Sterbebett die Moral und die Religion. Die Litteratur des Tages, d. h. die Litteratur von heute, nicht die von gestern und vielleicht auch nicht die von morgen, ist moralisch und gläubig. Aber es klingt immer wie der Widerruf mit Vorbehalt, den der Philosoph in letzter Beichte flüstert: Gläubigkeit ohne Glauben, Frömmigkeit ohne innerste Ueberzeugung, Gottesfurcht ohne Gott! Zu wahrer Religion bedarf man eines einfachen Geistes, und unser Geist ist schrecklich complicirt. Es giebt keine individuelle Moral, sondern nur eine allgemeine. Wir sind aber alle Individualisten — und so giebt es unter uns wohl Moralisten, aber keine Moral.

Edouard Rod hat in seinem Buche „Les Idées morales du temps présent" (Paris, Perrin, 1891) versucht, eine Bilanz der Moralbegriffe unserer Zeit zu ziehen. Er behandelt diejenigen Schriftsteller, die ihm eine bedeutsame Führerrolle in unserer Geisteswelt innezuhaben scheinen: Renan, Schopenhauer, Zola, Bourget, Lemaître, Edm. Scherer, Dumas fils, Brunetière, Tolstoï, M. de Vogué, und geht mit feinsinniger und geistvoller Analyse ihren Moralbegriffen nach. Die Beleuchtung, in der Rod jeden Einzelnen zeigt, ist neuartig — wir sind eben die „moralische Prüfung" nicht gewohnt — und sie läßt uns die Gestalten in scharfem und eigenthümlichem Lichte sehen. Aber seltsam! Dieses Licht scheint von jedem Einzelnen selbst auszugehen, nicht von einer über Allen stehenden Leuchte. Und eine solche müßte es geben, wenn man von der Moral spricht, denn es kann nur eine Moral existiren. Wir erfahren aber, wie die klugen und weisen Männer von heute es verstehen, sich um diese eine herumzudrücken und auf deren Kosten sich jeweils eine eigene, zum Privatgebrauch, zu schaffen. Wir erfahren ferner aus dem Buche, daß der Einfluß Renan's, der irgendwo sagt, die Tugend sei die erhabenste Illusion,

schwindet, der Einfluß Tolstoï's wächst. Rod erklärt diese
Erscheinung, indem er sagt, die negative Strömung, die
1848 (Auftreten Renan's) bis 1886 (Auftreten des russi=
schen Romans) herrschte, sei einer positiven gewichen. Die
Zuflüsse jener negativen Strömung sind nach Rod: 1. der
Skepticismus (Renan); 2. der Pessimismus Schopen=
hauer's (ausartend zur Misanthropie); 3. der Naturalis=
mus (fußend auf einer rein wissenschaftlichen, materialisti=
schen Betrachtungsweise). So ist also für Rod auch jene
Richtung des Materialismus, die den Untergrund des
geistigen Lebens 1848—1886 bildete und sich selbst eine
positive nannte, eine zerstörende, verneinende, weil gegen
das Unkörperliche, Unfaßbare, gegen die Seele und das
Uebersinnliche gerichtet. Jene Strömung aber, die nun
zu Tage tritt und zu der wohl auch Rod gehört, die den
depossedirten Werthen der Seele, des Glaubens und der
Moral zu ihren Rechten verhelfen will, nennt er positiv.
Sie fluthet durch unsere Zeit, sie ergreift die Gemüther,
sie weist dem Geiste neue Bahnen. Neue Bahnen?! Sind
es nicht am Ende alte, längst grasüberwachsene Wege?
Aber sie scheinen zum Frieden und zum Heile zu führen,
aus eklem Qualm hinauf an's Licht. Und mit frommem
Schauer vertraut man sich ihnen an, wandelt sie in er=
starkendem Glauben, wenn auch den Zweifel in der Brust,
ob nicht jene Straße, die man früher geschritten in Streit
und Strauß um jeden Fuß Weges, denn doch die richtige
gewesen. So sagt Paul Bourget in dem Buche, das
vor uns liegt, „Nouveaux Pastels (Dix Portraits
d'hommes)“, (Paris, Lemerre, 1891), er verstehe ebenso=

wohl den verbrecherischen Reiz der Negation, wie den
Glanz des tiefen Glaubens, ohne jemals an einem dieser
beiden Pole des menschlichen Lebens ausharren zu können.
Rod schildert uns, wie Bourget, dieser Meister senti-
mentaler Casuistik, von Skepsis und Dilettantismus aus-
gegangen ist und zur Moral, zum Glauben gelangte.
Aber der Moralist, der er geworden, liegt mit dem
Psychologen, der er geblieben, im Kampfe. Bourget ist
ein Ueberreicher im Geiste, und der Himmel gehört den
Armen. Der Psychologe Bourget hat uns die Sammlung
Skizzen, die er Pastelle nennt, geschenkt. Es sind eher
Radirungen mit der Tiefe und Weiche der Schatten, dem
milden Schimmer der Lichter. Die Männerfiguren, die
Bourget's Aetzkunst uns vor Augen führt, stehen aber in
der gleichen Beleuchtung, wie die Typen Rod's: moralische
Probleme sucht der Dichter zu lösen; und wenn er am Ende
seiner psychologischen Wissenschaft angelangt zu sein scheint,
so weist er auf jene über uns schwebende Macht hin, die
unsere Geschicke entwirrt, die wir nicht fassen, nicht schildern,
die wir nur ahnen können, hinkniecnd, die Stirne gen
Boden gekehrt . . . Wie weit sind wir da von jener Kunst
Zola's entfernt, die nur das gelten lassen will, was greif-
bar, sehbar ist, die dem Romancier verwehrt, über das
Gebiet des Physiologischen und Psychologischen hinauszu-
greifen! Zola lebt noch schaffensfreudig unter uns, und
es scheint, als trüge man den Naturalismus schon zu
Grabe. Ja, Zola's ehemalige Jünger selbst halten das
Bahrtuch. Einer seiner besten und treuesten Schüler,
J. K. Huysmans, ist in seinem letzten Buche, „Là bas"

(Paris, Creffe & Stock, 1891) dem Naturalismus mit
grimmigen, wuchtigen Hieben an den Leib gerückt, hat
ihn beschworen, wie ein mittelalterlicher Mönch den Teufel
austreibt. Denn auch Huysmans wurde durch den Schwall
vom Marktplatz in die Kirche gedrängt. Und was ihn
hier ergreift, ist vor Allem der Weihrauchduft, ist der
brustbeklemmende und seelenbefreiende Hauch, der vom
Gewölbe herabzuschweben scheint, ist die Mystik. Die
Sehnsucht nach dem Unfaßbaren, die Sehnsucht, mit einem
fluge dem irdischen Getriebe und Gelärme zu entkommen,
wird zum Schwärmen nach einem Jenseits, einem Jenseits
des Guten, des Schönen, einem Jenseits der Liebe —
einem là-bas! Ein Mysticismus, den er sich selbst nur
zögernd bekennt, zieht ihn zu neuen Atmosphären, jagt ihn,
neue Wonnen, neue Schmerzen zu suchen. Er glaubt, sie
zu finden auf eben einem jener grasüberwachsenen Wege
— der aber hat ihn in's Mittelalter geführt, wo es am
schwärzesten ist, wo die Hexen auf den Blocksberg fahren,
man dem Teufel schwarze Messen liest, dem Bösen, der
doch eigentlich die Welt beherrscht, zähneknirschend und
— lusterbebend Reverenz erweist. Und dieses Stück Mittelalter spielt sich mitten im modernen Paris ab, im Paris
fin de siècle. Und was Huysmans von der Herrschaft
Satans in der heutigen Gesellschaft erzählt, ist, so ver-
sichert er, kein Phantasiegebilde, sondern Wahrheit, treu
und wahr geschilderte Wahrheit. Denn wenn Huysmans
auch den Naturalismus, wie er von Alten und Jungen
gepflegt wird, verwirft, seine Methode, das Sammeln der
Noten und Documente, das für den Romancier unerläß-

liche Gelübde der Wahrheit nimmt er an. Er möchte
einen spiritualistischen Naturalismus schaffen. Er umspinnt
das Uebersinnliche mit allen Sinnen. In einem früheren
Buche, dem seltsamen Roman „A Rebours" schrieb er:
„Es kommt immer darauf an, seinen Geist auf einen
Punkt concentriren zu können, sich vom Körperlichen zu
trennen, um die Hallucination herbeizuführen und den
Traum der Wirklichkeit an die Stelle der Wirklichkeit selbst
setzen zu können," und heute sagt er: „Ich weiß, daß die
sichersten Genüsse die sind, die man träumt." Als echter
Träumer wendet er sich denn haßerfüllt ab von dem banalen
Sonnenschein des Alltags. Huysmans haßt seine Zeit,
haßt ihre Leiden und Freuden, besonders aber letztere.
Er begreift nicht, wie ein Priester, ein Arzt, ein Dichter
fröhlich sein könne, wie ein moderner Roman beim Leser
angenehme Empfindungen wachzurufen im Stande sei.

Und doch giebt es Leser, die solche vom Roman ver=
langen. Und es giebt eine Menge Schriftsteller, die diesem
Wunsche nachkommen, in fortwährendem Suchen nach dem
Geschmack des Publicums demselben zuvorzukommen
trachten. Es ist lehrreich und erbaulich, diesem Ge=
schmack unserer Zeitgenossen nachzugehen! Ein junger
Schriftsteller hat jüngst einen Versuch in dieser Richtung
gemacht: F. Coliée nennt sein Buch: „Les Immoraux"
(Paris, Savine, 1891), aber er läßt die Frage in Schwebe,
wer unmoralischer ist, der Leser, der fortwährend nach ge=
würzter Speise verlangt, oder der Schriftsteller, der mit nimmer=
müden Händen diese liefert. Nie hatte die Liebe weniger
Einfluß auf das allgemeine Leben als heute — und nie

wurde sie mehr behandelt, erforscht, discutirt und analysirt.
Man sucht eben in den Büchern, was man im Leben
nicht findet. Die Kunst soll einem die Genüsse und Wonnen
bieten, die das Leben verweigert — und so gellt durch die
Litteratur von heute ein langer Schrei des Verlangens, so
wird ·der überheizte Erotismus der Modernen gezeitigt,
die Liebe anno 1891, die, zwischen Hysterie und Frenesie
schwankend, einen neuen Weg sucht, in den Abgrund!
Denn die Liebe, wie sie uns heute docirt wird, ist ein gar
traurig Ding. Die Reflexion in der Liebe ist in jedem
Falle, ob sie nun zu raffinirtester Wollust oder zur Askese
führt, krankhaft und verderblich. Der glücklich Liebende
im Roman ist verschwunden, die Liebe wird zum Unglück,
zur Katastrophe! Selbst mit der Verherrlichung der ge-
fallenen Frau ist es vorbei — denn man nimmt jetzt die
Ehe wieder furchtbar ernst. So greift der Romanschriftsteller zur schönen Lüge, um sie an Stelle der gefährlichen
Wahrheit zu setzen — singt hohe Lieder der Koketterie
und dem Flirt, die er darstellt, als wären sie der einzige
Inhalt des modernen Lebens, wenn er es nicht vorzieht,
in psychologischem Unrath zu waten, oder gepfefferte Pillen
zu drehen, die den Gaumen verbrennen. Coliée giebt in
seinem Buche eine ganze Anthologie moderner Erotik. Er
zerlegt wie ein Chemiker jene Pillen in ihre Bestandtheile
und aufathmend flüchtet man schließlich aus dem parfüm-
geschwängerten Laboratorium in's Freie. Gewiß, es giebt
auch Leute von großem Talent unter diesen Erotikern
(ich erwähne nur Catulle Mendes und René Maizeroy);
aber die Mehrzahl sind Speculanten und keine Künstler,

und die ärgſten Pillendreher ſind — die ſchreibenden
Frauen.

Niemand verſteht es beſſer, das Unſagbare ſagbar
zu machen, in züchtiger Form das Unzüchtigſte wiederzu=
geben, wie der Blauſtrumpf, der in den Feuilletonſpalten der
Pariſer Zeitungen graſſirt, der mit fabelhaftem Fleiß Buch
auf Buch in die Menge wirft. Man leſe nur einmal
Albert Cim's „Bas-Bleus" (Paris, Savine 1891)! Das
iſt ein mit aller Kraft des Zornes, im Feuer der Ent=
rüſtung geſchriebenes Buch, kein Roman, ſondern eine
Anklageſchrift, ein Pamphlet. Cim ſieht den Tempel der
Kunſt entweiht, geſchändet durch die Horde blaugeſtrümpfter
Weſen, die ihn mit ihrem Geſchrei und Geſchnatter er=
füllen. Er haßt die ſchreibenden Weiber, haßt ſie mit
dem Ingrimm der Gerechten gegen alles Falſche und Er=
logene: „Die Kunſt iſt für ſie (die Frauen nämlich) nicht
wie für uns der Ausdruck der Wahrheit oder mindeſtens
deſſen, was uns nach einer berühmten Definition Wahr=
heit ſcheint, ſondern eine kokett zugeſtutzte und aufgeputzte
Lüge", denn, wie er an anderer Stelle ſagt: „Fälſchen, ver=
ſtecken iſt ihre Rolle, ſeit ihrer Kindheit ſind ſie darauf
dreſſirt; zu lügen liegt in ihrem Blute, es iſt ihr eigent=
lichſtes Weſen". Niemals iſt es dem Blauſtrumpf um
das Heilige der Kunſt zu thun, er erſtrebt Rang und
Stellung durch ganz andere Mittel, und wenn er ſich einen
Namen erworben, ſo iſt dies durch jene anderen Mittel
geſchehen — ſagt Herr Cim. Die Concurrenz des Weibes
mit dem Manne in der Kunſt (und auf allen Gebieten
fügt er hinzu) wird ſtets mit illoyalen Waffen geführt, und

niemals unterliegt der Künstler der Künstlerin, sondern
immer der Mann dem Weibe! Schlag auf Schlag, Hieb
auf Hieb mit allem Rüst= und Kampfzeug, das Wissen=
schaft und Moral ihm reichlich zur Verfügung stellen, be=
kriegt Cim die Emancipatiorn der Frau. Er verherrlicht
die Hausfrau und peitscht mit hochgeschwungener Fuchtel
das Weib, das in die Oeffentlichkeit tritt, in Küche und
Stube zurück. Cim's Buch entwirft ein böses Bild der
Pariser Litteraturverhältnisse. Man muß mit diesen nur
oberflächlich vertraut sein, um die Persönlichkeiten, die der
Verfasser leicht verschleiert vorführt, zu erkennen, die An=
spielungen, von denen sein Buch durchsetzt ist, zu verstehen,
in den Skandalgeschichten, die Cim zur Erhärtung seiner
These vorbringt, Wahrheit von Dichtung trennen zu können.
Gewiß ist auch das Buch übertrieben — oft sogar bis
zur gehässigen Fratze; doch sei es jenen, die in der schranken=
losen Emanicpation der Frau ein Heil der Zukunft er=
blicken, wärmstens empfohlen. Obzwar sich Cim nicht zu
den Moralisten rechnet, so hat er doch sein Buch zur Ver=
theidigung der in den Koth gezerrten Moral geschrieben
und, wahrlich, selten war ein Buch ehrlicher gemeint.

Es giebt aber auch solche Vertheidiger der Moral,
die gerade das Gegentheit von dem erreichen, was sie an=
geblich erreichen wollen. Zu diesen zählt beispielsweise
Herr Dubut de Laforest. Dubut befolgt eine litterarische
Abschreckungstheorie. Die Liebesgeschichte, d. h. das Ehe=
bruchsdrama, das sein letztes Buch („Morphine." Roman
contemporain. Paris Dentu, 1891, 15 mille) schildert,
ist das alte Lied von der jungen und schönen Weltdame,

dem vertrauensseligen Manne und dem mit allen Reizen
der Männlichkeit ausgestatteten Officier. Aber der eigentliche Motor in dem Verhältnisse der Marquise de Montreu
und Raymond's des Pontaillac, die unheimliche Macht,
die die Conflicte auslöst und die Katastrophe herbeiführt,
ist jene „Circe der Décadence", wie Dubut sie nennt, das
Morphium. Dubut hat zu seinem Roman umfassende
Studien gemacht, medicinische, chemische wie juristische —
soll ja sein Buch ein documentarischer Roman sein. Er
zeigt uns die Morphinomanie in allen Stadien, in ihren
Verirrungen und Paroxysmen; er zeigt uns, wie das ent-
setzliche Gift in allen Kreisen der Pariser Gesellschaft
seine Opfer fordert, wie es immer weiter um sich frißt,
unaufhaltsam, unerbittlich, wie es Glück um Glück, Leben
um Leben zerstört. Leider hielt der Romancier nicht, was
der Documentarist versprochen. Die psychologische Schilderung
bleibt hinter der physiologischen weit zurück. Aber haben
die 15000 Abnehmer, die das Buch in wenigen Tagen
gefunden, es wirklich nur gekauft, um sich abschrecken zu
lassen? Mit nichten, die meisten, sagen wir alle, um nicht
ungerecht zu sein, nehmen den Band zur Hand, in der
Hoffnung, Nervenreiz, Nervenkitzel, Nervenerregung darin
zu finden. Und diese Hoffnung wird nicht enttäuscht.
Dubut wird natürlich einwenden, die erotischen Bilder
und Scenen gehören zu seinen Documenten. Zugegeben.
Aber das Publicum nimmt sie nicht als solche, sondern
besteht eigensinnig darauf, sie als Tribut zu betrachten,
die man seinem Geschmacke bringt. Und so gehört denn
auch Dubut de Laforest zu den Immoraux; in der Kunst

hat die bekannte Moral, daß der Zweck die Mittel heiligt, keine Geltung.

Die heutige picante Salonlitteratur erinnert uns oft an die frivole Boudoirpoesie des vorigen Jahrhunderts. Huysmans hat nicht Unrecht, wenn er sagt: „Die Enden der Jahrhunderte gleichen sich; sie sind immer trüb und schwankend." Es giebt so manche Vergleichspunkte zwischen heute und vor hundert Jahren. Damals kam nach Sturm und Drang die Wertherepoche, und auch heute scheint nach dem Sturm und Drang des Naturalismus und Realismus eine neue Romantik zu erblühen. Ihre Anzeichen sind da; und als ein Vorbote präsentirt sich uns das Buch eines jungen, vielversprechenden Schriftstellers. Dieser heißt Marcel Prévost, sein Roman: „La Confession d'un amant" (Paris, Lemerre, 1891). Prévost hat in einem Artikel, den er im „Figaro" veröffentlichte („Le Roman romanesque" „Figaro" vom 12. Mai 1891), eine Rückkehr zur Romantik, besonders was den Ausdruck des sentimentalen Lebens betrifft, prophezeit, sozusagen die Seelenrechte proclamirt. Ein Mitarbeiter des „Gaulois" benutzte Buch und Artikel des jungen Meisters, um bei allen Alten anzuklopfen und sie bescheidentlich über ihre Meinung bezüglich des Romans der Zukunft zu interviewen (vgl. die Nummern des „Gaulois" vom 14. bis 26. Mai 1891). Die Antworten der Großen (der Herren Zola, Daudet, Halévy, Goncourt, Coppée u. A. m.) liefern ein interessantes Bild der Ansichten der Dichter von heute über die Dichtung von morgen. In dieser Enquête ging es dem Naturalismus nicht gut. Er hat seinen

Gipfelpunkt erreicht, sagen die Einen, überschritten, sagen die Anderen. Die Etikette „Naturalismus" hat ihren Werth verloren, man protestirt gegen sie. Man protestirt überhaupt gegen jede Schule, gegen jede Gefolgschaft. Es giebt keine Poetenrepublik mehr, sondern nur eine Tyrannei des Talentes. Die Zukunft gehört dem Talente der Zukunft. Und ehe dasselbe der staunenden Welt sich enthüllt, läßt sich gar Nichts über seine Art und Weise sagen. Vor der Hand giebt es nur Romane, die unterhalten, und solche, die langweilen, das heißt, gute und schlechte, jede andere Eintheilung ist läppisch — „Capalismus" überhaupt die ganze Frage nach dem Roman der Zukunft! Dann giebt es solche, die sagen: wozu sich über den kommenden Roman den Kopf zerbrechen — es kommt überhaupt keiner mehr, die Zukunft gehört der Zeitung; und wieder Andere, die dem Collegen Prévost bitter neidisch sind um die glänzende Reclame, mit der er sein Werk zu lanciren verstand — denn ein Roman, der sich gleichsam selbst als der Roman von morgen ankündigt, lockt die Leser in hellen Schaaren.

Was Prévost unter Romantik versteht, ist eigentlich die Betrachtung der Dinge und Ereignisse durch eine empfindsame Phantasie. Sein Roman ist die Monographie einer Seele, in der weibliche Zartheit des Gefühls sich paart mit zäher Kraft der Reflexion. Aber dieser Reflexion fehlt das Rückgrat eines festen Willens. Prévost ist ein Willenskranker, ein Nervöser, das Kind einer überreizten nervösen, willenskranken Zeit. „Wir sind uns selbst ein schmerzliches Geheimniß," sagt er, und in seinem Schmerze

findet er — die Thräne! Ja, wirkliche Thränen, wie sie
seit Werther nicht in so reichem Maße geflossen; in Thränen=
seligkeit löst sich sein Empfinden, das die Nerven führen
und irreführen. Und der Dichter weiß den Leser in den
Bann seiner Empfindung zu ziehen, ihm seine Stimmung
zu suggeriren. Der Roman schreitet nicht fort in psycho=
logischer Entwickelung, sondern gleichsam von Stimmung
zu Stimmung. Ist also etwa der Roman von morgen
der Roman der Stimmung? Sind also vielleicht die Sym=
bolisten und Décadents auf dem richtigen Wege, die um
jeden Preis eine Stimmung erwecken wollen, der Poesie
eine ähnliche Aufgabe zuweisend wie der Musik? „Unsere
Empfindungen,“ sagt Prévost, „resultiren aus einer flüchtigen
Uebereinstimmung zwischen unserer Seele und dem Milieu.“
Aber das Milieu ist für Prévost Nichts als ein Spiegel=
bild seines eigenen Seelenlebens; und dieses Seelenleben
ist krankhaft, weil es zu wenig in fester Beziehung mit
den irdischen Kräften und Trieben steht. Prévost ist
Spiritualist; er nimmt den christlichen Streitzug gegen das
Sinnliche auf, gegen das „Thierische“, wie die Gläubigen
es nennen. Aber solch' reactionäres Kämpfen gegen die
Macht des Fleisches hat wohl Heilige geschaffen, aber kein
echtes Kunstwerk ist auf solcher Basis möglich. Denn die
Sinnlichkeit, die verklärte, reine, von Schlacken und Koth
befreite Hochgewalt der Sinne wird stets Grundlage und
Ziel der Kunst bilden.

Untersuchen wir aber Prévost's Roman seinen Zug
nach „oben“ genauer, steigen wir so tief in die Seele
des Helden herab als möglich, so werden wir finden, daß,

was diesen zum fliegenden Holländer der Liebe macht,
Nichts ist als jene fieberhafte, epidemische Neugier, die
unsere Zeit kennzeichnet, die heißhungrig fortwährend nach
Außergewöhnlichem noch nicht Dagewesenem verlangt.
Und als so etwas Außergewöhnliches erscheint wohl
Manchem der vergessene Reiz der stillen Thräne, als etwas
noch nicht Dagewesenes in unserer brutalen Epoche das
Ausleben einer Empfindung fern von dem gemeinen
Treiben des Alltags. So steht denn Prévost näher zu
Huysmans, als man glauben sollte. Sie möchten Beide
aus ihrer Zeit heraus; der Eine sucht das Heil in der
Hölle, der Andere im Himmel — aber in diesem Himmel
singen nervöse Engel.

Prévost wird gewiß noch manches schöne Buch
schreiben; sein Erfolg wird Manchen verführen, seinen
Bahnen zu folgen — aber der Roman der Zukunft liegt
nicht auf grasüberwachsenen Wegen.

Der neue Roman von Alphonse Daudet.

In dem soeben erschienenen sechsten Bande des Journal des Goncourt findet sich ein Ausruf Daudet's verzeichnet, der eine treffliche Selbstkritik enthält: „Ich bin ein ganz subjectives Wesen — die Dinge gehen durch mich — ich kann Nichts erfinden — meine ganze Familie ist schon drangekommen — ich kann nicht mehr in den Süden gehen!"

Zwischen diesen Worten liegt der ganze Ausdruck Daudet'scher Kunst, möge diese nun in seinen Ich=Romanen, den Tartarins, dem Numa oder in seinem neuesten Buche „Rose et Ninette"*) in die Erscheinung treten. Seine Bücher sind nicht erdacht und erfunden, sondern er=lebt und durchlebt; alle diese Figuren, Männertypen, Frauengestalten, diese braven Alten und diese reizenden Kinder sind aus der Wirklichkeit in das Buch gestiegen — seine ganze Familie hat schon diesen Weg genommen und so ein Jeder, der ihm begegnet, der ihm im Guten oder im Bösen bemerkenswerth erschienen. Aber Daudet steht den Menschen, die er beobachtet und die er in das

---

*) Alphonse Daudet: „Rose et Ninette." Moeurs du jour. Paris, E. Flammarion. 1892.

Erdreich seiner Kunst verpflanzt, nicht mit der kühlen Betrachtung des naturwissenschaftlichen Romanciers gegenüber. Das ist nordische Art. Und er stammt aus dem Süden, wo der Gedanke sich nimmer vom Gefühle, das Auge nie vom Temperamente trennt. Daudet liebt und haßt seine Helden, nimmt Partei in ihrer Sache, ihre Freuden und Leiden gehen durch sein Herz. Weil er aber ein ganzer, ein großer Dichter ist, so zieht er auch den Leser in den Kreis seines Empfindens und Fühlens. Daudet wirkt in erster Linie auf das Gemüth. Daher der tiefgehende Erfolg seiner Bücher in einer Zeit, wo die Sprache des Verstandes, des Gedankens das Herz nicht zu Worte kommen ließ. Er ist der Einzige unter den modernen Meistern des Romans, der nicht zum Verstande, sondern zum Herzen spricht. Zola überwältigt, Maupassant erschüttert, Daudet rührt uns.

Aus seinem letzten Roman „L'Immortel" flammte der Haß. Gewiß war das Buch übertrieben in seiner Schärfe, in der Heftigkeit des Angriffes, in dem Zorne gegen Alles, was mit der Akademie und den vierzig Unsterblichen in Verbindung steht. Weil aber der Leser mit seinem Gemüth und seinem Temperament theilnahm an den Vorgängen des Buches, vergaß er das Pamphlet über dem Roman, das streitbare Schwert des Poeten über dessen Laute. Ein Troubadour des Realismus, das ist Alphonse Daudet!

Nach dem Waffengeklirr des „Immortel" hebt „Rose et Ninette" wie eine Idylle an. Aber hinter den einfachen Geschehnissen, die sich hier in engem Ringe

abspielen, liegt ein Suchen des Dichters nach der Lösung
eines unsere Zeit bewegende Problems.

Der Lustspieldichter Régis de Fagan hat sich von
seiner Frau geschieden. Es war eine Ehe, wie sie nicht
sein soll, eine Ehe zwischen Menschen, deren Charaktere,
deren Neigungen kein Begegnen, kein Ergänzen gestatten.
Fagan hatte geheirathet, um ein Heim, einen Herd zu
finden; seine Frau suchte in der Ehe nur den Glanz, den
der Name ihres berühmten Gatten ihr gewährte, nur die
Möglichkeit, im Tout-Paris eine Rolle zu spielen. Ihre
egoistische Genußsucht, vor Allem aber ihre Lust am
Lügen, an der Koketterie mit allem Unwahren, haben
dem braven Fagan in's Herz geschnitten. Mit kleinen
häuslichen Scenen begann, mit der Scheidung endigte die
Tragikomödie dieser Ehe. Der gutmüthige Fagan giebt
sich noch zu einem Ehebruchs-Possenspiel her, damit das
Tribunal zu seinen Ungunsten entscheide; denn „wenn
der Mann fehlt, so verzeiht die Welt, fehlt aber die
Frau, so spritzt die Schande über die Familie." Und
Fagan's Familie bilden seine zwei Töchter, Rose und
Ninette, die er abgöttisch liebt. Jeden zweiten Sonntag
dürfen sie den Papa besuchen. Dann giebt es Sonnenschein und Blüthenduft in dem kleinen Landhause zu Passy,
dann giebt es einen Festtag für drei glückliche Menschen.
Doch die Gestalt der Mutter steht immer wie ein Schatten
hinter aller Freude. Wenn der Einfluß, den sie auf die
Mädchen nimmt, zu Tage tritt, wenn die Gedanken, die
sie ihnen eingiebt, von den frischen Lippen flattern, dann
weht es wie ein kalter, böser Schauer durch die fröhlich-

keit des Wiedersehens. Mann und Frau sind trotz der
Scheidung „in Gutem" auseinander gegangen. Sie kommen
noch bisweilen zusammen, wenn es gilt, betreffs der Kinder
Etwas zu ordnen. Und in Einem treffen sie sich fortwährend,
in dem Kampfe um die Liebe der Kinder. Rose und
Ninette sind zwei echte, niedliche Pariserinnen; es sind
große Kinder, oder besser gesagt, kleine Frauenzimmer.
Den klaren Spiegel der jungen Herzen kräuseln eben die
ersten weltlichen Gedanken, im Köpfchen klingt mit hellem
Ton das Narrenglöcklein der Lebenslust. Beide lieben
den guten, überguten Papa; aber es ist nicht die wahre,
goldene Kinderliebe! Rose, die Aeltere, ist eifersüchtig, und
Ninette schmollt und kokettirt. Doch Fagan wägt und
prüft die Gefühle seiner Kinder nicht. Sie füllen sein
ganzes Herz aus. Sein ganzes — nein! Denn eine neue
Liebe beginnt darin zu keimen. Keine Leidenschaft, kein
Ueberschäumen, kein gewaltiges Verlangen — sondern
das stete Wachsen einer Sympathie, entsprungen dem
Sehnen eines gereisten Herzens. Frau Hulin ist wie Fagan
in der Ehe gescheitert. Ihr Mann hat sie mit roher
Eifersucht gequält, sie mit seinem Wesen bis zum Haß
getrieben. Da erschien die Trennung wie eine Erlösung.
Frau Hulin zieht von Havre, wo sie gelebt, mit ihrem
Knaben nach Paris. Bis zu seinem zehnten Jahre darf
das Kind bei der Mutter bleiben — so lautet der Spruch
der Gerichte — dann soll es der Erziehung des Vaters
überantwortet werden. Das Kind ist krank und schwach,
die Mutter bebt vor dem schrecklichen Termin, wo es ihr
von der Seite gerissen werden soll, um in die Macht des

gefürchteten Mannes zu fallen. Die Sorge um den kleinen
Maurice bringt Fagan und Frau Hulin einander näher.
Der Gedanke an das Glück und den Frieden einer Ver-
einigung erwacht in Beiden. Da verschieben sich plötzlich
die Verhältnisse. Fagan's geschiedene Frau hat ihren
Cousin und ehemaligen Hausfreund, einen Herrn La
Posterolle, geheirathet und lebt nun auf Corsica, wo ihr
Gatte die Präfectur inne hat. Dorthin hat sie auch Rose
und Ninette mitgenommen. Das war gegen die Verab-
redung, die bestimmte, daß die Kinder Paris als den
Wohnsitz des Vaters nicht verlassen dürften. Fagan reist
ihnen einmal nach, führt dort ein abenteuerliches Incognito-
Leben und kehrt, wohl fühlend, wie wenig ihm die Kinder
mehr gehören, verbittert von diesem Besuchsausflug heim.
Mittlerweile ist — nach Jahren — Herr Hulin wieder
aufgetaucht. Er läßt sich bewegen, auf sein Recht, den
Knaben mitzunehmen, zu verzichten — unter einer Bedingung! Das Weib bäumt sich empört dagegen auf —
aber die Mutter bringt das Opfer ... Herr Hulin fährt
am nächsten Morgen nach Havre und erschießt sich. Frau
Hulin ist frei. Doch die Erinnerung an jenes schreckliche
letzte Begegnen mit dem Manne, der einst ihr Gatte gewesen, trennt sie nun von Fagan. Fagan, durch die
Bosheit seiner Frau von Allem unterrichtet, sieht die Unmöglichkeit, darüber zu kommen, selbst ein. Er ist einsam
geworden, ist zerfallen mit seinen Töchtern, die er von sich
stoßen mußte, weil der lügnerische Geist ihrer Mutter sie
vergiftet, weil sie gewagt, sein Heiligstes, sein reines Gefühl für Frau Hulin, in den Koth zu ziehen.

·

Die Tendenz des Buches ist unschwer zu erkennen. Sie richtet sich gegen die Scheidung, sie tritt ein für die Heiligkeit der Ehe, sich dabei auf das Recht der Kinder stützend. Wenn der Mann sich vom Weibe trennt, wem soll das Kind gehören? Das Gericht entscheidet darüber, theilt sozusagen das Kind und dessen Gefühle zwischen den Gatten. Ueber dieses „Theilen" steigt Daudet die Röthe in's Gesicht. Es ist grausam, es ist ungerecht, es ist verderblich, dieses gewaltthätige Eingreifen des Tribunals in das Heiligthum der Familie. Ueber der Entzweiung der Eltern gehen die Kinder zu Grunde. Und Daudet, der immer nach dem Leben schildert, der nur nach dem Leben schildern kann, greift einen Fall, der jüngst in der Pariser Gesellschaft sich ereignet, aus der Wirklichkeit heraus und schiebt ihm seine These unter. Man fühlt die Erregtheit seines Pulses, sieht das Leuchten seines Auges, wie er mit raschem Schlage dem Stück Leben, das zuckend zwischen seinen Fingern liegt, den Stempel seiner Kunst aufdrückt. War nun sein Griff der richtige, deckt sich der Stoff mit dem Problem? Wir glauben, nein.

Daudet stellt die Frage: Was wird bei der Scheidung aus den Kindern? Sein Roman soll die Antwort enthalten. Dem wäre so, wenn Daudet uns ein typisches Ereigniß, von eiserner Nothwendigkeit, nicht von bösem Zufalle entschieden, erzählt hätte; in der Tragik des Alltages hätte er nach der Lösung suchen müssen. Der Fall Fagan mit seinem lustspielartigen Elementen, mit seinem willkürlich aufgesetzten traurigen Schlusse beweist gar

Nichts. Wenn man näher zusieht, wird man vielleicht
gar entdecken, daß eben das Zusammenleben der Gatten
mit dem nie aufhörenden Zank und Streit, wobei die
Erziehung der Kinder, die Wahrung des Familien-
heiligthums am schlechtesten fuhr, auf den Charakter der
Mädchen den allerbösesten Einfluß geübt hat. Das Kind,
das fortwährend vor die Frage gestellt wird: Wer hat
Recht, Papa oder Mama? ist weit mehr zu beklagen als
das Kind, über dessen Schicksal ein vernünftig denkender,
die Umstände erwägender Richter entscheidet. Wären Rose
und Ninette besser oder glücklicher geworden, wenn es aus
einer ehelichen Hölle keinen Weg an die Oberwelt gäbe?
Wir glauben nicht, daß der Dichter dies bejahen, uns also
die Gegenprobe seines Exempels liefern könnte.

Wie in seinem Schauspiel „L'Obstacle" die Frage
der erblichen Belastung, hat Daudet in seinem jüngsten
Roman die Frage der Scheidung mit allzu unsicherer
Hand gestellt. Daudet ist kein Gladiator der These wie
Dumas, kein Problem-Zergliederer wie Bourget, kein
Ideenbaumeister wie Zola. Thesen und Probleme sind
seiner realen Anschauungskunst nur so weit zugänglich, als
er sie in Personen oder Vorgängen verkörpert sieht. Mit
dem Abstracten weiß er Nichts anzufangen. Nur was
sein Blick erfassen und umfassen kann, vermag er wiederzugeben. Und was er sein Denken heißt, ist zum großen
Theile nur sein Fühlen; sein Herz verwirrt immer wieder
die Arbeit seines Geistes. Der provençalische Dichter
Mistral nannte ihn einmal im Gespräche mit Edmond
de Goncourt den Mann der Desillusion und Illusion,

der skeptisch ist wie ein Greis und leichtgläubig wie ein Kind. Dieses Urtheil trifft immer bei Daudet zu, wenn es sich um Verstandesfragen handelt. Da spielt das Kindergemüth dem Dichter so manchen bösen Streich.

In seinen Fehlern und auch in seinen Vorzügen ist „Rose et Ninette" vollkommen das Product Daudet'scher Kunst. Der Romancier Alphonse Daudet ist kein Epiker. Sein Talent ist lyrisch und dramatisch. Fluß der Erzählung, Aneinanderreihen des Thatsächlichen, Breite der Schilderung sucht man bei ihm vergebens. Daudet löst die Handlung in eine Folge dramatisch bewegter Scenen und lyrischer Stimmungsbilder auf. Den Schauplatz der Erzählung sehen wir immer durch das Auge, durch das Temperament des Helden, nicht des Erzählers. Dieser tritt nirgends hervor, weder berichtend, noch beschreibend, und doch faßt er uns mit seiner Persönlichkeit. Wir fühlen eben seine Sympathien und Antipathien, wir merken, wenn er liebevoll bei einer Figur die guten Seiten immer und immer wieder betont, die Schwächen schonend verschleiert, wenn er bei einer anderen stets die ungünstigste Seite der Betrachtung wählt. In unparteiischer Beleuchtung würden wir vielleicht von der Familie Fagan einen ganz anderen Eindruck gewinnen. Daudet, dessen heißes Streben es ist, in allen seinen Werken wahr zu sein, bekriegt überall die Lüge. Er thut dies in seiner Weise, indem er die Verkörperung der Lüge im Mann wie im Weib charakteristisch auf die Scene stellt. So ist „Numa Roumestan" entstanden, so die harmlose Caricatur des Tartarin, so hat er seiner Novelle „La Menteuse"

das Theaterstück folgen laffen und jener Frau Clotilde
Deloche nun die Mutter von Rofe und Ninette an die
Seite geftellt. Diefe elegante Dame, der die Lüge bald
ein Spiel, bald ein Zeitvertreib, bald eine Waffe ift, erfcheint weit beftimmter und fchärfer gezeichnet als Fagan.
Wir ahnen, daß diefer gutmüthige Mann, diefer vortreff-
liche Papa noch andere vielleicht minder liebenswürdige
Eigenfchaften befitzt, über die aber der Dichter fympathie-
befangen hinwegfieht. Und wir fehen aus den taufend
kleinen Zügen väterlicher Fürforge und Liebe, einer Liebe,
die den Kindern faft läftig erfcheint, mehr noch, als
treuefte Beobachtung eines Modells. Da hat Daudet, der
zärtliche Vater, in feine eigene Bruft gegriffen.

Wenn man das Buch unbefriedigt, mit dem Miß-
klang des Endes aus der Hand legen will, bemerkt man
vielleicht noch, daß zwifchen den Zeilen Etwas wie eine
leife, ganz leife Hoffnung auf eine ferne tröftliche Zukunft
hervorfchimmert. Wer weiß, ob nicht doch einmal Fagan
über Alles hinweg Frau Hulin die Hand reicht zum Frieden
und zum Glück!? Daudet ift eben als echter Gemüths-
menfch Optimift. Und uns will bedünken, daß der Dichter,
der fein Volk erheben und läutern will, im Innerften
feines Wefens Optimift fein muß. Das Höchfte ift das
Menfchenherz. Und kein Dichter darf daran verzweifeln!

Das Ende der Rougon-Macquarts.

Mit dem eben erschienenen Romane: „Le docteur Pascal" hat Zola den Schlußstein zu seinem großen Werke gesetzt, den zwanzigbändigen Cyclus, in dem er die Naturgeschichte einer Familie unter dem zweiten Kaiserreiche schildern wollte, vollendet. Fünfundzwanzig Jahre unendlicher Arbeit, unendlichen Fleißes hat Zola an sein Werk gewendet, und nun, da es endlich ausgebaut vor uns steht, massig und gewaltig, sucht die Kritik nach dem günstigen Punkte, von welchem der richtige Totaleindruck zu gewinnen ist.

Zola hat immer davon gesprochen, daß er in dem abschließenden Bande die wissenschaftlichen Resultate seiner Arbeit darlegen werde. Er hat dies in seiner Weise auch gethan. Er hat, den Stammbaum der Rougon-Macquarts in der Hand, die Theorie der Vererbung in allen Phasen, wie sie die einzelnen Mitglieder dieser psychisch so furchtbar belasteten Familie aufweisen, entwickelt und sich bemüht, das Ergebniß nicht als Dichter, sondern als Gelehrter zu ziehen. Zola als Gelehrter ist nun eine eigenthümliche Erscheinung. So kolossal sein Wissen ist, es

fehlt diefem die gleichfam chemifche Umwerthung des Auf=
genommenen zum eigenen Geiftesproducte. Seine Wiffen=
fchaft kommt aus zweiter Hand, Bei aller Gründlichkeit
liegt Etwas wie der Hauch des Dilettantifchen über diefen
Studien aus allen möglichen Wiffensgebieten, die Zola
feinem Werke zu Liebe durchlaufen hat. Lombrofo, der
fich in einer feiner jüngften Schriften einen aufrichtigen
Bewunderer Zola's nennt, conftatirt angefichts der von
Zola dargeftellten Verbrechertypen, wie hier wiffenfchaft=
liche Wirklichkeit und dichterifche Erfindung fich wider=
fprechen. So find Zola's gelehrte Excurfe immer um
einen Faden von der exacten Forfchung entfernt, eben um
den Faden, den der Poet zum Gewebe feines Werkes
braucht. Zola wollte die Lehre, oder beffer gefagt, die
Hypothefe der Vererbung an einem fictiven Beifpiele auf=
zeigen. Hier klafft der Widerfpruch. Das erfundene Bei=
fpiel hat keine Beweiskraft. Zola fagt: „Die Vererbung
ift das Streben nach Aehnlichkeit (sc. mit den Vorfahren),
behindert durch Milieu und Umftände." Den Einfluß des
Milieus, das Spiel der Umftände, die Wechfelwirkungen
zwifchen inneren ererbten Anlagen und äußeren Momenten
darzuftellen, war in jedem feiner Bücher Zola's vor=
nehmftes Beftreben. Was Einen aber fkeptifch machen
kann, ift der Umftand, daß es bei diefen Sätzen keinen
Gegenbeweis giebt. Ein Menfchenleben, auch ein er=
fundenes, ift nicht ungefchehen zu machen. Wenn diefer
Rougon oder jener Macquart fo geworden ift, weil fein
Milieu es verlangte, fo kann uns Zola nicht beweifen,
daß Diefer oder Jener in einem anderen Milieu anders

geworden wäre. Der Mensch ist das Product seiner Umgebung. Aber gerade die sein Wesen bestimmenden kleinsten Umstände entschlüpfen am leichtesten der Beobachtung, und wenn man einen erfundenen Menschen in ein erfundenes Milieu setzt, so fehlen die kleinsten und doch dem Forscher, wenn auch nicht dem Dichter wichtigsten Zahnrädchen im großen Uhrwerke, welches das Leben heißt.

Uebrigens ist die Familie der Rougon-Macquarts nicht völlig Zola's Erfindung. „Es giebt in Frankreich eine Familie, Namens Kerangal, die aus St. Brieuc in der Bretagne stammt und deren Geschichte seit sechzig Jahren die Jahrbücher der Strafrechtspflege und Irrenheilkunde füllt. In zwei Geschlechtsfolgen hat sie bisher, soweit es den Behörden bekannt geworden ist, sieben Mörder und Mörderinnen, neun Personen, die einen unsittlichen Lebenswandel führten, und zwischendurch einen Maler, einen Dichter, einen Baumeister, eine Schauspielerin, mehrere Blinde und einen Tonsetzer hervorgebracht. Die Geschichte dieser Familie Kerangal hat Zola den Stoff zu seinen sämmtlichen Romanen geliefert." Also verkündet es triumphirend Max Nordau (im zweiten Bande seiner „Entartung", Berlin, 1893). Das ist auch das einzig Interessante, was man in Nordau's unerquicklicher Zola-Studie finden kann. Was aus dieser spricht, ist toller, in wilden Sprüngen sich überkugelnder Haß. Herr Nordau stellt sich seinen „Gegnern" (Wagner, Nietzsche, Ibsen, Zola) gegenüber wie ein Jahrmarkts-Athlet in grellem Tricot, läßt seine Muskeln spielen und macht Kunststücke mit litterarischen Centnergewichten. Nordau sagt: „Zola

ist durch und durch Romantiker in seinem Verhalten zur
Welterscheinung und in seiner Kunstmethode. Er übt be=
ständig in ausgedehntester und intensivester Weise jenen
atavistischen Anthropomorphismus und Symbolismus, der
eine Folge unentwickelten oder mystisch verworrenen Denkens
ist und sich bei Wilden als natürliche, bei Entarteten aller
Kategorien als Rückschlagsform der Geistesthätigkeit findet."
Lassen wir aus diesem „gewichtigen" Satze die von der
französischen Kritik wiederholt und mit Recht aufgestellte
Behauptung gelten, daß Zola eigentlich ein Romantiker
ist. Wozu aber dann des Herrn Nordau blindwüthiges
Losschlagen auf den Naturalismus, „der in der Welt
Nichts sieht, als blos Rohheit, Niedertracht, Häßlichkeit und
Verderbniß?" Für Herrn Nordau, der unter Anderem ein=
mal die Bemerkung fallen läßt, daß „es sich bei Zola
um bewußte planmäßige Bauernfängerei handelt," be=
weisen Zola's Romane nichts Anderes, als „daß Zola's
Nervensystem krank ist." Und gerade Zola ist eine durch
und durch gesunde Natur.

Zola liebt das Gesunde und Starke, wo und in
welcher Form es ihm auch begegnet. Er haßt das Schwache
und Kranke. Dies war die Quelle seines Pessimismus.
Er verglich die Menschen der Wirklichkeit mit den Ideal=
gestalten seiner Phantasie. Er verzweifelte, physische und
psychische Gesundheit, wie er sie liebte und träumte, anzu=
treffen. In seinen früheren Romanen schlug dieser Pessi=
mismus heftige Töne an, und Lemaître durfte noch die
Geschichte der Rougon=Macquarts „ein pessimistisches Epos
des menschlichen Thieres" nennen. In „Germinal" stand

viel vom „ewigen Schmerze des Daseins“, und in breiter
Fluth strömte ein Klagelied menschlichen Elends dahin.
In diesem Pessimismus ist nun eine Wandlung einge-
treten. Zola lernte mehr als Gesundheit und Stärke jene
Macht glühend verehren, die Beides giebt: das Leben!
Das Leben, in dessen Tiefe der Dichter stieg, dessen Erscheinungen er erfassen und studiren wollte, erschien ihm
in seiner unerschöpflichen Fülle und Großartigkeit. Wenn
er nun an gewisse Dinge rührte, worüber man sonst einen
Schleier breitet, so geschah dies, weil er die That, die das
Leben birgt, glorificiren, den Augenblick, wo das Leben in
die Welt tritt, verherrlichen wollte. Und in diesem Sinne
wurde er ein Dichter der Liebe. Ein Hymnus auf die
immer neues Leben schaffende Liebe tönt uns aus den
Schlußaccorden seines Werkes entgegen. Es liegt wie ein
heidnisches Element in dieser schrankenlosen Lebensfreude.
Dr. Pascal, aus dessen Munde Zola spricht, sagt einmal:
„Gewiß giebt es viel faule Elemente. Ich habe sie nicht
verhüllt, ich habe sie vielleicht zu sehr hervorgehoben.
Aber Sie verstehen mich schlecht, wenn Sie sich einbilden,
daß ich an den schließlichen Zusammenbruch glaube, weil
ich die Wunden und die Risse zeige. Ich glaube an das
Leben, das fortwährend die schädlichen Körper ausstößt
das neues Fleisch schafft, um die Wunden zu stopfen, das
trotz Allem durch Schmutz und Tod zur Gesundheit und
zu fortwährender Erneuerung schreitet.“
     Doctor Pascal, der den Epilog spricht, trägt viele Züge
des Dichters. Und an einem dem Dichter wohlbekannten
Orte spielt sich die einfache Handlung des Romanes ab,

zu Plaſſans (Aix in der Provence), wo Zola ſeine Jugend-
zeit verbrachte, wo das Stammhaus der Rougon-Macquarts
ſteht. Noch einmal wird uns die ganze Familie, Glied für
Glied, vorgeführt. Doctor Pascal, ein Enkel der mehr
als hundertjährigen Stammmutter Adelaide Fouque (Tante
Dide genannt), die im Irrenhauſe im dumpfen Wahnſinn
lebt, ein Bruder des Miniſters Eugène Rougon und des
Speculanten Saccard, ſtudirt an ſeiner eigenen Familie
die Ergebniſſe der Vererbung, den Wahnſinn der Tante
Dide, wie er von der Wurzel des Stammbaumes in die
Aeſte ſteigt, hier in Genie, dort in Alkoholismus, dort in
Neuroſe ſich umſetzt, wie er den Einen zum Mörder, die
Andere zur Dirne macht, wie er das geſunde Blut vergiftet, mit dem Abkömmlinge ſich verbinden. Was die
ganze Familie charakteriſirt, iſt die Jagd nach dem Ge-
nuſſe; möge ſie nun als die Jagd nach Gold, nach Sinnen-
taumel, nach Macht auftreten, ſie iſt doch nichts Anderes
als die Jagd nach der Lebensfreude und der Lebenskraft.
Die Jagenden freilich ſind zumeiſt, Dank ihrer Ahnfrau,
ſchwächliche, erblich belaſtete Geſchöpfe, und daher kommt
es, daß das Bild, das ihr Daſein uns bietet, zumeiſt
ein ſo trauriges, ſo troſtloſes iſt. Doctor Pascal hat ſich,
ein Sechzigjähriger, von der ärztlichen Praxis, die ihm
ein hübſches Vermögen eingetragen, faſt gänzlich zurückge-
zogen. Er lebt nur ſeinen Studien und ſeinen Manuſcripten.
In rieſigen Stößen liegt das Material zur Geſchichte ſeiner
Familie bereit, Briefe, Notizen, Zeitungsausſchnitte, Documente aller Art, ein furchtbares Anklage-Material, deſſen
Schwere Pascal's auf den Ruhm und die Größe der

Rougons eifersüchtig wachende Mutter Félicité kennt und
fürchtet. Zwischen Pascal und seiner Mutter, die trotz ihrer
80 Jahre noch frisch und rege ist, herrscht seit Langem eine
Entfremdung. Die Studien des Doctors, seine unkirchliche
Gesinnung tragen Schuld daran. Plassans soll den Namen
der Rougons in Ehren halten. Die Rougons haben die
Stadt gerettet, die Rougons haben hier dem Bonapartismus
zum Siege verholfen, der allmächtige Minister war ein
Rougon. Nur drei Flecken kennt Frau Félicité auf dem
Ehrenschilde des Hauses: den Wahnsinn der Tante Dide,
die uneheliche Seitenlinie der Macquarts, deren Aeltester,
der Onkel Macquart, ehemals ein Vagabund und jetzt
ein Trunkenbold, noch in Plassans lebt, und die Docu=
mente Pascal's, wo all die Verbrechen und Laster der
Familie aufgezeichnet sind. Diese Documente zu ver=
nichten, ist ihr heißester Wunsch. Sie hetzt die beiden Haus=
genossinnen des Doctors gegen ihn auf. Die eine ist die
alte treue Dienerin Martine, die andere ist Clotilde, eine
Nichte Pascal's, eine Tochter Saccard's. Beide hängen
in abgöttischer Verehrung an dem Doctor, aber Beide sind
fromm, und bei ihrer Frömmigkeit weiß Félicité sie zu
packen. Sie redet ihnen ein, die Vernichtung der Manu=
scripte sei ein gottgefälliges Werk, und bringt es so weit,
daß eines Nachts Doctor Pascal seine Nichte entdeckt, wie
sie, auf einem Stuhl vor dem Archivkasten stehend, damit
beschäftigt ist, ihm seine Documente zu entwenden. Und
in derselben Nacht enthüllt nun Pascal den Augen seiner
Nichte, die ihm das Liebste auf Erden ist, das Geheimniß
der Familie, die Resultate seiner Forschungen. Er stellt

7*

seine Wissenschaft ihrem kindlich-einfältigen Glauben gegenüber, er fordert sie auf, zu wählen zwischen ihm und jenen
anderen Einflüssen und Einflüsterungen, die sie in Kampf
und Hader mit ihm verwickeln wollen. In jener Nacht
finden sich die beiden Menschen, der ernste Gelehrte, das
schlichte, anmuthige Mädchen mit dem leisen Zug zum
Mystisch-Phantastischen, die nur dadurch dem Fluche der
Belastung entgangen ist, weil Pascal sie aus ihrem Milieu
in das seine, in die stille, friedliche Atmosphäre seiner
Behausung versetzt hat. Nun beginnt zwischen Beiden
eine Liebesidylle voll reinen Feuers. Wie die Sunamitin
Abisaïg dem greisen König David ihre Jugend gab, so
macht Clotilde den Doctor Pascal wieder jung und stark.
Aber in dieses Glück wirft das Schicksal einen Stein. Der
Notar, bei dem Doctor Pascal's Vermögen deponirt war,
geht durch, und der Doctor sieht sich plötzlich verarmt.
Nun will er Clotilde vor dem Schicksale bewahren, an
der Seite eines greisen Bettlers ihr blühendes Leben zu
verbringen. Er bewegt sie, zu ihrem Bruder Maxime nach
Paris zu reisen, der dringend in schwerem Siechthum ihrer
Pflege bedarf. Sie würde trotzdem nicht fahren, wenn
der Doctor in heroischer Entsagung ihr nicht zu verstehen
geben würde, daß ihre Nähe ihn im Arbeiten stört, daß
ihm die Wissenschaft über die Liebe geht. Aber kaum
ist sie fort, so bricht Pascal im Trennungsschmerz zusammen. Die Liebe, die ihn mit so jäher Gewalt ergriffen hat, bringt eine Herzkrankheit zu rascherer Entwickelung. Er sieht sein Ende nahe vor Augen. Er
könnte glücklich sterben, wenn seine Liebe nicht unfruchtbar

gewesen wäre! Und gerade an dem Tage, wo er sich vor der Schwelle des Todes sieht, kommt die Nachricht von Clotilde, daß ihre Liebe nicht unfruchtbar geblieben ist. Er ruft sie heim, aber sie kommt an sein Todten= bett. Und während sie, aufgelöst im Schmerze, an seinem Lager wacht, verbrennt Frau Félicité die verruchten Docu= mente im Kamin. Und während einige Monate später Frau Félicité ein Asylhaus einweiht, das den Namen der Rougons auf die Nachwelt bringen soll, wiegt Clotilde Pascal's Sohn auf den Knieen — ein neues Leben ruft nach Entfaltung! Was wird es bringen?

Es ist eine Idylle, die den Hauptinhalt des Buches bildet, die Geschichte einer glücklichen, sonnigen Liebe, die dem weißhaarigen Manne einen neuen Lebensfrühling be= deutet. Den Hintergrund, von dem sich das Gemälde dieser Liebe in hellen Farben abhebt, bildet der Stammbaum der Rougons=Macquarts mit seinem dunklen Laubwerk, wo jedes Blatt ein düsteres oder ein trauriges Geschick erzählt. Und das Rauschen dieser Blätter, der Gespenster= reigen der Rougon=Macquarts, die Pascal aus seinen Documenten heraufbeschwört, bildet den Chorus der Massen, dessen Zola in keinem seiner Romane entrathen kann. Der Archivkasten aber, der in seiner Tiefe die schrecklichen Documente birgt, ist das symbolische Centrum der Ge= schehnisse, vertritt die Stelle, die in anderen Büchern das Bürgerhaus, die Hallen, die Börse, die Locomotive einge= nommen haben.

Es ist eigentlich ein psychologischer Vorwurf, der Zola diesmal beschäftigt hat, denn er behandelt, das

Werden und seltsame Geschehen eines Seelenvorganges,
er berichtet von dem Sichberühren und Ineinanderfließen
zweier Seelen, von dem Zusammenstoße zweier Gefühls=
kreise. Nun aber haßt Zola die Psychologie, und er selbst
ist kein Seelenkundiger. „Ein Psychologe ist ein Verräther
an der Wahrheit," sagte er einmal, und als seine Auf=
gabe bezeichnete er es in „L'oeuvre": „den Menschen
zu studiren, wie er ist, nicht den metaphysischen Hanswurst,
sondern den physiologischen Menschen, wie er durch sein
Milieu bestimmt wird, wie er unter dem Spiele aller
seiner Organe handelt". So hat er denn auch diesmal
ein seelisches Ereigniß nur in seiner physiologischen Mani=
festation geschildert, die Liebe als das Verhältniß von
Körper zu Körper mehr als das von Seele zu Seele be=
handelnd. Seelisch sind Zola's Menschen außerordentlich
einfach construirt. Clotilde hat nur zwei Seelenzustände:
anfangs ist sie das fromme, etwas phantastische Mädchen,
dann das ganz in der Liebe aufgehende Weib. Der Ueber=
gang von einer Phase zur andern geschieht, wie fast
immer bei Zola, ruckweise. In Pascal's Brust hat Zola
jene beiden Eigenschaften gelegt, die für ihn den Begriff
der Tugend ausmachen: Große Güte und starken Willen.
Aber alle Eigenschaften, mit denen Zola seine Helden aus=
stattet, haben etwas Steifes, Starres. Sie sind keiner
Nuancen, keiner Abstufungen fähig. Sie sind, wie sie
sind, vom Anfang bis zu Ende. Zola ist mehr Colorist
als Zeichner. Er sieht die Farbe besser als die Formen,
und sieht er auch die Temperamente besser als die Charaktere.
Zola sagt selbst irgendwo, daß er Temperamente, nicht

Charaktere schildern wolle. Dies erklärt uns seine Figuren.
Ein Temperament mag unwandelbar sein, ein Charakter
wandelt sich fortwährend. Dadurch, daß Zola's Auge alle
Dinge vergrößert sieht, sind seine Figuren mit ihren über-
entwickelten Zügen gleichsam übermenschliche Verkörperungen
gewisser Eigenschaften und Artungen. Nirgends hat Zola
so die Güte personificirt wie im Doctor Pascal. Alles
Licht fällt auf diese Gestalt. Und dieses Licht strömt aus
einem reichen, heißblütigen Dichterherzen. Man wird von
der Rührung des Dichters mit ergriffen, wenn dieser den
Tod seines tapferen, braven Helden erzählt. Der König
David, der sich auf die Jugend der Sunamitin Abisaig
stützt; mit diesem Bilde begleitet Zola Pascal und Clotilde
durch das Buch. Es ist das Leitmotiv, mit dem er uns,
seiner Gewohnheit gemäß, seine Gestalten vertraut macht.
So erzählt er uns immer wieder von dem königlichen
Blondhaar des blödsinnigen Knaben Charles, dem Sohne
des kranken Maxime, so ist es hier ein charakteristisches
Beiwort, dort eine stets wiederkehrende Bemerkung, mit
deren Hilfe Gestalten und Nebengestalten plastisch werden.
Wie die Menschen, so malt er auch die Natur. Gewisse
Ruhepunkte für's Auge, gewisse Lichter und gewisse Schatten,
auf deren Wiederkehr man beim Lesen förmlich schon wartet,
dienen dazu, uns mit einer Landschaft und allen ihren
Details auf's Innigste bekannt zu machen. Und an Details
ist Zola, wie man weiß, unerschöpflich. Sein riesiger
Wortreichthum kommt seinem Auge zu Hilfe. Er hat
selten den neuartigen, eine Situation, eine Sache mit einem
Schlage kennzeichnenden Ausdruck, er setzt tausend Pinsel-

striche, wo ein Anderer nur einen einzigen Strich machen würde, aber er weiß, die Häufung der Dinge und der Beobachtungen mit Leben zu übergießen.

Zwanzig Gemälde voll pulsirenden Lebens hat nun Zola vollendet. Die Freskenreihe, die ein getreues Bild des Kaiserreiches vom Staatsstreich bis Sedan geben sollte, ist abgeschlossen. Alle Berufsarten, alle Stände, die Höhen und Tiefen der Gesellschaft sind an uns vorbeigezogen. Daß der Dichter, der das Gesunde und Starke liebt, diese Zeit des Verfalls, der Fäulniß und des Verderbens nur hassen und verachten konnte, liegt auf der Hand. So großen Werth seine Sittenschilderungen für die Kenntniß dieser Epoche auch haben, der Nachtheil haftet ihnen doch an, daß Zola, der doch immer das lebendige Document vor Augen haben wollte, gerade in seinen Werken sich todter Documente bedienen mußte. Er hat aus Bergen von Notizen und Artikeln, aus Büchern und Papieren geschöpft, er hat Dinge geschildert, die er nur vom Hörensagen kannte. Er hat im Grunde genommen „historische Romane" geschrieben, und bei denen sind immer Wirklichkeit und Phantasie unlösbar verbunden. Auch vom Standpunkt des künftigen Geschichtsforschers wird man Zola's Romanreihe nicht den Rang eines wissenschaftlichen Materials zuerkennen können.

Der Cyclus der Rougon-Macquarts wird nicht dem Ruhme des Gelehrten, sondern dem des Dichters Zola dienen. Es ist Zola weder gelungen, die Theorie der Vererbung überzeugungskräftig darzustellen, noch ein bis in die kleinsten Theile exactes Bild des zweiten Kaiserreiches

zu malen. Aber es ist ihm gelungen, sich aus seinem
Pessimismus zur Höhe einer dichterisch freien Weltanschauung emporzuringen. Seine Philosophie ist ein Cultus
des Lebens und der Arbeit. Der Menschheit Kraft verleihen, wird zu seinem Ideal. Die Arbeit wird das Leid
überwinden! Und immer höher und höher am Horizont
steigt siegend die Sonne des Lebens . . .

„Lourdes.“

Es war nach einem Diner im Hause Zola. Der Kaffee wurde gereicht, und man zündete die Cigarren an. In einer Ecke saßen Daudet, Edmond de Goncourt und der Hausherr. Da begann dieser von seiner Jugend zu erzählen, von jener Zeit, wo er oft Hose und Rock im Leihhause hatte, und also gezwungen war, im Hemd und zu Hause zu bleiben. Damals wälzte er einen großen Plan im Kopfe herum; er wollte ein riesiges Epos im drei Theilen schreiben. Es sollte die Geschichte der Erde umfassen, vor, während und nach der Menschheit. Keinen Augenblick verzweifelte der junge Zola an seinen künftigen Erfolgen. Er hatte weniger Zutrauen zu seinem Talent, als zu seiner Arbeitskraft. Aus seinem Zimmerchen, das im siebenten Stockwerke lag, kletterte er manchmal auf das Dach und überblickte die gewaltige Stadt Paris, die er vor sich sah. Und in dem Hirn des unternehmungs= kühnen Anfängers, der er damals war, dämmerte der Ge= danke auf, dieses Paris zu erobern.

Edmond de Goncourt hat irgendwo in seinem Tage= buch diese Dessert=Episode aufgezeichnet, und ich mußte an

sie denken, als ich vor Kurzem in Zola's kleinem Palais
in der Rue de Bruxelles dem Dichter gegenübersaß, im
Billardzimmer, wo Manet's berühmtes Zola=Bildniß hängt.
Wir sprachen von „Lourdes", von dem damals ein gut
Stück bereits im Gil Blas erschienen war und mit dessen
Niederschrift er bald zu Ende zu sein hoffte. Er freute
sich auf die Vollendung des Buches. Er habe bei jedem
Schaffen, so sagte er mir, immer drei Perioden. Er
ginge jedes Werk mit Feuer an, dann käme in der Mitte
der Arbeit eine Zeit der Erschlaffung und des Zweifels,
und dann erwache wieder in ihm neue Kraft und ein
lösendes Gefühl der Zufriedenheit mit dem, was er ge=
leistet. Gerade jetzt befände er sich in jener letzten, für
ihn genußreichsten Arbeits=Periode. Er habe die Em=
pfindung, als ob sein Buch, an das er soviel Mühe und
Studium, Fleiß und Forschung verwendet, weit mehr als
an den „Docteur Pascal", im Publicum gefalle und
weites Interesse errege, als ob er den Erfolg mit jeder
neu erscheinenden Fortsetzung des Romanes wachsen höre.
Damals war „Lourdes" noch nicht auf den Index gesetzt
worden, was seither mit besonderem Nachdruck geschehen
ist, und Zola meinte, er wisse nie vorher, welche Stellen
in seinen Büchern den Sturm entfesseln würden, denn einen
Sturm gebe es ja nach ihrem Erscheinen fast immer.
Diesmal mache er sich aber auf Angriffe von katholischer
Seite gefaßt, da er nicht zu einem sehr orthodoxen
Schlusse komme. Er sagte das mit einem eigenthüm=
lichen Lächeln und in seiner ruhigen Redeweise, die
im Affecte eifrig, aber nicht heftig wird, und die so ganz

der großen, weiten Geste entbehrt, die seine Romantechnik kennzeichnet.

Zola ist ein cyklisch denkender Kopf. Jede Idee, die ihn zur Arbeit lockt, zieht ihre Kreise. Er ist bis heute der Mann geblieben, der am liebsten die ganze Ent= wicklungsgeschichte der Welt in eine Epen=Serie spannen möchte. Ich dachte unwillkürlich an jenen Jugendplan, der die Menschheit im Entstehen, Werden und Untergehen hätte schildern sollen, als mir Zola den Plan seines neuen Werkes, der Trilogie „Die drei Städte" entwickelte, des Werkes, dessen erster Grundstein „Lourdes" heißt. Es soll ein Stück symbolischer Glaubensgeschichte werden, es soll zeigen, wie der Glaube vom Menschen Besitz ergreift und wie der Mensch sich von ihm befreit, es soll die Religion von ihrem Aufblühen zu ihrer Macht, von ihrer Macht zu ihrem Untergange geleiten. Lourdes, Rom, Paris heißen die drei Stationen dieses Weges. In „Lourdes" will der Dichter den primitiven Glauben schildern, die reine naive Frömmigkeit, wie sie in den ersten Jahrhunderten nach dem Erscheinen Christi die Welt er= füllte und wie sie heute noch in unberührten Kinderge= müthern aufleben kann. Das ist der Glaube, der nicht fragt und grübelt, der stark und unbezwinglich ist, weil er eine ganze Seele zum Stützpunkt hat, und weil in dieser Seele der ganze Himmel sich spiegelt. Das ist der Glaube, der Wunder wirkt und Wunder sucht und von Wundern lebt. In „Rom" soll dann der Versuch gezeigt werden, den Glauben mit den wissenschaftlichen und demokratischen Ideen zu versöhnen. Die stolzeste der Mächte, die bis

heute die Wissenschaft nur als ihre Sklavin dulden wollte,
die in ihrem Kerne durchaus aristokratisch ist und fühlt,
die Kirche, hat endlich sich bemüssigt gesehen, mit den
das Jahrhundert-Ende dirigirenden Gewalten der Wissenschaft und der Demokratie Fühlung und Frieden zu gewinnen. Und in „Paris", dem die Serie abschließenden Buche, will Zola die endgiltige, nicht mehr zu über-
brückende Loslösung des Glaubens von Wissenschaft und
Demokratie vor Augen führen, will mit einem Worte die
sociale Frage entrollen, die im zwanzigsten Jahrhundert
vielleicht eine neue Religion schaffen wird. Diese drei
Romane sollen des Dichters philosophisches Testament
enthalten. Zu „Rom" braucht er ungefähr 18 Monate
Arbeitszeit. Es soll im Herbste 1895 erscheinen. In ungefähr drei Jahren glaubt er das ganze Werk abgeschlossen
zu haben. Wir gehen die Treppe hinab; von den Wänden
des Stiegenhauses nicken und grüßen mit steifer Geberde
japanische Statuen, japanesische Götzen, altdeutsche Heilige.
Zola bleibt auf einem Treppenabsatz stehen und spricht
von Zukunftsplänen, kommenden Romanen und Dramen.
Dann spricht er von dem Paris, das er einmal erobern
wollte und mit der gewaltigen Fluth seiner Bücher erobert
hat und das er endlich in seiner ganzen Größe mit seiner
Faust packen und in ein Buch bringen will. Das soll
dann der große Sieg des Eroberungszuges sein, von dem der
zwanzigjährige Jüngling träumte, als er vom Dache auf
die Stadt herabsah, die vor ihm lag. All die Bewegung,
all den Kampf, der ewig diese Stadt durchtobt, will er be-
zwingen. „Bewegung und Kampf!" ruft er aus, und es

scheint, als vollende er damit eine Serie unausge-
sprochener Sätze: „Das ist schließlich das Leben, das ist
die Kunst!"

Nun liegt „Lourdes" abgeschlossen vor uns. In
einen Rahmen von erdrückender Schwere stellt der Dichter
eine überaus einfache Geschichte. Fünf Tage dauert die
große nationale Pilgerfahrt, die alljährlich im August die
wunderthätige Pyrenäenquelle besucht und deren Verlauf
Zola in den fünf Abtheilungen seines Buches begleitet.
An diesem Pilgerzuge nehmen auch die zwei Personen
Theil, die unser menschliches Interesse an dem Buche erwecken sollen; ein junges Mädchen, Marie, und ein
junger Priester, Pierre. Beide suchen in Lourdes Heilung.
Marie steht unter dem Banne einer räthselhaften Krankheit, die ihren Körper lähmt und sie seit Jahren an den
Rollstuhl fesselt, Pierre sehnt sich, aus dem Unglauben
befreit zu werden, der mit tausend Zweifeln seine Seele
martert und sein priesterliches Kleid zum Nessushemde
macht. Eine vom Dämmer der Kinderjahre verschleierte,
kaum ausgesprochene Liebe schlingt ihre im Dunkel der
Gefühle blühenden Fäden um die Zwei. Und von der
Heilung Mariens will Pierre seine eigene Seelenrettung
abhängig machen. Wenn die heilige Jungfrau sie aus
ihrem Leidensstuhle hebt und sie gehen heißt mit gesunden-
den Gliedern, dann will er an die Macht des Himmels
wieder glauben und seines Amtes nicht mechanisch wie
bisher, sondern mit gottergebenem Herzen walten. Die
Pariser Aerzte haben die Krankheit des Mädchens als ein
unheilbares Rückenmarksleiden erklärt; nur ein junger Arzt,

deffen Stimme übrigens ungehört verhallte, meinte, es
könne sich hier auch um eine Art hysterischen Zustandes
handeln, deffen plötzliche Heilung durch eine mächtige Ge=
müthserschütterung und eine durch diese bewirkte starke
Willensäußerung möglich sei. Marie wird geheilt. Sie
findet im Gebet, im Glauben des Kindes, das liebt und
nicht forscht, nicht fragt, nicht zweifelt, das seine ganze
Kraft daran wendet, auf den Himmel und seine Gnade
zu hoffen und zu vertrauen, die Erlösung vom Leide.
Plötzlich kommt es über sie: sie steht auf und wandelt.
Aber das „Wunder" macht Pierre nicht gläubig. Die
Worte des jungen Arztes fallen ihm ein, das Uebernatür=
liche erklärt sich ihm auf natürliche Weise. Und mit zer=
rissenem Herzen kehrt er von der Wunderquelle in seine
einsame Pfarre zurück. Einen Augenblick denkt er daran,
das Kleid, das ihm die Schulter niederdrückt, die Brust
mit Centnerlast beschwert, abzuwerfen, Marie zu heirathen,
ein glücklicher Mensch zu werden. Aber soll er Marie
ihren reinen Glauben nehmen und vielleicht mit diesem
Glauben ihr Glück zerstören? Und überdies gesteht ihm
Marie, daß sie der Mutter Gottes gelobt, im Falle ihrer
Genesung jungfräulich zu bleiben ihr Leben lang. Frei=
lich, auch in ihr Glück fällt ein schwerer, bitterer Tropfen.
Denn mehr noch als für das Heil ihres siechen Leibes hat
sie den Himmel um Pierre's Seelenheil angefleht, hat die
heilige Jungfrau gebeten, Pierre die Kraft des Glaubens
und Glück und Frieden des Glaubens zu schenken. Und
dieses Gebet hat nicht Erhörung gefunden. Wenn aber
auch die irdische Liebe Pierre und Marie nicht vereinigen

kann, in himmlischer Liebe finden sich ihre Seelen, und ein über allen Sinnen stehendes Band verknüpft ihre Herzen.

Wie ein dünnes, leise singendes Bächlein rieselt diese Handlung zwischen den zahllosen Dingen und Menschen, Schilderungen und Betrachtungen des dicken Buches hindurch. Und diesem Bächlein entgegen murmelt ein zweites, auftauchend und verschwindend, aber unserm Gefühl immer gegenwärtig: es erzählt die rührende Geschichte von Bernadette, der Seherin von Lourdes, der eines Tages eine herrliche Frau erschien und sich als die Unbefleckte Empfängniß zu erkennen gab; es erzählt die Ereignisse und Wunder, die sich an diese Erscheinung knüpften, das gottergebene Leben und Sterben des engelreinen Geschöpfchens. So klingen Roman und Legende an einander, und gewiß gewänne der Leser ein Bild jenes naiven Glaubens, wie ihn Marie und Bernadette besitzen und den darzustellen der Dichter sich vorgenommen, wenn er seine Kraft und das Licht seiner Kunst vor Allem auf diese Vorgänge gewendet hätte. Das hat er aber nicht gethan. Die Episoden, die Schilderungen füllen mit manchmal nicht enden wollender Breite das Buch. Zola hat einmal selbst gesagt, daß in seinen Arbeiten sich die Details an ihn klammern und ihn verhindern, das Ganze zu sehen. Nirgends war dies in so unheilvollem Maße der Fall, wie in „Lourdes". Vor lauter kleinen Zügen, vor lauter Beobachtung der Einzelheiten verliert man die Zeichnung aus dem Gesichte, der Notizenkram frißt das Ursprüngliche der Schilderung auf wie Rost, die Sucht, Alles, aber

Alles, was Zola in Lourdes gesehen, gehört, was er ge=
lesen und erfahren, in das Buch zu bringen, dieses zu
einer vollständigen Monographie mit umständlicher Auf=
zählung alles Sehenswerthen und Wissensnöthigen zu ge=
stalten, macht die Lectüre manchmal zu ermüdender Arbeit.
Dabei ist Zola's wohlbekannte Technik, Personen mit sie
charakterisirenden Leitmotiven zu versehen, in diesem Buche
zu fürchterlicher Manier geworden. Jede Figur schleift
ihren Nachsatz, der sie kennzeichnen soll, wie eine
Schleppe hinter sich her. Und aus dem kurzen Beiwort,
wie es Zola früher liebte, sind nun ganze Sätze ge=
worden, die sich immer und immer wiederholen, die
Einem nicht mehr die Figur näher rücken, sondern
schließlich verleiden.

Wir lernen die Theilnehmer des Pilgerzuges kennen,
die Samariterinnen, die barmherzigen Schwestern, die
Priester, die Kranken, ein Zug der entsetzlichsten Gebreste
zieht an uns vorüber, Aussätzige und Tuberculose, Schwind=
süchtige und von Geschwüren Zerfressene, Unheilbare und
Verlorene, die den todgeweihten Leib in das eiskalte
Wunderwasser tauchen wollen. Wir wandern durch das
Spital und durch das neue Lourdes, das die Quelle aus=
beutet und fleißig Schacher treibt im Vorhofe des Wunders.
Wir stehen vor der im Kerzenglanze strahlenden Grotte,
hören die prachtvolle Messe in der mit kostbaren Weih=
geschenken angefüllten Basilica, folgen den Processionen,
den Predigten, den Gebeten und Gesängen; wir sehen, wie
die Kranken baden, trinken, den Stein der Grotte küssen,
werden unterrichtet, wie man das wunderkräftige Wasser

in Flaschen füllt, versiegelt und verschickt, wie eine Com-
mission die Wunder, die sich ereignen, prüft und constatirt,
wie man in den überfüllten Hotels wohnt und ißt, wie
der ganze, alle Sinne blendende Pomp des Gottesdienstes
sich entfaltet, wie unter dem Deckmantel des frommen
Glaubens allerhand unsaubere Geschäfte gemacht werden,
wie Habsucht, Verstellung, Heuchelei, Neid, Mißgunst und
wie all' die anderen echt menschlichen Eigenschaften sich
wohl und warm fühlen im Angesichte der Quelle, die
ihren Beschützern und Ausbeutern ungezählte Millionen
trägt. Dort, wo Zola uns in's Leben der Menge taucht,
wo er eine bewegte Masse in's Vordertreffen führt, beweist
er seine ganze Größe. Eine nach Tausenden zählende
Menge macht er uns anschaulicher wie ein Individuum.
Wie er den Fanatismus und Enthusiasmus der durch
Predigt, Gebet und Glaubensübung maßlos erregten
Menge zeigt, ist von überwältigender Kraft. Wir lernen
begreifen, wie solche Erregung von der Gesammtheit auf
den Einzelnen übergeht, seiner Seele einen solchen Ruck
giebt, daß sie den Körper aus der Gewalt der Krankheit
reißen kann. Blinde werden sehend, Taube hören, Lahme
wandeln. Aber sind das wirklich Wunder, übernatürliche
Geschehnisse, sichtbare Thaten des Himmels? In der Beantwortung dieser Frage gipfelt das philosophische Interesse des Buches.

Ein objectiver Beobachter hat das Buch zu schreiben
begonnen, ein überzeugter Leugner wie Pierre hat es
vollendet. Man kann es deutlich im Fortschreiten des
Werkes beobachten, wie Zola sich mit dem Gedanken

seines Helden nach und nach identificirt. Nein, es ge=
schehen keine Wunder und Zeichen, die Weltgesetze gelten
und galten in Lourdes stets wie anderwärts. Die merk=
würdigen Heilungen lassen sich alle auf wissenschaftlichem
Wege erklären. Und der Glaube Mariens ist heute ein
Anachronismus. Man kann die Welt nicht um Jahr=
hunderte zurückschrauben. Die moderne Welt kann sich
mit diesem Glauben, der nicht fragt, nicht zweifelt, nicht
forscht, nimmer in Einklang bringen. Man braucht
blos in Lourdes die von glaubensloser Kunst errichteten
Kirchen zu besuchen, die Rosenkränze zu betrachten, die
zu Abertausenden dort verkauft werden: „die historische
und sociale Verurtheilung von Lourdes liegt darin, daß
der Glaube auf immer todt ist bei einem Volke, das ihn
nicht mehr im Baue seiner Kirchen, noch in der Arbeit
seiner Rosenkränze zeigt." Aber man muß Lourdes
dulden, trotzdem es eine Lüge bedeutet, eine Lüge, wie der
Traum eine ist. Die illusionshungrige Menschheit wall=
fahrtet in ein Land des Traumes. Das hat sie immer gethan
und wird es immer thun. Und diesem Verlangen nach
Traum und Illusion, diesem Verlangen nach Religion wird
vielleicht ein neuer Glaube entspringen, ein Glaube aber,
der sein Paradies nicht in blauer Höhe, sondern auf der
Erde, im Leben errichten wird. Und das Ziel dieser
Religion wird es sein, das Leid zu bekämpfen; nicht mit
unfruchtbarem Gebet, sondern mit kräftiger That. Nicht
das Herz, der Verstand, der das Leben handeln heißt,
wird die neuen Tempel bauen. Zola trägt in seiner
Brust eine wahre echte Religion: die Religion des sich

immer neu gebärenden Lebens. Die Liebe, welche die Welt bevölkert, ist ihm die über Allem thronende Macht. Das Göttlichste ist ihm das heilige Mysterium, das der Erde ein neues Leben schenkt. Das Leben schaffen und erneuern, das ist der große, einzige Zweck der Natur. Diesem Gedanken hat Zola seine ganze Kunst geweiht, er schallt wie ein gewaltiger Glockenton durch alle seine Bücher, und wie mit eherner Zunge ruft er zum wahren Gottesdienst: zum Dienst des Lebens!

IV.

Vom deutschen Roman.

Die Alten und die Jungen.

Die wissenschaftliche Denk- und Betrachtungsweise, die in den letzten Jahrzehnten immer schärfer und nachdrücklicher auf allen Gebieten unserer Geistesthätigkeit zu Tage trat, die den litterarischen Strömungen Quellen erschloß und Richtungen gab, hat auch dem deutschen Roman die Wege gewiesen, auf denen wir ihn wandeln sehen.

An die Stelle des Romans, der erzählen will, ist der Roman getreten, der belehren soll. Die Geschichtswissenschaft bot dem Dichter zuerst helfende Hand: der historische Roman legte eingestandener- oder uneingestandenermaßen sein Schwergewicht auf die Treue, womit er das Leben einer begrabenen Zeit vor uns entrollte. Lange ehe das Schlagwort des Realismus in Deutschland zu einem Kriegs- und Losungsworte wurde, ging Professor Ebers daran, archäologische Weisheit in blanke Wirklichkeit umzugießen, versuchte er eine „documentarische" Erzählungskunst zu schaffen. Der Wissensdurst unserer Epoche hat bekanntlich diesen Versuch und die ihm gefolgt, dankbarst quittirt. Heute ist die Glorie des geschichtlichen Romans im Verblassen und Verlöschen; man ist der Gattung gegenüber mißtrauisch geworden — weniger vom poetischen als vom wiſſenſchaftlichen Standpunkte aus. Man hat gefunden, daß der Dichter nur das treu ſchildern kann, was er ſieht und faßt: alſo wohl die Ueberreſte, welche die Cultur des Alterthums uns gelaſſen, aber nicht die Menſchen, deren letzte Aſchenſpur verweht und von deren Denken und Fühlen Tauſende von Jahren uns trennen. Der Abſtand zwiſchen den idealen Figuren und ihrer realiſtiſchen Umgebung machte ſich fühlbar, der kritiſche Gemeinplatz vom „modernen Menſchen im antiken Gewande" verleidete dem Leſer den hiſtoriſchen Roman. Dieſer trat in zweite Reihe zurück, als die Schriftſteller den Muth fanden, die wiſſenſchaftliche Methode auch auf die Gegenwart anzuwenden. Glückliche Umſtände begünſtigten dieſes Beginnen: eine Reichshaupt⸗ ſtadt, eine Centrale deutſchen Geiſtes und deutſchen Lebens hatte ſich mit Pracht und Glanz gekrönt und harrte ihrer Chroniſten. Der Berliner Roman ſollte die Stadt ſchildern, ihr Werden, das Leben, das ſie durchfluthet. Das locale Colorit wurde zur Hauptſache. Und wie Berlin, ſo fand auch München, ſo ſuchte endlich auch Wien ſeinen localen Roman. Dann regte ſich auch der Wunſch, nicht nur das Milieu, ſondern auch die Menſchen unſerer Zeit mit möglichſter Wiſſenſchaftlichkeit zu betrachten; und dieſem Wunſche entſprach die jüngſte Phaſe des deutſchen Romans: die pſychologiſche.

Eigentlich iſt ja jeder Roman ein pſychologiſcher, denn ein Seelendeuter ſoll ein jeder Dichter ſein. Was aber die moderne Seelendeutekunſt beſonders kennzeichnet, iſt das Zurücktreten des Dichters vor dem Forſcher, iſt die Macht des Documentes über die Arbeit der Phantaſie.

In jedem modernen Romanschriftsteller steckt Etwas vom deutschen Professor.

Das sehen wir auch bei dem Romane: „Dombrowsky"*) von Ernst Eckstein. Der Verfasser wollte damit einen Beitrag zur modernen Seelenkenntniß geben. Er hat sein ganzes Buch hindurch das Amt des gewissenhaften Psychologen geübt, am lebendigen Leibe seines Helden psychisch-anatomische Studien getrieben, zu jedem Satze, den seine Erfahrung gelehrt, auch gleich das Experiment vorgeführt. Und wie im Hörsaal alles Licht auf das Demonstrations-Object concentrirt wird, so hat Eckstein seine ganze Kunst auf Felix Dombrowsky verwendet. Dabei aber ergeht es dem Romane, wie etwa einem classischen Stücke anf einer kleinen Bühne, wo ein Virtuose in der Hauptrolle gastirt. Zwischen diesem und seinen Mitspielenden breitet sich eine Kluft, in der die Einheit und oft auch die Verständlichkeit des Ganzen untergeht. Eine mangelnde Gegenrede schwächt die Wirkung der Rede selbst ab. Alle Figuren des Romans sind nur Staffage für Felix Dombrowsky.

Wer ist nun dieser Felix Dombrowsky? Das ist ein bedeutender Bildhauer, dessen Werke ihn zum berühmten wohlhabenden Manne gemacht haben. Er hätte allen Grund, glücklich zu sein: eine liebe, gute, kluge Frau, zwei reizende Kinder vergolden sein Leben, seine Kunst gewährt ihm Genuß, sein Streben Befriedigung. Doch ist er nicht

*) Ernst Eckstein: „Dombrowsky." Roman in 2 Bänden Dresden und Wien, Verlag des Universum. 1892.

glücklich. Er hat ein ungestilltes Sehnen nach einem
Glücke, das ihm fehlt. Er fragt sich: „Wird es nicht
endlich kommen, das geheimnißvolle unnennbare Glück,
das wonnige Etwas, das dich beruhigt und dir den seeligen
Hunger hinwegnimmt, den Druck da unter der linken Brust,
der immer von Neuem ansetzt — heute wie der Wurm
eines bösen Gewissens, morgen wie die Ermahnung zu
einer glorreichen That?" Und dieses unnennbare Etwas
kommt, gewinnt einen Namen, ergreift Besitz von des
Künstlers Leben. Es tritt über seine Schwelle in Gestalt
einer jungen Dame, Ottilie von Starenberg, und er findet
das ersehnte Glück in der Liebe zu ihr, in der Erhörung
dieser Liebe. Er opfert seiner Leidenschaft Alles, sein
Heim, den Frieden seiner Familie — er entflieht mit der Geliebten nach Paris, dann nach Spanien. Aber dort vollendet
sich sein unglückseliges Geschick. Selbstquälerisch kann er
auch in der neuen Liebe, in dem neuen Leben Heil und
Ruhe nicht finden; er jagt das arme Wesen, das ihm
freudig gefolgt, in den Tod, und an ihrer Bahre erfährt
er, daß sein Weib, sein sterbendes Weib, das er aus
seinem Herzen niemals verdrängen wollte, noch konnte,
ihm in echter Liebe Alles verziehen . . .

Dombrowsky ist ein moderner Timon — aber er
haßt die Menschen weniger, als er sie mißversteht. Er
horcht nur auf die Stimmen seines Ichs, das er mit
allem Rüstzeug, allen Sophismen des Egoismus gegen
die Außenwelt vertheidigt. Seine Sehnsucht, die „Sehnsucht
nach dem Willen zum Leben", kennzeichnet ihn als Typus
des modernen Menschen. Indem Eckstein diesen Typus

gezeichnet, hat er in der That ein Document zur Geschichte unserer Zeit und ihrer Menschen geliefert.

Es scheint, als ob die Entwickelung des Individuums nicht Schritt halten könne mit der Entwickelung der Allgemeinheit. Unsere Zeit, die Zeit der Eroberung der Welt durch die Technik, verlangt eine schnellere Geistesthätigkeit, einen kräftigeren Willen, einen rascheren Blick, als wir besitzen: daher dieser Zwiespalt in feiner gearteten Seelen, dieses Sehnen nach dem „Willen zum Leben", das eigentlich nichts Anderes bedeutet als das Verlangen, Schritt zu halten mit der Zeit.

Im Leben und in der Kunst begegnen wir passiven Naturen. Die Zeit ist activ, herrschend, vorwärtstreibend, drängend. Sie öffnet neue Straßen dem Geiste, bezwingt den Raum, erschließt mit jedem Tage neue Perspectiven.

Aber die neuen Straßen sind noch zu breit für die Menschen; an jede neu errungene Freiheit muß man sich erst gewöhnen. Dann genießt man sie — dann wird sie Einem zu enge. Dann kehrt sich das Verhältniß um: der Einzelne, dessen Kraft der Technik Herr geworden, strebt über seine Zeit hinaus, der Einzelne rüttelt ungeduldig am Räderwerk der Zeit, das ihm zu langsam geht, das Individuum herrscht, wird die treibende, drängende, dominirende Macht. Dann erstehen wieder Helden! Hier, wie überall in Welt und Geschichte, können wir die Wellenbewegung beobachten: Active Zeiten mit passiven Menschen wechseln ab mit jenen Epochen, wo die Entwickelung durch den Ruck des Einzelnen geschaffen wird.

Der Held bekundet sich als solcher in der That.

Das Zurückschrecken vor jeglicher That, die Scheu
vor der Willensanstrengung, die eine That erfordert,
charakterisiren unsere Zeit ebenso wie das Suchen des
Heils in der thatenfremden Lehre Buddha's, in dem
träumenden, nach einem Allnichts sich sehnenden Mysticismus des Fakirs.

Indem Eckstein in Felix Dombrowsky einen Typus
unserer Zeit darstellte, hat er, vielleicht ohne es zu wollen und
sich dessen bewußt zu sein, eine passive Natur geschildert.

Der Widerstand, den der moderne Mensch der auf
ihn eindrängenden Macht der Zeit entgegensetzt, ist der
Egoismus. Egoist in Allem und Jeglichem, in jedem
Gefühl und jeder Regung ist dieser Künstler, der rücksichtslos seinem Glücksphantom nachstrebt. Und was Liebe
heißt in dem Buche, ist eine Blüthe, über die der Samum
des Egoismus verdorrend geweht. Die Liebe Dombrowsky's, die anfangs sich so idealistisch geberdet, ist
krankhaft; das Uebel sitzt im Marke des Willens, im
Rückgrat der zielbewußten Energie. Der modernen Liebe
fehlt die Kraft, ein Herz auszufüllen, Herr zu sein über
eine Seele. In ihren seltsamen Erscheinungsformen tritt
sie auf wie einer jener in der Atmosphäre fliegenden
Keime, der sich in einem Organismus festsetzt, um dort
sein geheimnißvolles, unheimliches Werk zu treiben. Und
da es ganz gut möglich ist, daß sich in einem Menschen
zwei Krankheitskeime gleichzeitig entwickeln, sind die
Franzosen längst zu dem Schlusse gekommen, daß auch
zwei Liebesgefühle neben einander Platz haben können.
(Vergleiche beispielsweise den Roman von Maupassant:

„Notre Coeur".) Auch Eckstein ist diesem Problem
nachgegangen. (Die deutsche Sprache kennt keinen Plural
für das Wort: Liebe. Sie wird, der Zeitauffassung
Rechnung tragend, nun wohl einen dafür schaffen müssen.)
Dombrowsky, der einen Ehebruch begeht, wirft dabei die
Liebe zu seiner Frau nicht über Bord, ja, er denkt sogar
ernstlich daran, in Eintracht mit Clara und Ottilie zu
leben. Eckstein hat sich bemüht, dem Ehebruch eine lange
psychologische Motivirung zu geben. Ueber das Geschen-
niß aber gleitet er rasch hinweg. Warum? Löst denn
nicht gerade die That die stärksten und feinsten Seelen-
kräfte aus? Hat Eckstein den Muth, ein so unerquick-
liches, unserm moralischen Empfinden zuwiderlaufendes
Thema zu behandeln, warum dieses vorsichtige Verschleiern
des Lichtes, sobald die Gefühle, in die Wirklichkeit projicirt, Leben gewinnen, sobald die Sinne an die Stelle der
Nerven treten? Der Psychologe muß auch der Biograph
der Sinne sein. Man kann in der Kunst Alles sagen,
ohne zu verletzen. Und in der Wissenschaft — der psychologische Roman macht Anspruch darauf, ernst genommen
zu werden — darf man Nichts verschweigen. Daß Eckstein die Consequenzen seiner weitläufig behandelten Prämissen nicht mit genügender Schärfe zieht, gereicht dem
Buche auch andererseits zum Schaden. Die Exposition in
ihrer ungewöhnlichen Breite steht mit der weiteren Entwickelung nicht in harmonischem Zusammenhang. Gegen
den Schluß drängen sich die Ereignisse, und gerade hier, wo
gehandelt und weniger philosophirt wird, hat der Roman die
meiste Lebenskraft, erweckt er am lautesten unser Interesse.

Gegen den Schluß, wo die Handlung nach Spanien verlegt ist, gewinnt das Buch an Farbe. Wie Eckstein sich dem Süden nähert, den er auf Reisen und in seinen Werken lieb gewonnen, erwärmt sich seine Schreibart, fließt warmes Leben um seine Gestalten. Als Schilderer fühlt er sich im Norden nicht heimisch. Die Beschreibungen und Culturbilder, wie z. B. seine „Claudier" sie enthielten, fehlen in den modernen Romanen. In „Dombrowsky" wird dem Auge des Lesers wenig geboten. Der Psychologe hat dem Maler Schweigen auferlegt. Die Stelle der Beschreibung und der Schilderung muß das „schmückende Beiwort" vertreten. Die Beschäftigung mit dem classischen Schriftthum hat es wohl mit sich gebracht, daß das Epitheton ornans bei Eckstein die den antiken Sprachen eigenthümliche Rolle spielt. Es begleitet in gleicher Treue, doch in wechselnder Gestalt erklärend das Hauptwort und giebt dem Stile eine merkwürdige Prägung; es bietet die Brücken zu den vielen Vergleichen, die Eckstein zu Gebote stehen. Und hier, eben in diesen Vergleichen, kommt zuweilen der alte Humor Eckstein's, die launige Klangfarbe der Diction, die seine Epen kennzeichnete, zur siegreichen Geltung.

Eckstein pflegt das Wort, das schöngesetzte Wort. Vielleicht zu sehr. Die Leidenschaft hat in seinem Buche zu viel schöne Worte.

Wir sind im Roman Ernst Eckstein's einer passiven Natur begegnet. Wir brauchen nur Umschau zu halten im zeitgenössischen Leben, um diesen Typus überall wieder zu finden: in der Welt der Künstler, wo der Gegensatz zwischen dem seiner gestalteten Innenleben und der Außenwelt am schärfsten ist, am meisten. Dieser Gegensatz und der Reiz, der in der dichterischen Behandlung desselben liegt, geben wohl den Grund, warum der Künstlerroman sich jetzt besonderer Vorliebe erfreut.

Allerorten sehen wir ihn auftauchen, und die Alten wie die Jungen versuchen sich an den Problemen, die er bietet. Und je mehr diese Werke sich bemühen, Spiegelbilder des heutigen Lebens zu sein, desto deutlicher muß der passive Charakter der auftretenden Personen zu Tage treten. In den Büchern der Jungen, der Modernen, die ja mit Realismus und Naturalismus sich an Leben und Wirklichkeit klammern und, in offener oder versteckter Form nur Ich-Romane schreiben, tritt diese Erscheinung wohl am prägnantesten hervor. Und daß diese Modernen sich gleichsam kampflos in ihre Passivität ergeben, mehr noch, sich in dieselbe versenken, ist sicherlich eine Ursache, warum ihre Bestrebungen so wenig sympathischen Widerhall finden, so unfruchtbar erscheinen. Die Modernen richten diese ihre Bestrebungen gar nicht danach, ihre Zeit zu meistern, im Wettkampf um die hohen, idealen Güter der Menschheit Sieger zu bleiben.

Die einzige Macht, die sie fühlen, mit der sie sich auseinandersetzen, ist ihr Egoismus. Sie machen Jagd auf Stimmungen, Empfindungen, Genüsse neuer Art — sie wollen Sensationen in sich aufnehmen, wie noch Keiner es gethan. Eine egoistische Kunst mit engem Horizont! Und sie merken es gar nicht, daß sie zu den Sklaven eben jener Nerven werden, die ihnen all' das Neue schaffen und zuführen. Sie glauben schon eine That vollbracht zu haben, wenn sie im wissenschaftlichen Forscherdrange, sind sie doch Kinder des forschenden Jahrhunderts, die Wege und Irrwege, auf die sie die Nerven geführt, die Qualen, die sie erduldet, die Gefühlsschwingungen, die in ihnen gebebt, aufzeichnen und wiedergeben. Ihnen mag es gelten, was Mephisto im Blocksbergsgewimmel zu Faust spricht: „Du glaubst zu schieben und Du wirst geschoben."

Nicht nach dem Lorbeer des Künstlers wird mehr gestrebt, sondern nach dem Beifall, den man dem Artisten zollt; nicht die Kunst wird gepflegt, sondern die Specialität. Der Künstler ist der Herr seines Genies, der Artist der Knecht seines Geräthes.

Mit Buch und Zeitung, mit Drama und Rede wollen die Jungen mitarbeiten an der Entwickelung der deutschen Litteratur. Ihre Mehrzahl giebt Nichts als ihr Wollen. Die Besten unter ihnen schildern ehrlich, treu und naiv, was ihre beobachtenden Sinne ihnen zeigen. Und weil Wahrheit auch das Streben nach Wahrheit verklärt, fällt manchmal ein heller Strahl auf ein ehrlich sich emporringendes Talent.

Ein solches ist Heinz Tovote, wie er uns in seinem Roman „Frühlingssturm" *) entgegentritt.

Wenn wir hier diesen Roman eingehender behandeln, so geschieht dies deswegen, weil wir Tovote, einen der bemerkenswerthesten Vertreter der jungen Schule, als einen Typus jener neuen Strömung im deutschen Geistesleben

---

*) Heinz Tovote: „Frühlingssturm." Berliner Liebesroman. Berlin, 1891. Verlag von J. u. P. Lehmann.

betrachten, die, aus kleinen Zuflüssen sich bildend, nun doch
ihre Bedeutung gewonnen hat.

Tovote sagt in der Einleitung zu seinem Buche: „Ich
wollte ein Stück Leben bieten, weiter Nichts," und dann:
„Jedes darin gesagte Wort ist so gesprochen; jedes Geschehniß hat sich so und nicht anders zugetragen." In
der Gewißheit der Lebenswahrheit findet der Verfasser sein
Genügen und seine Beruhigung. Was schildert er uns
nun? Eine Berliner Bohême, der aber der Humor fehlt,
der geniale, auch mit losen Sitten versöhnende Leichtsinn,
die kecke That, die der Jugend so gut steht. Der „Wille
zum Leben", das active Element mangelt allen Figuren
Tovote's. Dem Liebesleben, das er uns vorführt, wird
Blut und Kraft geraubt von seinem gedanklichen, philosophischen Nervosismus. Einen Liebesroman nennt der
Verfasser sein Buch. Aber es ist ein traurig Ding um
diese Liebe. Allerdings, auch sie ist wahr, ist modern wie
die Liebe Dombrowsky's. Und aus dem Geiste unserer
Zeit heraus spricht ihr junger Prophet: „Ohne Lüge,
Selbstlüge vornehmlich, ist keine Liebe, weder Zuneigung
noch Sinnlichkeit möglich." Aber statt gegen eine solche
Auffassung des Höchsten, was die Menschen besitzen, anzukämpfen mit lohendem Wort und kräftiger That, schmiegt
der Dichter sein frühgebeugtes Haupt seufzend in's selbst-
geschmiedete Joch. Mit philosophischer Grübel-Analyse will
er der ewigen Liebesprobleme Herr werden. Die Quellen
seiner Philosophie über das Weib sind unschwer rückzuver-
folgen. Jene Ideen, die, von Stuart Mill („Die Hörigkeit
der Frau") ausgehend, im skandinavischen Schriftthum so

gewaltig rumorten, die Ideen von der Gleichstellung, dem
Gleichwerthe der Frau, von dem Rechte der freien Liebe,
Themen, die Björnson, Garborg, Strindberg in die Litte-
ratur einführten, haben durch die Vorliebe für die nordische
Dichtung ihren Weg nach Deutschland gefunden. Wir
begegnen ihren Spuren in den meisten Werken der neuen
Schule, die nicht zum geringen Theil im Cultus der nordi-
schen Dichter fußt.

Mit dem Rechte der freien Liebe beschäftigt sich
Tovote. Aber der Grundgedanke seines Buches tritt
nirgends klar und faßlich hervor. Er wird völlig vom
Detail überwuchert, das sich überall in die erste Linie
schiebt. Der Blick Tovote's bleibt an jedem Beiwerke,
an jeder Kleinigkeit haften, geht nie in's Weite. Niemals
wird uns ein Bild in seiner Gänze gezeigt. Es fehlt jede
Massenscene, jedes Ensemble, jede Ausschau. Alles ist
zerpflückt, zerfasert, zerlegt. So sieht ein Kurzsichtiger, mit
einer scharfen Brille bewehrt. Und kurzsichtig, die Augen
überangestrengt durch allzu vieles Studium ist unsere junge
Generation. Sie hat die Naturbetrachtung mit bewaffnetem
Auge und mit dem Notizbuche in der Hand in kurzer
Zeit bis zur Meisterschaft getrieben. Man vergleiche nur
einmal die in dieser Art kaum zu übertreffenden Schilderungen Wilhelm Bölsche's in dessen Roman: „Die Mittagsgöttin"*). Aber das eine Wort, das mit einem Schlage

---

*) Wilhelm Bölsche: „Die Mittagsgöttin." Ein Roman aus
dem Geisteskampfe der Gegenwart. Drei Bände. Stuttgart, Deutsche
Verlagsanstalt. 1891.

das Bild, die Stimmung vor unser Auge zaubert, unserem Fühlen vermittelt, das Dichterwort, das finden wir nicht.

Doch wollen die modernen Wortkünstler Stimmungskünstler sein.

Das ist auch Covote's Bestreben. Er geht hier ganz die neuen Wege. Auf diesen suchen die Modernen die Kraft der Schilderung in Künsteleien, die der Grammatik stracks zuwiderlaufen; sie suchen Effecte zu erzielen mit einem hingeflegelten Adjectiv, irgend einem Worte, das ohne jeden Zusammenhang plötzlich mitten in einem Satze, einem Gedanken auftaucht. Sie geben uns athemlose Sätze, Sätze, die, wie Farbenkleckse in der Zeichnung, jedes Gefüges entbehren, denen bald das Haupt und bald die Glieder fehlen, Brocken, die ein Griff in's Wörterbuch hervorgeholt, und die nun bunt durcheinanderkollern — Wortkleckse, deren Totaleindruck ein Bild ergeben soll. Sie lassen im stilistischen Aufbau bald, unbekümmert um die architektonischen Grundbegriffe, einzig nur den Sinn herrschen; bald ordnen sie Alles dem Klange der Worte unter, nach einer gleichsam musikalischen Ausdrucksweise tappend und suchend. Dabei werden die Beziehungen zwischen Haupt= und Nebensätzen gelockert und entzweigerissen, der Sprache die Glieder „von unten herauf" gebrochen, wie es hochnothpeinlich hieß. Und diese Art der Darstellung documentirt sich als dieselbe Erscheinung, die wir schon kennen gelernt haben: es ist die traurige Geschichte des Nichtschritthaltenkönnens. Die Sprache kann den Gedanken nicht folgen, überhastet, überstürzt und überkugelt sich. Der Dichter wird zum Sklaven des Wortes,

9*

verliert die Zügel seiner Gedanken aus den Händen. Diese Gedanken aber, deren wilde Hatz durch die Bücher rast, sind nicht Kinder des Geistes, sondern Kinder der Nerven. Es sind keine Ideen, es sind Stimmungen und immer wieder Stimmungen!

Tovote sagt: „So waren alle Menschen; in jedem Augenblicke anders, den äußeren Verhältnissen ganz unterworfen, abhängig von jeder feinsten Stimmung, von einem Wörtchen oftmals, in beständiger Umwandlung, so daß es thöricht war, von der Einheitlichkeit des Charakters zu reden. Nur eine große Grundstimmung, die aber jeden Augenblick verwischt werden konnte." Das ist, wie wir glauben, eine etwas seltsame Ansicht. Aber gesetzt den Fall, es wäre dem so, die Menschen hätten keinen Charakter, sondern nur eine Grundstimmung, so verlangen wir doch von dem Schilderer der Menschen, daß er diese Grundstimmung klar zum Ausdruck bringe, sie nicht untergehen lasse in dem chaotischen Concert jener „feinsten Stimmungen". Die Menschen aber, die uns Tovote vorführt, sind Wesen, die fortwährend im Lichte des Moments die Farbe wechseln. Und es ist eine fortwährende Schmetterlingsjagd nach Momenten.

Manchmal zuckt es in dem Buche auf, blitzartig: ein Wort überrascht uns, das aus einem Dichterherzen kommt, eine Stimmung, gefühlt und festgehalten mit dem lauteren Empfinden des Begnadeten. So findet man, wenn man die Studien und Skizzen eines Malers durchblättert, zuweilen ein Blatt, das an und für sich uns wie ein Kunstwerk anmuthet und bei dem man gerne verweilen würde.

Aber der Maler zwingt uns weiter durch einen Berg von
Skizzen und glaubt, daß wir, wenn wir sie alle durchge=
schaut, uns das Gemälde denken können, dessen Grund=
lage sie sind. Allein trotz seiner Erklärungen und Commen=
tare will uns das nicht recht gelingen. Denn wir sind
gekommen, ein Bild zu sehen und keine Skizzensammlung.
Und eine Skizzensammlung mit verbindendem Text ist
Covote's Roman.

Gewiß liefern diese Ateliers= und Straßenscenen, diese
Beobachtungen aus dem Liebesleben der großstädtischen
Bohême den Stoff zu einem Roman, zu einem Kunst=
werk. Aber die Kraft fehlt, die diesen Stoff aufarbeitet,
der energische Wille, der ihn beherrscht, der ihn mit festem
Griff packen und meistern könnte.

Es ist seltsam, wie die Modernen von ihren Stoffen
dominirt werden. Es ist ein beklemmendes Schauspiel,
sie unterliegen zu sehen.

Der Bann der passiven Natur liegt lähmend auf
ihnen. Entwürfe, Skizzen, die Vieles und Gutes ver=
sprechen, liefern sie die Menge. Wir harren aber immer
noch des Kunstwerkes, zu dem jene die Vorläufer bilden
sollen. Da haben wir jüngst ein Büchlein von Johannes
Schlaf: „In Dingsda"*) gelesen, Studien aus einem kleinen
Dorfe, in feiner und sorgfältiger Ausführung, Zeichnungen
mit farbigem Stift, wie sie die Mappe eines echten Künstlers
wohl birgt. Aus jedem Blatte weht uns die Stimmung

---

*) Johannes Schlaf: „In Dingsda." Berlin, S. Fischers
Verlag. 1892.

an, in der es entstanden; dabei ist die Sprache frei von jenen Auswüchsen, die wir oben besprochen, ist die Form reizvoll und klar. Der Mann, der solche Dinge von der Ferienreise nach Hause bringt, der sollte nun hingehen und ein Bild, ein Werk darnach schaffen, mit seinem Geist, mit seinen Gedanken seine Studien befruchtend.

Aber da fehlt es eben! Den großen, tragenden Gedanken, mit dem der Maler vor die Leinwand tritt, der den Dichter zu seinem Buche begeistert, den Gedanken, der das Werk aus dem Alltäglichen emporhebt, es zum Kunstwerke macht, indem er ihm eine Seele giebt, den suchen wir bei den Modernen vergebens. Und nicht von Stimmung zu Stimmung, von Gedanken zu Gedanken schreitet die Kunst vorwärts!

Man pflegt die Modernen, wenn man nicht gerade in ihren Reihen steht, mit einem Achselzucken abzuthun. Mit Unrecht: Die Zeit spricht ebenso vernehmlich aus Eckstein's „Dombrowsky" wie aus Covote's „Frühlingssturm".

Paul Heyse's „Merlin".

Mancherlei Feldgeschrei hallt durch unsere Kunst.
Da ruft der helle Ton der Kriegstrompete, und dort lockt
die große Trommel. Fahnen und Zeichen werden ge-
schwungen, Manifeste und Programme flattern durch die
Luft. Man spricht von Lagern, zuweilen geht ein Wort,
ein Name als Parole von Mund zu Mund. Doch zu
frischem, fröhlichem Schlagen, wo es Sieg und Niederlage
geben könnte, kommt es nicht. Es bleibt bei Vorpostenge-
plänkel, kurzen Scharmützeln um verlorene Punkte, blindem
Schießen und Geschrei. Aber man fühlt es deutlich, daß
nicht umsonst gerüstet und geworben wird. Es ist, als
warte man nur auf den Tagesbefehl des Führers, als
könne jeder anbrechende Morgen die Schlacht sich entrollen
sehen. Und unser Sehnen, unser Hoffen, unsere freudige
Zuversicht gilt dem großen Unbekannten, der lorbeergekrönt
aus dem Kampfe reiten wird. Er wird der Dichter unserer
Ideale sein.

Es giebt immer und überall Ideen, die im Allge-
meinbewußtsein schlummern, die von Jedem unklar geahnt
oder empfunden werden. Im Dichter bringt die Zeit
diese ihre Frucht zur Reife. Von der Leidenschaft potenzirt,
von der Phantasie mit plastischer Gestalt begabt, werden

sie zu Idealen. Der Glaube an sie, der Kampf um sie
wird zum Idealismus. Das Ideal ist das Ziel, das
Sehnenswerthe, der Magnet des Strebens. Es ist der
vollkommene Gegensatz zum Gemeinen, Alltäglichen, es
ist die Spitze der Gedankenpyramide, wie die Krone die
Spitze der Staatspyramide ist. Ideale und Staatsformen
wechseln und ändern sich mit den Zeiten, nur das Princip
bleibt unwandelbar. Das Oberste steht mit dem Untersten,
aus dessen gerader Entwickelung es hervorgegangen, in
directem Gegensatze: der Herrscher zum Volke, das Ideal
zum Gemeinen. Der Staat ohne Leiter, die Gedankenwelt
ohne Ideal ist eine Unmöglichkeit, die sich niemals verwirklichen wird, noch verwirklichen kann.

Das Ideal unserer Zeit, die Alles nivelliren, Alles
ausgleichen, die höchste Cultur demokratisiren möchte, die
im Zeichen der Maschine steht, ist das Produkt des
Gegensatzes — ist die ausgereifte, zielbewußte Persönlich=
keit mit dem gewaltigen Ichgefühl, der individuelle Mensch
in seiner Blüthe.

Die Philosophie dieses Ideals hat Nietzsche ge=
schrieben.

Wann wird sein Dichter kommen?

Der Dichter schreite mit hocherhobener Fackel seinem
Volke voran, er sei ein Heerführer mit priesterlicher
Würde. Sein Amt ist auch die Mission des Tröstens
und Versöhnens. Versöhnen soll der Gedanke, der den
geheimen Sinn im Weltgetriebe ahnt, den tiefen Zug nach
der Höhe und zum Lichte überall zu finden weiß. Die
Kunst soll uns mit dem Niedrigen und Elenden versöhnen,

nicht indem sie es vertuscht, übertüncht oder verfälscht, sondern indem sie auch im Geringen, Häßlichen und Schlechten den gewaltigen Ernst des Weltgesetzes zeigt. Und die Kunst wird das nur vermögen, wenn sie in's Innere dringt, nicht am Aeußerlichen haften bleibt. Die Wissenschaft hat in unserem Jahrhunderte einen so mächtigen Aufschwung genommen, die Geister derart beeinflußt, daß eine Weile die Ziele der Kunst in den Schatten traten. Man wollte auch die Kunst der Wissenschaft unterthan und tributär machen und marterte sie auf dem Prokrustesbett der Forderung nach exacter Forschung. Diese Forderung in rein äußerlicher Weise versuchten die Naturalisten zu erfüllen. Sie haben wenig der Wissenschaft und nichts der Kunst genützt. Der Documente zusammenträgt und ihren inneren Werth nicht versteht, ist dem Sammler vergleichbar, der eine Bibliothek anlegt und nicht lesen kann. Diese Erkenntniß hat nicht lange auf sich warten lassen. In Frankreich, wo Denken und Fühlen rascher pulsiren als in den germanischen Ländern und wo die litterarischen Strömungen dieses Jahrhunderts ihren Anfang nahmen, hat man den naturalistischen, äußerlichen Roman bereits verlassen und sich dem psychologischen innerlichen Roman zugewendet. Man hat sich mit dem Symbolismus, der im Kleinen und Irdischen das Siegel des Großen und Ewigen sieht, wieder auf den hohen Beruf der Kunst besonnen. Allerdings ist hier der erste stürmische Anlauf über's Ziel hinausgeschossen. Man hat das oberste Gebot jeder Kunstübung, mag diese nun dichterisch, bildnerisch oder musikalisch sein, nicht beachtet,

das Gebot der Harmonie. Jedes Kunstwerk muß ein
Mikrokosmos sein, der die Harmonie des Alls im Kleinen
wiederspiegelt. Der Ausdruck der poetischen Harmonie ist
die poetische Gerechtigkeit. Diese verlangt im Roman, daß
Gleichgewicht herrsche zwischen der Charakterentwickelung
des Helden und der Gestaltung seines Schicksals, also
zwischen seinem innerlichen und seinem äußerlichen Leben.
Je entwickelter das Schönheitsgefühl ist, desto mehr verlangt es nach Harmonie. Zum geklärten Schönheitsgefühle
fehlt unserer Zeit noch die Ruhe, der Frieden. Frieden
wird erst nach der Schlacht geschlossen, und diese eben ist
noch nicht geschlagen. Es giebt aber Menschen, in denen
das Begehren nach Schönheit, die Sehnsucht nach Frieden
so übermächtig sind, daß sie darüber die Verhältnisse und
Bedingungen der Zeit verkennen und mißdeuten. Und zu
diesen gehört Paul Heyse.

Er wollte mit seinem Romane „Merlin"*), für
Schönheit und Menschenadel kämpfen.

Heyse ist ein künstlerischer Aristokrat, der die, wie er
sich ausdrückt, „heute im Schwange gehende, demokratische
Verehrung des Alltäglichen und Nichtswürdigen" nicht versteht. Er schiebt die moderne „Schächerpoesie, in der es
möglichst erbärmlich, philisterhaft und uninteressant zugeht
und eine Luft weht, wie in den niedrigen Stuben der
kleinen Leute, wo im Kochofen irgend ein schlechtes Essen
aufgewärmt wird," dem pessimistischen Aberglauben in die

---

*) Paul Heyse: „Merlin." Roman in sieben Büchern, drei
Bände. Berlin, Besser'sche Buchhandlung 1892.

Schuhe. Dem aber steht sein Optimismus, seine nie ver-
siegende Freude am Schönen und Edlen feindlich gegenüber. „Niemand taugt, der nicht Freude hat." Dieser
Vers Walther's von der Vogelweide klingt wie ein Leitmotiv durch das Buch. Heyse's Freude am Leben wird
verbittert durch das trübe Bild seiner Zeit, durch den An-
blick der mißfarbenen Fluthen, die an ihm vorüberrauschen.
Aber auch der Bergquell, der sich Bahn bricht, führt zuerst Schlamm und Erde, bis er seinen Weg gefunden, der
Schmutz zu Boden gesunken ist und die Sonne sich in seiner
klaren Welle spiegelt; und wenn ein unreines Wasser sich in
den Strom ergießt und für eine Weile dessen Oberfläche trübt,
so ist eine kurze Strecke später Nichts mehr von ihm zu
erkennen. Heyse ist kein philosophischer Kopf. Er betrachtet die Welt, die Menschen und die Dinge von außen,
er folgt den Strömungen seiner Zeit nicht zu ihrem Ur-
sprunge und schickt ihnen nicht seinen Blick voraus.

Er läßt sich durch das Augenfällige beirren. Er
streitet schier verzweiflungsvoll gegen den Naturalismus
und verfällt selbst in dessen Hauptfehler, in dessen constatirende
Beobachtungsweise. Er glaubt, ein echter Priester des
Idealismus zu sein, und aus diesem Buche spricht ein
Zelot. Dieses Buch ist ein Werk des Zornes, des Aergers
und des Schmerzes. Wohl sind Schmerz und Zorn künstlerische Factoren, der Aerger ist es nie. Auch das trägt
Ungleichheit in die Composition des Romans, der besser
eine Kampf- und Trutzschrift hieße.

Georg Falkner hat eben seine juridischen Studien
vollendet und den Doctorhut erworben. Sein Vater, die

ganze kleine Stadt, in der er die letzten Jahre verlebt,
sein künftiger Schwiegervater, in dessen Hause man sich
gerade zur officiellen Verlobung Lili's und Georg's rüstet,
alle seine Freunde und Bekannten erwarten nun, daß er
die sichere Carrière des Rechtsanwaltes oder Staatsbeamten
ergreife; er aber beschließt, seiner Neigung folgend, ein
Dichter zu werden. Der alte Falkner, dessen Verhältniß
zum Sohn ein rührend inniges Freundschaftsverhältniß
ist, warnt ihn umsonst und eröffnet ihm schließlich, daß
er nicht weiter wie bisher glauben dürfe, ein reicher Mann
zu sein. Das ziemlich beträchtliche Vermögen sei durch
die Ungunst der Zeiten, durch allerlei Unglück bis auf
Weniges zusammengeschmolzen, und den letzten Rest habe
Georg's vornehmes Leben auf der Universität und auf
Reisen verzehrt. Er sei nun auf sich allein angewiesen,
und als idealistischer Dramendichter sich zu ernähren, sei
heute eine harte Aufgabe. Aber Georg geht zuversichtlich
an sie heran. In der kleinen Stadt allerdings rufen sein
Entschluß, und seine Metamorphose in einen armen Teufel
nicht geringe Verwunderung hervor. Der Schwiegervater,
ein Zahlenmensch, weist ihm höflich die Thür. Auch andere
Enttäuschungen warten seiner. Er trägt ein Bändchen
Lyrik zu einem Verleger, und der will davon Nichts wissen.
Er besucht den Theater-Director, bei dem er ein historisches Trauerspiel „Rosamunde" eingereicht und erhält sein
Manuscript zurück mit dem wohlgemeinten Rath, doch
lieber an modernen Stoffen sich zu versuchen. Nur seine
Braut, seine Lili, empfängt ihn jubelnden Herzens. Sie
weiß auch ihren Vater umzustimmen, und plötzlich ist dieser

mit der Verlobung einverstanden, hat aber in der Wein=
laune den unglückseligen Einfall, ganz deutlich den ver=
sammelten Gästen verstehen zu geben, daß er Georg just
deswegen seine Tochter gebe, damit die Geschäftsfreunde
des Hauses erfahren, wie reich Herr Bankier Wittekind
sein müsse, wenn er einen gänzlich mittellosen Poeten zum
Eidam annehmen könne. Dies empfindet Georg als
bittere Beleidigung. Er will Lili erst heimführen, bis er
selbst im Stande sein werde, sein Weib zu ernähren. Freilich
seine Aussichten sind nicht die besten. Auf dem Dorfe
vor der Stadt hat er ein Stübchen in einem Bauernhause
inne. Dort dichtet er — dem Theater=Director zum Trotz,
um zu beweisen, daß er, der Idealist, auch in der ihm
verhaßten Kunst der Modernen Etwas leisten könne, wenn
er nur wolle, seine „Rosamunde" um in ein modernes,
in ein naturalistisches Stück. Umgang mit gleichgesinnten
Freunden, Lili's treue Liebe, der Glaube an seinen dichteri=
schen Beruf lassen seinen Muth nicht sinken. Mit inner=
lichem Widerwillen beendet er sein „modernes Stück".
Der Director ist davon entzückt, führt es auf, und es findet
großen Beifall. Aber die Anonymität des Autors wird
streng gewahrt. Dieser schämt sich seines Werkes, mehr
noch seines Erfolges. Mittlerweile ist Georg's Vater
schwer erkrankt, der Sohn wird an sein Sterbelager be=
rufen. Und nach dem Tode des Vaters erfährt er, daß
die Geschichte mit dem Vermögen nur eine zu seinem
Heile ersonnene List gewesen; die Gelder sind durch An=
häufung der Zinsen nur noch gewachsen. Nun steht seiner
Heirath mit Lili Nichts mehr im Wege. Er führt sie

heim, reist nach Italien, fühlt sich glücklich im Besitze
seines geliebten Weibes und seiner Kunst. Einem Revolu=
tions=Drama läßt er einen „Spartacus" folgen. Aber
leider haben Theater=Directoren und Publicum für diese
Stücke taube Ohren. Sein Idealismus findet außerhalb
des engen Kreises seiner nächsten Umgebung keinen An=
werth. Da ereignet es sich, daß er nun wirklich seines
Vermögens verlustig wird. Der Bankier, dem es anver=
traut war, hat Schiffbruch gelitten, und Georg, den Blick
immer in den Wolken, hat es nie verstanden, seine irdischen
Interessen zu wahren. Der Schwiegerpapa will helfend
beispringen, aber Georg hat es sich geschworen, keinen
Heller jemals von ihm anzunehmen. Nun heißt es wieder
Frohnarbeit verrichten, griechische Tragiker übersetzen, um
den Haushalt bestreiten zu können. Eines Tages erhält
Georg den Besuch einer Schauspielerin. Er ist Esther
immer bisher mit unverhohlener Antipathie begegnet, seit
jener Stunde, wo er sie beim Theater=Director, der seine
historische Tragödie zurückgewiesen, getroffen. Esther, ein
Wesen voll dämonischen Liebreizes und unwiderstehlicher
Charakterlosigkeit, hat es sich in den Kopf gesetzt, den
spröden Dichter zu erringen. Sie läuft ihm nach — ohne
Erfolg. Aber nun ist sie auf dem richtigen Wege. Sie
bittet Georg, ihr eine Rolle zu schreiben; sie habe die
Macht, die Aufführung des Stückes auf einer Berliner
Bühne, wo sie engagirt sei, durchzusetzen. Und Georg
dichtet ein phantastisches Trauerspiel „Merlin", und Esther
ist ihm das Vorbild der Waldhexe Viviane, die den Zauberer
Merlin an der Weißdornhecke im Walde mit ihrer Liebe

umstrickt und bethört, daß er darob sein Weib und seine
Pflicht vergißt. „Merlin" wird im Feuer der Begeisterung
zu Ende geschrieben, und nun, da die Aufführung heran-
naht, scheint endlich des Dichters Glück aus dem Gewölke
brechen zu wollen. Georg reist nach Berlin zur Première
seines Werkes. Es hat einen durchschlagenden Erfolg,
allerdings hauptsächlich wegen der Darstellung der Viviane
durch Esther. Im Rausche des Sieges, in der Aufregung
aller Nerven, von den Zauberkünsten der Schauspielerin
umgarnt, wird Georg ihre Beute . . . Aber wie er wieder
zur Besinnung kommt, faßt ihn der Ekel, er stößt das
buhlerische Weib von sich und flieht. In schamvoller
Verzweiflung über seine That weiß er nicht, wohin seine
Schritte wenden. Er irrt tagelang umher, bis er endlich
sich zur Ueberzeugung durchringt, nur die Verzeihung seiner
Lili könne ihn freimachen von der ihn zu Boden drücken-
den Schuld. Er eilt nach Hause, und dort empfängt ihn
die grause Kunde, daß Lili an den Masern, die sie sich
bei der Pflege der Kinder geholt, gestorben ist. Dieser
Schlag wirft ihn zu Boden. Er führt ein schwankendes
dämmerndes Dasein, bis ihn nach Jahr und Tag der
Besuch seiner Verführerin, die ihr Opfer wieder gewinnen
möchte, vollends dem Wahnsinn in die Arme treibt. Im
Irrenhause erholt er sich scheinbar, und dort läßt er auch sein
letztes Stück, eine Täufer-Tragödie, in Scene gehen. Die Irren
nehmen es enthusiastisch auf. Der Dichter aber schneidet
sich in einem Anfalle von Tobsucht die Gurgel durch
und verblutet draußen im Garten an einer Weißdornhecke. . . .

Georg sagt einmal: „Die Handlung, auf die es dem Dramatiker ankommt, wenigstens ankommen sollte, besteht nicht in äußeren Ereignissen, sondern in inneren." Das ist eine sehr richtige Bemerkung, die sich vollkommen mit dem deckt, was wir oben entwickelten. Sie trifft aber nicht nur beim Drama, sondern auch beim Roman zu. Leider hat Heyse sich nicht an die klugen Worte seines Helden gehalten. Das Problem, wie ein junger, für alles Schöne und Große begeisterter Dichter im Kampfe mit unserer Zeit steht, siegt oder fällt, wird nicht gelöst. Georg müßte diesen Kampf aufnehmen, ihn ehrenvoll beenden, als Sieger oder Besiegter, dann wäre er ein Held. So hat er nur die Pose des Helden. Es ist ein äußerliches Moment, das ihm zu seiner Frau verhilft — der unerwartete Reichthum. Die Katastrophe mit Esther ist viel zu wenig motivirt: dem Roman ist gleichsam als Schluß eine Novelle aufgesetzt, sagen wir es gleich, eine prächtige Novelle, die an die besten Leistungen Heyse's heranreicht.

Hier hat Heyse's Phantasie ihr kühnes und köstliches Spiel getrieben. Sie ist der goldene Born, aus dem der Dichter seine Schätze heraufholt, der Wunderspiegel, in dem er immer Neues und wieder Neues sieht. Heyse's Arbeitsweise ist immer die gleiche. Vor seinem Auge steht plötzlich ein gewaltiger seelischer Conflict. Er zeigt ihn uns in seiner äußerlichen Form, in seiner Eruption, in der Art, wie er zu Tage tritt, wie er in Wort und Handlung plastisch wird, es unserer Phantasie überlassend, die verborgenen, psychischen Vorgänge zu ergänzen. So auch in diesem Falle. Wir kennen aber trotz der zahlreichen Reden, die Georg hält, sein Seelenleben zu wenig, um die Katastrophe völlig zu begreifen, sind andererseits durch das Viele, was wir von ihm gehört und gelesen, in der Ergänzungsarbeit unserer Phantasie behindert und gehemmt. Stünde diese Tragödie des adeligen Menschen, der den kleinsten Flecken auf seinem Wappenschilde nicht duldet, der seine Kraft findet in der Selbstachtung und zu Grunde geht, da er diese verliert, allein da, wir würden einen reineren Genuß davon haben.

Die lebensfähigste und deutlichste Figur des Buches ist Esther. Ihr ganzes Vorgehen ist in der logischen Ent-wickelung ihres Wesens begründet. Neben ihr verblaßt Georg. Dieser Idealist κατ' ἐξοχήν, der sich als Poet etablirt, hat manchmal einen störenden, unfreiwilligen Stich in's Komische mit seinem Drauflosdichten. Hier macht sich der Mangel psychologischer Vertiefung empfindlich fühlbar. Wir sehen die Werke im Kopfe ihres Schöpfers nicht werden und entstehen, blicken nicht in's Rädergetriebe seines Geistes. Und dann — es giebt einfach keine Kann-ich-auch-Poesie. Der Idealist kann so wenig ein in seiner Art gutes naturalistisches Stück schreiben wie der Naturalist eine Stiltragödie. Man kann seine Haut nicht beliebig wechseln. Wenn Georg mit seinem Talent nicht durch-dringt, so trägt leider sein Talent daran Schuld. Sein Idealismus ist nicht der, den unsere Zeit verlangt und er-wartet. Es ist ein bloßer Idealismus der Form, der von Traditionen lebt. Ihm fehlt die gesunde, reale Basis ohne die nun einmal keine echte Poesie möglich ist. Er fußt nicht auf unserem Boden, in unserer Zeit. Er stammt

aus längst vergangenen Tagen. Georg Falkner steht der
Gegenwart mit Haß und Feindschaft gegenüber. Er vergißt, daß auch die Naturalisten Kinder ihrer Zeit sind.
Aus Niedertracht und Bosheit wird Keiner Naturalist.
Heyse hat Recht, es giebt nur eine Erlösung: durch die
That. Erlösung von den Naturalisten und ihrer künstlerischen Mißwirthschaft brächte ein schönheits- und hoheits-
reiches Werk, das aber das Sehnen der Zeit in sich tragen
müßte an der Stelle des Herzens. Uebrigens ist der ganze
erbitterte Kampf des Buches gegen den Naturalismus ein
Raufen mit Gespenstern. Der Naturalismus hat sich längst
sein Grab geschaufelt und sich hineingelegt. Jetzt herrschen
Symbolisten und Mystiker, das Unverständliche, nun wird
es Ereigniß!

Trotzdem wir sehr wohl wissen, daß ein Mensch wie
Georg, dem Tinte statt rothen Blutes durch die Adern
rollt, der so baar ist des Sinnens, des Fühlens für unsere
Zeit, in unserer Zeit unmöglich ist, begegnen wir ihm
mit Sympathie, wird er uns werth. So ist auch die
Sprache Heyse's schön und klangvoll, und wir erfreuen
unser Ohr an ihr, wenn wir gleich erkennen, daß sie überreich ist an alten, vielgebrauchten Bildern, abgegriffenen
Vergleichen und Redewendungen. Es wird ungeheuer viel
gesprochen in diesem Buche. Dem Helden stehen die
schönsten, wohlgesetztesten Worte in den schwersten Lebenslagen in unglaublicher Fülle zu Gebote. In den Ge-
sprächen, die Georg mit seinen Freunden führt, verwischt
die schöne Heyse'sche Diction fast alle Charakteristik der
Sprechenden. In diesen Freunden Georg's, in dem Dr. Abel,

der eine freie Arbeitergemeinde mit seinen weisen Reden
erhebt und eine Religion des guten Willens verkündet, in
dem Musiker Flaut, einem lieben Menschen voll innigen
Humor's, der „trotz alledem" an der alten guten Musik
schwärmerisch hängt, in dem Redacteur Guntram, der auf
Seite der Alten in dem Kampfe gegen die Jungen steht,
wollte Heyse gleichsam die Vorläufer einer kommenden
Zeit schildern, wo die jetzigen „bösen Mächte" endgiltig
besiegt auf dem Boden liegen werden.

Heyse's Ideen lösen sich alle in Gefühlen auf, und
diese Gefühle krystallisiren sich um die Begriffe des Edlen
und Schönen. Aus dem Herzen heraus hat Heyse seinen
„Merlin" geschrieben, und was er auch schrieb, es war
ehrlich empfunden und ehrlich gemeint.

Die Jronie des Schlusses hat Unrecht. Nicht im
Narrenhause hat heute der Idealismus seine letzte Zufluchts-
stätte. Er sammelt seine Kräfte in unserem Blute, in
unserem Mark. Und er schreitet langsam die Stufen zum
Throne hinan . . .

Bertha von Suttner.

Bücher, deren Erscheinen nicht blos ein ephemerer Erfolg, sondern eine tiefgehende Wirkung auf das Publicum begleitet, gehören in deutschen Landen zu den größten Seltenheiten. Es giebt oft Jahrzehnte lang kein derartiges literarisches Ereigniß. Das Jahr 1890 hat ein solches aufzuweisen: Es heißt: „Die Waffen nieder!" ist ein Roman, und sein Verfasser ist eine Frau: Bertha von Suttner.

Der Erfolg eines Buches ist ein Gradmesser, inwieweit es dem Dichter gelungen ist, seine Zeit, d. h. was dieselbe erfüllt und bewegt, zum Ausdrucke zu bringen.

Der große Erfolg obgenannten Romanes erklärt sich daraus, daß dieses Buch wie ein klarer Spiegel einen Strahl der Zeitensonne auffängt und ihn kräftig zurückwirft und daß dieser Strahl gerade als derjenige sich erweist, für welchen die geistige Netzhaut der Leser am empfänglichsten ist.

Fr. Bodenstedt hat gelegentlich einer Besprechung des Romanes den Namen der Frau von Suttner dem der Frau von Staël gegenüber gestellt. Ein solches Aneinanderrücken bedeutender Namen erweckt immer das Verlangen nach vergleichender Werthabschätzung. Das ist entschieden zu verwerfen. Dichtergrößen sind stets incommensurable Größen, und die Frage nach dem Werthe eines Dichters — sei es nach dem absoluten Werthe oder dem relativen im Vergleiche mit einem anderen — vom heutigen Standpunkte der Kritik müßig und lächerlich. In uns hat jener Satz Bodenstedt's die Frage angeregt, ob nicht etwa ein Vergleich zwischen den Persönlichkeiten der beiden Schriftstellerinnen möglich wäre. Dieser Vergleich ist möglich, und er liefert das Resultat, daß wirklich Frau von Suttner eine Frau von Staël physisch verwandte Natur ist. Beide stehen ihrer Zeit Aug' in Aug' gegenüber, und Beide sind sensitiv in Bezug auf die Strömungen und Ideen, die diese Zeit durchfluthen, die Keime der Zukunft mit sich führend. Wenn Frau von Suttner nicht eine ähnliche Rolle spielt wie Frau von Staël, so sind nur die Umstände, nicht sie selbst daran schuld. Welches sind nun die Strömungen, die in Frau von Suttner zum Ausdrucke kommen, als deren Producte ihre Werke zu betrachten sind?

Renan läßt in seinem philosophischen Drama: Caliban den edlen Ruggiero sagen: „Um sich von dem Horizont seiner Familie einschließen zu lassen, muß man überzeugt sein, daß die Familie, der man angehört, die beste von allen ist. Da aber nun die Anderen ihrerseits von ihrer Familie dasselbe glauben, so giebt es keine Möglichkeit, daß Alle Recht hätten. Vorurtheil, Eitelkeit, das ist die Grundlage des Lebens. Und dasselbe Raisonnement," fügt er hinzu, „läßt sich auch auf den Patriotismus anwenden." Vaterlandsliebe

ein Vorurtheil! Die Priester, die die Götzen der Heiden
zertrümmerten, erhöhten den Thron des Einen Gottes, und so
giebt der Geist, der das Vaterland nicht kennt, uns Eine
Heimat: die Welt. Bürger der Welt zu sein, in der
Menschheit ein Bruderthum erblickend, die Länder der Erde
ein Reich des Friedens: das ist ein Reich des Friedens
in einer goldenen Zukunft. Die Strömung, die uns den
Weg zu diesem Ziele weist, nennt sich der Kosmopolitismus. Ueber die Grenzsteine und Gemarkungen hinweg
fluthet das Culturleben der Gesammtmenschheit; Kunst,
Wissenschaft, Handel und Verkehr heißen die Factoren am
großen, von Tag zu Tag fortschreitenden Verbrüderungs-
werke. Nur auf der Landkarte sind die Grenzen durch dicke
Striche noch deutlich erkennbar.

In allen Werken der großen Dichter und Denker am
Ausgange unseres Jahrhunderts tritt uns das Weltbürgerthum entgegen, bald in dieser Form und bald in jener.
Und weil Frau von Suttner gerade diejenige Form gefunden, die geeignet ist, in unserem Gemüthe am stärksten
an- und wiederzuklingen, kommt ihrem letzten Buche eine
so markante Bedeutung zu. Eine Zeit, die darnach strebt,
die Menschheit in einem Brüderbunde zu vereinigen, muß
den Kriegsgeist als bitteren Anachronismus empfinden,
muß in jedem Kriege und in allen Rüstungen zu einem
solchen ein schlimmstes Hemmniß erblicken. Der Friede ist
der einzig menschliche, einzig mögliche Zustand innerhalb
einer Familie, innerhalb eines Staates — und Eine Familie,
Einen Staat zu bilden, ist ja das Ziel, das uns vorschwebt.
Der Weltfrieden ersehnende Cosmopolitismus wird heute

noch verstärkt durch eine Reactionsströmung eigener Art.
Die fabelhaften Rüstungen der europäischen Staaten in den
letzten Jahren, die damit verbundene Belastung und Ueber-
lastung des Staatshaushaltes, der immer mehr und mehr
anschwellende Militarismus haben eine Gegenfluth erzeugt.
Die Heldenglorie des Soldaten ist im Verblassen, und die
Zukunft wird Buckle's Nachweis bekräftigen, daß das Ansehen des Kriegerstandes im umgekehrten Verhältniß zu
der Culturhöhe eines Volkes steht. In den beiden lebens-
kräftigsten litterarischen Erzeugnissen des letzten Jahres, in
Frau von Suttner's „Die Waffen nieder!" und in Sudermann's „Ehre" kommt die Gegenfluth zu Worte.

Mit jenem Enthusiasmus, der aus Begeisterung entsprungen und Begeisterung erweckt, tritt die Dichterin für
die erhabene Idee eines ewigen Friedens ein, bekämpft sie
die Barbarei des Krieges. Schon in ihrem ersten Buche, dem
(1882 anonym erschienenen) „Inventarium einer Seele"
hat sie dieselben Gedanken entwickelt, dieselbe Ideenreihe,
zu gleichen Schlüssen führend, durchgedacht. Nun gab sie
jenem Gedanken das anschauliche Gewand der Handlung
nun zeigte sie die Ideen verkörpert zu Thaten — und es
fand sich, daß Tausende von Herzen im Gleichklange mit
dem ihren schlugen, daß in Tausenden von Gemüthern ihr
Ruf: „Die Waffen nieder!" Wiederhall gefunden. So
spricht eben die Zeit zu ihren Kindern durch ihre Dichter. —
Wir haben hier nicht zu untersuchen, in wie weit das von
Frau von Suttner der Gegenwart gesteckte Ziel ein erreich-
bares ist (wir verweisen übrigens diesbezüglich auf die kleine
Schrift von Fr. v. Holtzendorff: „Die Idee des ewigen

Völkerfriedens" — 1882), unsere Aufgabe geht nur dahin,
die Fäden bloß zulegen, die dem Dichter mit den Boden, auf
dem er fußt, mit der Umgebung, die ihn beeinflußt, mit
der Zeit, deren Ausdruck er ist, verknüpfen. Man hat
die Romane Bertha von Suttner's Tendenzromane genannt.
Wir verstehen nicht recht die tadelnde Nebenbedeutung, die
man dieser Bezeichnung gemeiniglich beilegt. Jedes gute
Buch soll ja in der Absicht, Etwas zu sagen, geschrieben
sein; bei seiner Abfassung muß dem Autor ein Ziel vor-
geschwebt haben, zu dessen Erreichung er sein Werk verfaßt; jedes gute Buch ist also ein Tendenzbuch: Frau von
Suttner's Bücher sind in erster Linie Zeitromane. Sie hat
den wahren Beruf des Dichters richtig erfaßt: was die
Zeit bewegt, die Stürme der Oberfläche wie das Raunen
der Tiefe will sie schildern. Die Art und Weise, wie sie
dies thut, ist ihr aber ebenfalls von der Zeit dictirt, von
jener Zeit, die wissenschaftliche Forschung zum Principe
erhoben. Alles hat Grund und Ursache, und die Kette
von Ursache und Wirkung ist nirgends unterbrochen. Es
giebt keinen Stillstand — Alles ist in fortwährender Bewegung und Veränderung begriffen. Dieselben Naturgesetze
gelten für das kleinste wie für das höchst entwickelte Lebe-
wesen. Und der Naturforscher, wie der Romanschriftsteller
hält sich diese Sätze vor Augen. Exacte Forschung! ruft
die Zeit in Bezug auf die Natur, wie auf die Menschen
und ihre Thaten. Und in den Dienst der exacten Forschung
zwingt Frau von Suttner ihre Phantasie. Sie liebt die
Gleichnisse, die die Genauigkeit einer Gleichung haben.
Beim Aufstellen solcher Gleichungen stößt sie auf alte,

längst als falsch erkannte Formeln — Aberglaube und
Vorurtheile. Fort mit diesen, und wenn sie noch so heilige
Namen führen. Alter heiligt nicht! Unsere Zeit ist nicht
materialistisch — sie ist wissenschaftlich. Eine Erziehung
auf wissenschaftlicher Grundlage sollte den Jüngling be=
fähigen, ein würdiger Mann seiner Zeit zu werden; diesen
Gedanken legt Frau von Suttner ihrem Romane: „Ein
schlechter Mensch" (1884) zu Grunde. Wenn das Buch
einige Jahre später erschienen wäre, als der Kampf um
die Schule losbrach, es hätte wahrscheinlich einen mächtigen
Erfolg gehabt, denn es vertritt den Standpunkt Aller, die
nicht gegen ihre Zeit, sondern mit ihrer Zeit marschiren.
Es ist so gut wie „Die Waffen nieder!" ein Zeit= oder besser
gesagt, ein Strömungsproduct. Der moderne Romanschrift=
steller untersucht, wie wir eben angedeutet, die Handlungs=
weise seiner Helden, wie der Naturforscher an die Lösung
einer Aufgabe geht. Der psychologische Roman ist ein
Postulat unserer Zeit. Wenn nun der Dichter in einem
Ich=Romane diesem Resultate gerecht werden will, muß er
gleichsam seine eigene Psyche auf den Secirtisch legen; da
trennt sich denn der Arzt vom Sectionsobjecte, und es tritt
jene Zwiefältigkeit des Ich, jene Verdoppelung des Be=
wußtseins, jener Dualismus der Persönlichkeit ein, wie er
unter den französischen Romanciers der Gegenwart so
virtuose Meister gefunden hat. Frau von Suttner's Buch:
„Inventarium einer Seele," widmet ein Ich dem anderen
Ich; in fast allen ihren Romanen, wenn der Gang der
Handlung unterbrochen wird, um philosophischen Er=
örterungen Platz zu machen, geschehen diese in Form von

Dialogen zwischen dem einen Ich und dem anderen, und
die Masken der Sprechenden haften nur lose.

Wir sahen bei Frau von Suttner Weltanschauung
und Anschauungsmethode von ihrer Zeit bestimmt. Auch
das Gefühl, das sie der Welt entgegenbringt, hat die Zeit
in sie gesenkt. Dieses Gefühl heißt: das Mitleid! jenes
„Weltmitleid, welches die Abschaffung alles Elendes begehrt und das jetzt in immer größere Kreise dringt" („Die
Waffen nieder!") — Dieselbe Strömung, die um die Noth
des Nebenmenschen, des „Bruders", zu lindern, aller Orten
humanitäre Anstalten in's Leben ruft, Asyle in den Städten
stiftet und erbaut, im Kriege das Banner des rothen Kreuzes
entfaltet, in fremden Ländern die Sklaverei abschafft, die
menschenwürdige Behandlung der Verbrecher in den Ge-
fangenhäusern einführt, hat Sänger und Dichter begeistert.
Tolstoi ist der große Mitleidsromantiker. Und Bourget
findet die ewigen Motive zum Leben und zum Handeln
in „der Religion des menschlichen Leidens" (Crime
d'amour). Frau von Suttner's Mitgefühl für das Elend
und die Elenden hat weder den an wahnsinnige Askese
streifenden Zug des Russen, noch die philosophische Tiefe
Bourget's. Es ist bei ihr vor Allem die Regung eines
edlen, weiblichen Herzens. Die Liebesfähigkeit dieses Herzens
giebt sich in ihrem Mitleide kund. Doch siehe! dieses
Frauenherz, das so stark für die Menschheit schlägt, von
der Liebe selbst weiß es uns wenig zu sagen. Frau von
Suttner hat über Alles nachgedacht, am wenigsten, scheint
es, über die Liebe. Das, was die Modernen mit all' der
Feinheit des Scalpells und der Feder zu erforschen und

wiederzugeben trachten, das Räthsel und das Geheimniß
zwischen Mann und Weib, die Liebe, will Frau von Suttner
nicht ergründen, noch lösen. Sie sucht und findet keine
neuen Ausdrücke dafür. Ja, es bedünkt uns fast, als ginge
sie einer Zerlegung dieses Gefühles aller Gefühle aus dem
Wege. Warum? Der Philosoph der Modernität, Amiel,
schreibt einmal (unterm 17. März 1868): „Die Frau will
geliebt werden, ohne Grund, ohne ein Warum, nicht, weil
sie hübsch ist oder gut oder wohl erzogen, oder graciös oder
geistreich, sondern, weil sie ist. Jede Analyse erscheint ihr als
eine Verminderung, eine Unterordnung ihrer Persönlichkeit
unter Etwas, das sie beherrscht und mißt. Sie entzieht sich dem
also — und ihr Instinct hat Recht." Das Weib in Bertha
von Suttner siegt über die Schriftstellerin. Dem Weibe
widerstrebt es, die Forderung der Zeit, wissenschaftliche
Forschung, auch in Bezug auf ihr Heiligstes, auf die Liebe,
in eiserner Consequenz durchzuführen. Hier trägt sie die
Strömung nicht mehr empor, hier ist sie matt und farblos.

Betrachten wir die schriftstellerische Persönlichkeit der
Frau von Suttner näher, nachdem wir die Strömungen,
die ihre Bildung und Entwickelung beeinflußt, erforscht
und festgestellt, so müssen wir uns zunächst das Milieu
vor Augen halten, in dem Frau von Suttner heran-
gereift ist. Ihre Umgebungssphäre ist der Adel. In
richtiger Erkenntniß, nur das getreu und genau wiedergeben zu können, was ihre unmittelbare Erfahrung ihr
gezeigt, schildert sie in allen ihren Romanen ausschließlich
die adeligen Kreise, jene Menschen einer „oberen Welt",
jene „Zigeuner des Luxus", wie sie sie selbst einmal

bezeichnet. (High life.) Es ist eine bemerkenswerthe That=
sache, daß ein künftiges Geschlecht die beste Kenntniß
unseres gegenwärtigen österreichischen Adels aus den Werken
zweier Frauen wird schöpfen können, aus den Werken Marie
von Ebner=Eschenbach's und Bertha von Suttner's.

Frau von Suttner ist eine treue und scharfe Beob=
achterin. Sie möchte auch vollkommen unparteilich sein,
aber sie kann sich nicht völlig dem Einflusse ihrer Ab=
stammung, ihres Milieu entziehen. Die Aristokratin nimmt
manchmal das Wort, ein kleines Vorurtheilchen, der Be=
sitzerin vielleicht selbst unbekannt, schlüpft aus einem Satze,
zwischen den Zeilen hervor. Ein Beispiel: Bertha von
Suttner schreibt (High life): „Wie zu unserer Zeit das
Anwachsen des Lernstoffes ein Uebel hervorgerufen hat,
das die Schulüberbürdung heißt, so ist durch diese An=
häufung der weltlichen Genüsse, durch die Sucht, von Allem
zu kosten, unter der heutigen Gesellschaft eine Vergnügungs=
überbürdung eingerissen. Und wie aus dem ersten Uebel=
stande die sogenannten Schulkrankheiten entstehen: Kurz=
sichtigkeit, Engbrüstigkeit u. s. w., so entstehen aus dem
Letzteren die sogenannten Krankheiten des Jahrhunderts:
Blasirtheit, Nervose, Anämie u. s. w. Im schwächeren
Stadium nennt man deren Symptome: Vornehmheit:
Reizbarkeit, Zartheit — und der ganze Zustand heißt,
„Modernität". — Nein, wir glauben die Modernität,
die Nervose unseres Jahrhunderts hat gewaltigere Gründe
als die Genußsucht des High life: Sorge, Arbeit, athem=
lose Jagd nach Erwerb und Gewinn, aufreibender Kampf
um's Dasein, Ueberbürdung mit Wissen und Wissenschaft,

das sind ihre Motoren. Jene Definition paßt vielleicht
für eine Kaste, sie entspringt jedenfalls einem Geiste, der
in dieser Hinsicht nicht über den Horizont seiner Kaste
hinausgeblickt hat. Es soll gewiß kein Vorwurf sein,
wenn wir sagen, daß auch Frau von Suttner's Geschmack
ein aristokratischer ist. Dies offenbart sich nicht nur in
dem liebenswürdigen Sinn für die Verfeinerungen des
Lebens, sondern auch in der Wahl ihrer Stoffe, ihrer
Helden. Ist aber nicht etwa auch ihre Vorliebe für Victor
Hugo, den sie als großen Dichter und Denker preist, die
Vorliebe einer Aristokratin, die geblendet wird vom herrlichen Wappen erhabener Worte, vom strahlenden Mantel
der Phrase? Die blendende Form ist auch ein Adelsbrief
— und Victor Hugo ist ein „Luxuszigeuner" der Poesie.
Die Form verleiht dem Besitzer Ansehen und Bewunderung,
aber seinen inneren Werth oder Unwerth läßt sie unberührt. In ihrem bekenntnißreichen Buche: „Inventarium
einer Seele," hat Frau von Suttner außer von Victor
Hugo auch von ihren anderen Lieblingsschriftstellern gesprochen. Seltsam! Unter ihren Lieblingen figurirt die
Marlitt neben Buckle, Jules Verne neben Stanley! Das
Unvereinbarlichste im Hirn eines Menschen, mehr noch
eines Dichters, hier wird es Ereigniß. So steht wohl ein
Vorurtheil neben dem freiesten, die ganze Welt durch-
messenden Gedanken, so verblüfft eine banale Wendung
neben köstlichen Geistesfunken, ein flüchtiger, ungenauer, die
Handlung jäh vorwärts hastender Absatz neben einem
durchdachten, in allen Folgen richtigen Capitel. Frau von
Suttner's Technik leidet unter solchen Unebenheiten. Sie

sagt von sich selbst: es ist „nichts Ganzes, Festes, Ein=
heitliches, weder in meiner Existenz, noch in meinem
Wesen" (Inventarium einer Seele). Besonders ihre ersten
Bücher litten unter einer gewissen Zerfahrenheit, die
Handlung war nicht genug concentrirt, eine Episode oft
packender als der Roman (vgl. „Ein Manuscript", „Ein
schlechter Mensch"). In dieser Beziehung bedeuten „Die
Waffen nieder!" ein mächtiges Fortschreiten. Die Un=
gleichheit in der Ausführung bringt es mit sich, daß Frau
von Suttner oft an Conflicten vorbeihuscht, die eine Ver=
tiefung gefordert hätten (z. B. in „Ein schlechter Mensch":
Das Verhältniß zwischen Frank Myltus und Babolina,
— in „Die Waffen nieder!": Das Verhältniß zwischen
Tilling und der Prinzessin). Auch Sprünge in der
Charakteristik, Lücken in der psychologischen Darlegung
eines Vorganges sind nicht selten. Andererseits stehen
diesen zu losen Partien Ausführungen gegenüber, wo
man schier sagen könnte, das Zuviel sei von Uebel. In
dem Bestreben, einen Gedanken recht klar und eindringlich
zur Anschauung zu bringen, schießt Frau von Suttner
manchmal über's Ziel hinaus. Die Geschehnisse in „Die
Waffen nieder!" sprechen weit eindringlicher, als alle
philosophischen Excurse, Monologe und Zwiegespräche.
Ja, die vielen, vielen Reden erscheinen dem Leser oft wie
ein entbehrlicher überflüssiger Commentar, der die Wirkung
abschwächt, statt sie zu erhöhen. So geschieht es auch, daß
ein humorvoller Zug durch allzu häufige Wiederholung
zur Caricatur verzerrt wird. Und das ist immer schade,
denn Frau von Suttner's Humor ist ein köstliches Ding.

frau von Suttner kennt die kleinen Seiten der großen Ereigniſſe und weiß ſie mit feinem Sinn für's Drollige zu
beleuchten. Ihr Humor iſt wie das Lächeln einer ſchönen
frau. Das giebt auch dem unbedeutendſten Satze eine
Bedeutung, unterſtreicht die flüchtigſte Bemerkung. Ihr
Humor hat mehr Duft als farbe; man empfindet ihn,
man kann ſein Weſen ſchwer beſchreiben.

An farbe fehlt es überhaupt bisweilen in frau von
Suttner's Schilderungen, ſie ſtrebt nicht darnach, neue
farbennuancen zu ſehen und zu beſchreiben. Eine An-
ſchauung erweckt in ihr weniger Geſichtsempfindungen als
Ideen — ſie ſieht mit dem Verſtande.

frau von Suttner will eine ehrliche Realiſtin ſein,
will ſich in Allem ſo genau wie möglich an die Natur,
an die Wirklichkeit halten. Sie weiß aber gut, daß es
Grenzen dieſer Möglichkeit giebt: „würde man die Dinge
nur ſo ſagen, wie ſie ſind, ſo brächten dieſelben in ihrer
natürlichen Mattigkeit und Verſchwommenheit gar keinen
Eindruck hervor, es giebt nichts Charakterloſeres als die
Wirklichkeit" (High life). Die Rampenbeleuchtung iſt im
Theater wie im Dichtwerke nothwendig. In Letzterem
wird ſie von der Phantaſie beſorgt. frau von Suttner's
Phantaſie iſt nicht allzu reich an Erfindung, nicht allzu
genau im Abwägen der Wahrſcheinlichkeit. Sie bevorzug
zuweilen Hochzeiten ex machina (wie die zwiſchen Wol-
grave und Gertrud in High life), ſie kennt jene zur
rechten Zeit eintreffende, bei den Dichtern ebenſo beliebte,
als bei den Aerzten unbekannte, namenloſe Krankheit (tritt
manchmal unter dem Pſeudonym eines Nervenfiebers

auf), sie vermeidet nicht immer parallele Situationen in
einem und demselben Romane. Aber sie hat einen aus=
gesprochenen Sinn für's Dramatische, sie hat die Kraft,
tragische wie heitere Scenen mit jenen Accenten zu ent=
wickeln, die ein Publicum packen. Ich erinnere nur an
den Schluß von High life oder an die „Erzählten Lust=
spiele" (1889), letzteres Buch eigentlich ein Märchenbuch
von reizender Unwahrscheinlichkeit. Oder sollte das heutige
Lustspiel, im Leben wie auf der Bühne, wirklich nur mehr
im Märchenlande zu finden sein? Wenn Frau von
Suttner sich an ihren Schreibtisch setzt und ein neues Buch
beginnt, so drängt es sie weit mehr, ihren Geist, ihr Herz
auszuschütten, als eine Geschichte zu erzählen. Das Plaudern
hat sie von ihrem Geschlechte überkommen, aber von
den Besten ihres Geschlechtes. Es gehört nicht immer
zur Sache, was sie plaudert, o nein! aber es gehört immer
zu ihrer Persönlichkeit, trägt immer ihren individuellen
Stempel. Einmal sind es politische, wissenschaftliche
Ideen, einmal Beobachtungen in der oder jener Stadt, ein
ander Mal eine Bemerkung über Mode und Modesalons
und wieder ein ander Mal die Etymologie irgend eines
Wortes ꝛc. Causerie wie Roman sind in einer ruhig
fließenden Sprache geschrieben, deren Hauptvorzug An=
schaulichkeit und Klarheit, deren Hauptfehler das Wieder=
kehren gewisser Phrasen=Clichés (auch französischer Wen=
dungen), die Häufung der Fremdworte, die Lust an
langen Wortzusammenziehungen, die so recht geschaffen
wären, Mark Twain's Spott herauszufordern. Auch
Dialektformen (Austriacismen) sind keine seltenen Gäste.

Doch nicht die Form, der Inhalt verleiht den Büchern Bertha von Suttner's Werth und Bedeutung, denn dieser Inhalt bedeutet den Inhalt unserer Zeit. Bertha von Suttner strebt darnach, unserer Zeit und ihrem Dichter= berufe gerecht zu werden. Und von ihr mag das hohe Wort gelten:

> Wer immer strebend sich bemüht,
> Den können wir erlösen, —

erlösen aus der Schaar der Alltäglichen, mit ihren Tagen Versinkenden und Vergessenen.

Roman und Novelle.

Es ist über den Unterschied zwischen Roman und
Novelle schon viel gestritten und geschrieben worden. Vor
einigen Jahren glaubte Spielhagen in einem seiner Aufsätze zur Theorie und Technik des Romans die Frage
endgiltig gelöst zu haben: der Novelle falle die Behandlung
fertiger Charaktere und jener Conflicte zu, die eben durch
die Art dieser Charaktere bedingt werden; der Roman
hingegen müsse uns zeigen, wie ein Charakter sich bildet,
wie Welt und Umgebung ein Menschenleben gestalten und
zur Reife bringen. Diese Definition erscheint vielleicht
auf den ersten Blick einwandsfrei. Dann aber muß man
sich fragen: Giebt es überhaupt einen fertigen Charakter?
Ist nicht das Wesen eines Menschen wandlungsfähig bis
an sein Ende? Und ist nicht gerade diese Wandlungsfähig-
keit, ihr Warum und Wie das eigentliche Gebiet aller
Dichtkunst, die sich mit den Geschicken des Menschen beschäftigt?

Uns scheint der Unterschied zwischen Roman und
Novelle nicht in den Charakteren der handelnden Personen
zu liegen, überhaupt weniger im Stoffe, als in der Weise

seiner Behandlung. Es ist vor Allem eine technische
frage. Derselbe Stoff läßt sich als Novelle oder als
Roman formen, je nachdem der Dichter das Interesse des
Lesers auf die Neuartigkeit des Erzählten oder auf das
lenkt, was er mit dem Erzählten gesagt und gedeutet
haben will. Ein Grundgedanke, mag dies nun ein ethischer
oder ein geschichtlicher sein, mag er sich als Symbol oder
als Tendenz documentiren, schafft den Roman. Die Erzählung einer Begebenheit, die uns lediglich als solche
interessiren soll, giebt die Novelle. Der Roman kann ein
historisches oder ein Sittengemälde sein, er kann dazu
dienen, den Jdeen des Dichters über die Entwicklung eines
Menschen oder eines Geschlechtes Ausdruck zu geben, er
kann helfen, irgend eine Lehre, eine Anschauung zu ver-
breiten, immer wird die eigentliche Handlung nicht Zweck,
sondern Mittel zum Zwecke sein. Andererseits ist die
Handlung das Wesen der Novelle. Hier soll uns neu-
artiges oder neuartig geschautes Leben entgegentreten, soll
uns gerade der Reiz des Neuen beschäftigen. Die „Novelle"
sagt mit ihrem Namen ihr Programm. Roman und
Novelle sind gewöhnlich auch der Größe nach unterschieden.
Doch so wie es Genrebilder und Stillleben in mächtigen
formaten giebt und Historienbilder klein wie ein Teller,
so giebt es auch dickleibige Novellen und Romane von
wenigen Seiten.

Es ist nicht selten, daß die Dichter ihr eigenes Werk
mißkennen und es unter falscher flagge segeln lassen.

So nennt Paul Lindau sein Buch „Hängendes Moos"
einen Roman, und es ist eine breit, aber anmuthig ausgeführte

11*

Novelle. Es erzählt die Geschichte eines jungen Schriftstellers, der an der Liebe zu einem schönen, geistvollen, aber
innerlich rohen Weibe zu Grunde geht. Diese Liebe ist es,
die Lindau mit dem hängenden Moose vergleicht, einer
Pflanze, die den Baum, auf dem sie wuchert, mordet, indem
sie ihm Luft und Licht entzieht. Lindau schildert Menschen,
deren Charakter ihren Gefühlen nicht gewachsen ist. Die
Tragik dieses Zwiespaltes hat er verstanden und verdeutlicht. Er hat zugleich, seinem Zuge für die Nachtseiten
des Seelenlebens folgend, die Unbegreiflichkeiten der Liebes-
leidenschaft zu ergründen und zu beleuchten gesucht. Der
Humorist geht dabei dem Psychologen an die Hand. Und
es bedarf der ganzen Kunst dieser Beiden, um uns die
Geschichte begreiflich zu machen, wie eine kluge Frau einen
edlen Menschen, dessen Werth und Bedeutung sie kennt
und mit ihrer Liebe belohnt, um eines eitlen, hohlen,
dummen Gecken willen, der aber eine phänomenale Stimme
von bezauberndem Wohlklange hat, verräth und vergißt.
Außer diesen drei Figuren, der Frau Leonie Welsheim,
dem Schriftsteller Dr. Hall und dem Sänger Vallini, sind
auch die anderen Personen scharf, sicher und lebendig gezeichnet: so der gutmüthig unbedeutende Börsenmann Welsheim, der Nichts ahnt und Nichts sieht und froh ist, wenn
er seiner Frau gehorchen darf, so die schwindsüchtige Braut
Dr. Hall's die den Verrath ihres Bräutigams durchschaut,
seine Liebe zu Frau Leonie erräth und doch nicht aufhören
kann, ihn in ihrer wortkargen, aber tiefgewurzelten Weise
zu lieben, so ihre Mutter, die Regierungsräthin. Zwischen
diesen sechs Personen spielt sich die Handlung rasch und

reich bewegt ab. Um Schluſſe begegnet der Dichter nach
zwanzig Jahren dem Dr. Hall im amerikaniſchen Urwalde,
wo dieſer als weltfremder Einſiedler hauſt, hört von ihm
die Geſchichte ſeines Lebens und ergänzt ſie nach eigenem
Wiſſen. Dieſer Epilog vermochte uns nicht ganz zu befriedigen, er zerreißt die Stimmung. Das Intereſſe, das
wir an den Figuren nehmen, iſt ſtark genug, um die
kleinen Mängel des Buches überſehen zu laſſen, wie das
gelegentliche Kokettiren mit der Detailſchilderung oder den
Vergleich mit dem hängenden Mooſe, der gerade in dieſem
Fall etwas mehr hinkt, als gewöhnlich Vergleiche zu thun
pflegen. Denn nicht die Liebe zu Frau Leonie iſt es, die
eigentlich Dr. Hall's Untergang verſchuldet — iſt ſie es
ja doch vor Allem, die ſein dichteriſches Talent zur
kräftigſten Entfaltung bringt — ſondern die Willens-
ſchwäche, die mangelnde Nervenkraft Dr. Hall's ſelber
wirft ihn aus der Bahn des Lebens und zu Boden.

Was Lindau erzählt, iſt ein Einzelfall. Er will ihn
weder als typiſch für das Leben der Gegenwart oder der
Großſtadt hinſtellen, noch dient er ihm als Beiſpiel für
die Entwicklung eines ethiſchen oder hiſtoriſchen Gedankens.
Die Combination der Ereigniſſe, das Spiel der Conflicte
erheiſcht unſere Theilnahme. In den letzten Romanen
Lindau's, die ſich mit Fug und Recht als ſolche gaben,
war der Schilderung Berlins ein breiter Platz eingeräumt;
die Abſicht, ein Stück moderner Culturgeſchichte zu geben,
trat deutlich zu Tage. Der Städteroman, wie er in Frankreich und England blüht, iſt ſpät nach Deutſchland gedrungen. Nun allerdings ſprießt er übereichlich in die

Halme. Berlin und München sind seine Centren, und
nord= wie süddeutsche Realisten stellen ihre Beobachtungs=
kunst in seine Dienste. Spät und spärlich ist Wien gefolgt.
Der Wiener Roman ist ein Kind der letzten Zeit, seine
Vertreter sind jung und nicht allzu zahlreich. Vor der Hand
wird der Roman noch von der Skizze überflügelt. Wer
ein Bild des heutigen Wien und des Wieners gewinnen
will, der muß sich an die treffliche Kleinkunst halten, die
in Pötzl und Chiavacci ihre Meister hat. Vor Allem ist
es Eduard Pötzl, der mit Dickens'scher Beobachtungs=
kunst und Treffsicherheit und mit ureigenstem Humor den
Typus des echten Wieners der Litteratur geschenkt hat.
Sein Nigerl läßt sich an Lebenswahrheit mit Mr. Pickwick
vergleichen. Aber Pötzl schreibt keine Romane und keine
Novellen. Seit einigen Jahren versucht C. Karlweis mit
ehrlichstem Streben die neue Form des Wiener Romans.
Auch er ist von der short story ausgegangen, und wir
möchten fast glauben, daß gerade die kurze Geschichte, das
kleine Bild seiner Begabung am besten entspricht. Er
hat vor Jahren einige seiner Erzählungen gesammelt[1]),
und wir halten dieses Buch noch immer für sein bestes und
werthvollstes. Er ist ein novellistisches Talent. Das Aus=
spinnen der Vorgänge, ihre bunte Wechselreihe ist seine
Stärke; die Gedankenarbeit, die dem Romane sein Gepräge
giebt, ist es nicht.

„Reich werden" heißt sein jüngstes Buch. Es erzählt
die Geschichte eines kleinen Beamten, in dem der Hunger

[1]) C. Karlweis: „Geschichten aus Dorf und Stadt." Stuttgart,
Bonz, 1889.

nach Gold steckt und der diesem Hunger und seiner Befriedigung Frieden, Glück und Leben opfert. Er bringt
es durch brutale Rücksichtslosigkeit, durch die dem richtigen
Geldmanne angeborene Schlauheit zum Compagnon eines
Jugendfreundes, der ein großes Bankhaus besitzt, dann zum
selbstständigen, die ganze Börse terrorisirenden „Bankier",
bis er schließlich mit einer allzu kühnen Operation Schiffbruch leidet und elend, von der Vergeltung für seine Handlungen erreicht, zu Grunde geht. Gewiß liegt in diesem
Vorwurf der Stoff eines modernen Romans. Denn
„reich werden" ist eine Losung des Tages, und der
Sprung aus einer Gesellschaftssphäre in die andere, die
kleinen Leute, die plötzlich groß werden, das Geld, das
sich gegen das Geld verschwört, das sind lauter Erscheinungen, die unsere Zeit charakterisiren. Leider hat
Karlweis den Stoff nicht recht zu nützen verstanden. Seine
Psychologie ist aus schwachem Material, und der Gang
der einander jagenden Ereignisse zerbröckelt sie vollends.
Der Unterschied zwischen dem Kunstwerk und dem Unter-
haltungsbuche liegt in der psychologischen Begründung der
Ereignisse. Die Charaktere und die Ereignisse müssen
durch ein lückenloses Band verknüpft sein. Bei der bunten
Jagd der Dinge und der Geschehnisse, die Karlweis uns
entrollt, ist es uns oft, als hätten sich die Personen dieses
Bandes wie eines lästigen Hemmnisses entledigt. Der
Held, wie er uns zu Beginn des Buches entgegentritt,
scheint aus ganz anderem Stoffe zu sein wie der große
Börsenmann von später. Er ändert sich ruckweise, mehr
dem Geheiß des Autors als seiner eigenen Charakter-

anlage folgend. Da sind die anderen Personen weit besser
und consequenter gezeichnet. Man sieht ihnen an, daß
sie aus dem Leben in's Buch verpflanzt wurden, daß sie
richtig erfassender Beobachtung ihr Dasein verdanken.
Karlweis beobachtet gut; er hat eine feine Hand für die
Anlage des Localcolorits und einen liebenswürdigen Humor,
wie denn überhaupt Liebenswürdigkeit in allen seinen
Schriften, in seinem ganzen Wesen steckt.

Auch der letzte Roman Bertha von Suttner's „Vor
dem Gewitter" spielt in Wien. Aber sein Zweck ist nicht,
ein Bild des Wiener Lebens zu geben, er ist kein Stadt-
roman; sein Ziel ist höher gesteckt: in diesem Buche
will Frau von Suttner ein Bild aller Bewegungen und
Strömungen geben, die unsere Zeit durchfluthen, unsere Zeit,
die in ihrer socialen und politischen Entwickelung vor dem
Gewitter steht. Ein großer, ein kühner, ein allzu kühner
Vorwurf! Unter seiner Last bricht das schwach und
flüchtig gezimmerte Gebäude des Buches zusammen. Seine
Handlung ist dünn und unwahrscheinlich: ein junges,
reiches, unabhängiges Mädchen, das sich für alle Ideen
der Zeit interessirt und begeistert, sich über Hals und Kopf
in die sociale Frage stürzt, über den Antisemitismus in
Zorn geräth, die Wege der Dunkelmänner haßt, verliebt
sich in einen geheimnißvollen, leise anarchistisch ange-
hauchten Russen. Die Leidenschaft findet bald ihre Schranke,
als Ludmilla Goth erfährt, daß der Russe bereits verhei-
rathet ist. Wie um Heilung zu suchen, wirft sie sich nun
einem ungeliebten Manne in die Arme. Noch einmal
trifft sie mit dem Russen zusammen. Ein Gewitter über-

rafcht die Beiden, die fich wiedergefunden haben, wieder=
gefunden auch in ihrer Liebe, und ein Blitzftrahl — ein
echter Blitz ex machina — vereinigt fie im Tode. Alle
diefe Vorgänge find fchattenhaft und mehr oder minder
mit dem Charakter der Perfonen, die an ihnen theil=
nehmen, unvereinbar. Aber es fcheint, als würden fie
von der Verfafferin auch ganz nebenfächlich behandelt.
Das Gebot des Romans, daß die Gedanken in Handlung
umgefetzt werden müffen, nur durch die Handlung zum
Lefer fprechen follen, beachtet fie wenig: ftatt handelnder
Perfonen giebt fie nur Sprechrollen. Den Kern des
Werkes bilden unausgefetzte Debatten über alle möglichen
focialen Themen, über die ethifche Bewegung, über die
Friedens=Liga, über die gegenwärtige Schwüle und das
kommende Gewitter. Da zeigt fich Frau von Suttner als
das, was fie eigentlich ift: als gewandte, fchneidige, enthu=
fiaftifche, immer fchlagbereite Journaliftin. Ihre Be=
geifterungsfähigkeit, die Energie der Ausdrucksweife, der
fefte Glaube an ein nahendes Heil, geben ihren Aus=
führungen, auch wenn fie nicht gerade in die Tiefe gehen,
Etwas wie ein ftarkes Parfum. Man fühlt es, erkennt
es gleich wieder, wenn man eines ihrer Bücher auffchlägt.
Es weht durch diefes ihr letztes Buch von der erften Seite
bis zur letzten. Und es geleitet Einen über manche
Schwäche, über manche Oede hinweg . . .

Es ift kein weiter Weg vom Buche Frau von Suttner's
zum letzten Romane Karl Emil Franzos': „Der Wahrheit=
fucher". Die Stoffkreife der beiden Bücher berühren fich.
Was Frau von Suttner von der Gegenwart, das will

Franzos von der jüngsten Vergangenheit geben: ein Bild
seiner geistigen Kämpfe, des seelischen Ringens um Wahrheit, wie es unser Jahrhundert durchtobt. Aber er hat
es verstanden, seinen Ideen das Kleid der That zu geben,
Menschen aus Fleisch und Bein, nicht bloße Sprecher,
zu Trägern seiner Gedanken zu machen. Er erzählt die
Geschicke eines armen Webersohnes, der zum geistlichen
Stande bestimmt ist, erst Benedictiner werden will, dann
als Jesuit den Weg zum Heile sucht, endlich das geistliche
Gewand ablegt, als Journalist und Schriftsteller alle politischen Phasen vom extremsten Umsturzprogramm bis zum
aufgeklärten Absolutismus durchläuft, alle Revolutionen
der Zeit und seines eigenen Geistes durchkämpft und
durchleidet, nach einander Professor, Landwirth und Fabrik-
director wird und in einer versöhnenden Philosophie der
Duldung endlich seinen Frieden findet. Wie man den
Hunger bekämpft, den Hunger des Magens, den Hunger
des Herzens, den Hunger im Hirne, das lernt der Held des
Buches in seinem an Wechselfällen überreichen Leben.
Vielleicht wäre der Eindruck, den der „Wahrheitsucher"
hinterläßt, reiner und klarer, wenn eben der Ueberreichthum
an Geschehnissen den Leser nicht verwirren würde. Und
dabei muß man sich immer fragen, ob wirklich alle diese
Vorgänge künstlerisch begründbar sind, das heißt, ob sie
wirklich alle der Charakter-Entwicklung des Helden noth-
wendigerweise entsprechen. Denn wenn im Kunstwerke
auch das Zufällige nicht ausgeschlossen werden kann, so
muß es sich doch dem Nothwendigen unterordnen. Und
als nothwendig erscheinen uns alle Ereignisse, bei denen

sich der Leser gleichsam unwillkürlich denkt: „Es hat so kommen müssen, es konnte gar nicht anders sein!"

Es giebt aber manche Stelle im franzos'schen Buche, wo uns die Nothwendigkeit der Ereignisse nicht so recht einleuchtet, wo wir uns recht gut vorstellen können, daß der Lebensgang des Helden sich ganz anders hätte wenden können. Damit aber geschieht dem Verdienste des Buches kein Abbruch; es zeigt an einem wirksamen Beispiele die Entwicklung unserer Zeit, unserer Ideen und unserer Wünsche!

Und gerade das zu zeigen, bleibt wohl die vornehmste Aufgabe des Romandichters!

Hermann Sudermann.

Eine neue Novelle Sudermann's*)! Ihre stolze Auflagenziffer beweist ihren Erfolg. Das Büchlein er- scheint uns bemerkenswerth, nicht etwa, als ob das Talent Sudermann's darin einen Schritt weiter auf der Bahn seiner Entwickelung gemacht hätte, sondern weil es uns die Eigenheiten dieses Talents in einem neuen Lichte zeigt, im Reflexlicht des Humors. Es erscheint uns bemerkens- werth, weil sein Erfolg uns bedeutet, wie hoch Suder- mann in der Gunst des deutschen Publicums steht.

Ueber Nacht ist Hermann Sudermann ein berühmter Mann geworden. Die Nacht, in der dies geschah, war die vom 27. auf den 28. November 1889. Denn am 27. November 1889 wurde sein Schauspiel „Die Ehre" am Berliner Lessing-Theater aufgeführt. Der Erfolg dieses Stücks, der mit seinen Wellenkreisen bis an die Grenzen deutschen Landes fortgeschritten ist, hat den Roman- dichter Sudermann plötzlich in die vorderste Reihe gerückt. So tiefgreifende, an Stärke und Bedeutung stetig wachsende Erfolge, wie Sudermann seitdem geworden, sind nicht das Product des Zufalls, der günstigen Stimmung eines

---

*) Jolanthe's Hochzeit. Erzählung von Hermann Suder- mann. Erste bis zwölfte Auflage. Stuttgart, J. G. Cotta Nach- folger. 1892. 8. 2 M.

Theaterpublicums, der Anstrengungen einer Freundesschaar oder einer Clique. Sie weisen auf ein günstiges Verhältniß des Dichters zu dem Volke, der Werke zu der Zeit. Der Beifall ist hier mehr als Schall und Hall, es liegt in ihm Etwas wie das Mitklingen der Volksseele mit der Seele des Dichters.

Man charakterisirt eine Zeit am besten, indem man ihre Gegensätze einander gegenüberstellt. Und der Dichter kann auf die größte Theilnahme des Volkes rechnen, wenn es ihm gelingt, diese Gegensätze klar zur Anschauung, dem Volke zum Bewußsein zu bringen. Der Erfolg des Schauspiels „Die Ehre" ruht in dem Gegenüberstellen des Proletariers und des Bourgeois, oder besser gesagt, der Ehrbegriffe zweier Klassen; das Stück behandelt eine Antithese, die fortwährend in uns, um uns ihr Wesen treibt. Der Kastengeist steht breitbeinig und protzenhaft dem Zeitgeist im Wege; über verkalkte Begriffe, Reste vergangener Epochen stolpert der Fuß des Vorwärtsschreitenden. Fort mit den Fossilien! Hat aber auch der Dichter wirklich den Weg frei gemacht, hat er die Gleichung gefunden, in der die Gegensätze sich lösen? Dazu war seine Kraft zu schwach oder vielmehr die Kraft der Zeit die in ihm zur Sprache gekommen ist.

In allen seinen Werken ist Sudermann der Dichter der Antithese. Seine Probleme, sein Stil, seine Art der Composition bezeugen dies. Seine Probleme packen uns, weil sie sich mit unseres Empfindens Satz und Gegensatz beschäftigen. Sudermann bewirkt die Plastik seiner Figuren, indem er sie mit ihrem Widerspiel zusammenführt, ja selbst

und vornehmlich in des Einzelnen Seele findet er die Be=
thätigung der Antithese. Die Figuren eines Dichters sind
nicht nur alle wahlverwandt, sie sind die Kinder eines
Vaters, belastet und begabt durch seines Geistes Gnade.
Auch Sudermann's Menschen zeigen die Familienähnlich=
keit. Obgleich starke, kräftige Menschen von gutem Schlage
wie er, sind sie doch in gewisser Beziehung pathologische
Erscheinungen. Am besten definirt sie Sudermann einmal
selbst (in den „Geschwistern"): „Solche Menschen haben
etwas Krankhaftes an sich, sie neigen zur Schwermuth und
zur Hysterie, und ihr Gemüthsleben wird von Vorstellungen
beherrscht, die für das Auge Anderer den Charakter
fixer Ideen anzunehmen pflegen . . . Solchen sensiblen
Menschen pflegt meistens eine gewisse Willensschwäche an=
zuhaften, die sie bei der geringsten fremden Berührung
scheu in sich selbst zurückziehen heißt." Krankheit des
Willens ist eine Krankheit unseres Zeit. Zu ihrer Be=
trachtung werden die psychologischen Romanciers Frank=
reichs gleich Sudermann gedrängt. „Sodoms Ende" war
eine Tragödie des kranken Willens. Meist aber erscheint
bei unserem Dichter seelische Willensschwäche gepaart mit
körperlicher Energie. Man vergleiche Boleslaw von
Schranden („Katzensteg"), Paul Meyhöfer („Frau Sorge"),
Olga („Geschwister") und zuletzt auch Baron Hankel
(„Jolanthe's Hochzeit"). So löst der Dramatiker Suder=
mann die Zweitheiligkeit der Persönlichkeit in der Anti=
these auf.

Denn Dramatiker ist Sudermann immer. Auch darin,
daß seine Figuren mehr typisch als individuell sind. Seine

Charaktere sind keine Räthselwesen, keine Hampelmänner mit tausend Fäden, wie die Hypermodernen sie auf Lager haben. Paul Meyhöfer, der Held des Romans „Frau Sorge"*), dieser reine Thor des 19. Jahrhunderts, Boleslaw von Schranden, Robert Heineke, Willy Jannikow, Jolanthe sind lauter Menschen, deren Seele offen vor uns liegt, sich klar und deutlich in That und Handlung offenbart. Interessant ist in dieser Beziehung die letzte Novelle: „Jolanthe's Hochzeit". Es ist die Geschichte eines gutmüthigen, prächtigen, etwas verbauerten Gutsbesitzers und seiner fast unfreiwilligen Werbung um ein Mädchen, das einen Anderen liebt und doch, aus Liebe zu ihren Eltern, die Werbung annimmt. Erst am Hochzeitstage, nach der Trauung, nach dem Festmahle, wo der als Gatte sich sehr unbehaglich fühlende Baron Hankel mit Hilfe etlicher auserlesener Flaschen die schwierige Situation überwunden hat, kommt es zur Klärung der Verhältnisse. Die Ehe geht zurück, noch bevor sie vollzogen war, und alle Betheiligten sind dessen zufrieden. Dieser Stoff hätte gewiß Anlaß geboten zu verwickelter psychologischer Motivirung, zu seelischer Spinngewebetechnik. Nichts von alledem. Mit einem Schlüssel öffnet uns Sudermann das seelische Geheimniß seiner beiden Hauptfiguren.

Diese beiden einfachen, guten braven Menschen haben nicht die Kraft, sich selbst klare Rechenschaft über ihr Wollen zu geben. Es bedarf einer Katastrophe, um ihre Entschlußfähigkeit wachzurütteln.

*) Frau Sorge. Roman von Hermann Sudermann. Achtzehnte Auflage. Stuttgart, J. G. Cotta Nachfolger 1892. 8. 8. M.

Die Bühne mit ihrem grellen Licht verlangt das Hervortreten des Typischen, wie sie der Schminke und des
Farbestiftes bedarf, wenn nicht das Gesicht des Schau-
spielers uns farblos und unbestimmt erscheinen soll. Für
das Bühnenlicht sind Sudermann's Menschen berechnet;
ihre Eigenschaften sind immer um ein Weniges zu stark
betont, um im Leben ganz glaubhaft sein zu können. So
erscheint denn auch bei Jolanthe und dem Baron, die in
ihrer Willensschwäche begründete Verkennung ihrer eigenen
Empfindungen etwas unnatürlich. Der Humor des Erzählers — der Baron giebt selbst seine Erlebnisse zum
Besten — gleicht aber mit lustiger Derbheit die Unwahr-
scheinlichkeiten aus. Der Mann, der da spricht, ist ganz
der gesunde, kräftige Kernmensch, der nur eine schwache
Stelle in seiner Seele hat, die Stelle, wo die Entschlüsse
gemacht werden.

Aber wenn Sudermann im Bestreben, den Charakter
seiner Helden mit greifbarer Deutlichkeit darzustellen, zu
weit geht, so wird er doch nie einen Zug anbringen, der
das Bild stört, der nicht harmonisch zu der Denk- und
Handlungsweise des Geschilderten paßt. Das kommt wohl
daher, weil Sudermann es als erste Bedingung realistischer
Kunst empfindet: logisch zu sein. Insoweit jene Kunst,
die sich Idealismus nannte, erhabener Ziele willen auf
Logik verzichten zu können glaubte, ist sie von unserer
Zeit, die im Causalitätsprincip das Weltgesetz erblickt,
überholt. Auch wir wollen erhabenen Zielen dienen, auch
wir tragen Ideale im Herzen — aber wir wollen nicht
die Straße dort verlassen, wo sie steil und steinig wird,

einem Märchenpfad zu Liebe, der uns mühelos an's Ziel bringt. Wir mühen und ringen uns empor, Stütze suchend auf dem harten Boden der Wirklichkeit. Und auf dem Boden der Wirklichkeit stehen die Gestalten, denen wir in Sudermann's Romanen und Dramen begegnen — sie sind alle demselben Haideboden entsprossen, wie der Dichter selbst, man könnte schier sagen, sie sind alle Ost-preußen wie er. Der Athem der Heimat schlägt uns aus den Blättern seiner Bücher entgegen. Locker und lose sind die Bande, die den Dichter unserer Zeit mit dem Vater-lande verknüpfen. Weltbürger zu sein ist unser und sein Bestreben. Der Blick in die weite Welt läßt ihm den vaterländischen Begriff der Ehre eng erscheinen, treibt ihn zur Sehnsucht nach einem die Länder umfassenden Reiche der Menschlichkeit. Aber die Heimat und die Liebe zur Heimat sind köstliche Güter, für die er einsteht mit seines Herzens und seines Geistes Kraft. Es ist kein schönes Stück Erde, jenes ostpreußische Marsch- und Haideland, wo Hermann Sudermann zur Welt gekommen und das zuerst mit seinen Eindrücken des Dichters Seele erfüllt. Er hat diese Eindrücke festgehalten in ihrer ursprünglichen Frische, in ihrer lebenskräftigen Unmittelbarkeit. Sie spinnen uns ein und halten uns fest beim Lesen seiner Bücher, sie klären die Luft, in der wir die Figuren der Handlung sich deutlich abheben sehen vom Hintergrunde der Landschaft. Sudermann kennt die schwermüthige Poesie der Haide und des Moores, die Melancholie des Winters und den Humor des Frühlings, die Mystik der Sturm-gewalten und die geheimnißvollen Stimmen der Nacht,

wie nur der Sohn der freien Natur, der mit ihr, in ihr
aufgewachsen, der mit allen Fäden seines Seins an ihr
hängt, sie zu kennen vermag. Er weiß all' die Wiesen-
blumen und Waldesblüthen bei Namen und nennt sie und
verweilt bei ihnen mit jenem Behagen, mit dem der gereifte Mann der Gefährten seiner Jugendspiele gedenkt.
Und wie der Naturmensch die Gegenstände seiner Umgebung vermenschlicht, ihnen eine Seele giebt und sie in
den Himmel seiner Götter versetzt, so liebt Sudermann, der
eben ein echtes Kind der Natur geblieben, die Personi-
fication seiner leblosen Freunde: „Die Rosenstöcke schienen
mir gefangene Prinzessinnen, um deren Loos ich bittere
Klage führte, die Sonnenblumen waren katholische Priester
im Ornat und die Georginen polnische Mägde im rothen
Kopftuch" („Geschwister)". Ueberall begegnen wir bei
Sudermann einem solchen Hineintragen der Persönlichkeit
in die Natur. Es ist ihm gleichsam Bedürfniß, seine
Seele um sich auszugießen, Leblosem damit Seele ver-
leihend. Und er geht noch weiter. Auch abstracte Dinge
sieht er in menschlicher Gestalt: Die Sorge tritt ihm entgegen als graue Frau, ein Wunsch wird zum Gespenst,
die Ehre ist ihm eine handelnde Person. Der Dichter,
der durch den Realismus der Natur so nahe gerückt ist,
greift wieder zur Allegorie und zum Symbol, um die
brutale Wirklichkeit zu verschleiern. Oder vielmehr, er
kommt zur Erkenntniß, daß die ganze uns umgebende
Welt in ihrer Realität und Wahrhaftigkeit doch nur eine
Scheinwelt, ein Spiel und Product unserer Illusion ist und
daß hinter dieser Welt mit ihrer greifbaren Wesenlosigkeit

eine andere Welt, die einzig wahre, weil wesenlose, steht.
Das Symbol soll ihm beide Welten verknüpfen, soll es
ermöglichen, daß wir in Berührung mit der Sinnenwelt
doch auch im Zusammenhang mit der Uebersinnenwelt
bleiben. Jeder echte Dichter ist ein Mystiker. Der Photo-
graph und der Naturalist sind es nicht — und Beide sind
auch keine Künstler.

Die Natur stand an Sudermann's Wiege, die Zeit
flügelrauschend über ihr. Sudermann's Weltanschauung,
wie sie uns bisher, wenn auch nicht unklar, so doch verhüllt, verschleiert entgegentritt, ist die Weltanschauung einer
kommenden Zeit; sie liegt im Keime in allen unsern
Denkern, Dichtern und Künstlern: so liegt das Morgen-
roth auf den Gipfeln und Spitzen — bald fällt die Helle
bis in's tiefste Thal, verjagt aus Winkeln und Gründen
die Schatten der Nacht.

Bethätigung des Ichs, Bewußtsein des eigenen Selbst
— das sind die Losungsworte für die Entwickelung des
Einzelnen; Lostrennen der Eigenart von der Masse, Erkennen des eigenen Werthes, das sind die Aufgaben des
Individuums. Aber insofern der Einzelne, das Individuum,
Theil des Ganzen, der Gesellschaft ist, muß er dieser eben
sein Höchstes, seine Eigenart, sein Ich zum Opfer bringen:
„Das Einzige, was sie können, ist, über das Glück der Andern
zu wachen und zu sorgen, daß es ihnen so gut als möglich
gehe." In diesem Opfer alles dessen, was man lieb hat,
sieht Sudermann die Erlösung vom Banne der Frau Sorge;
in diesem Aufgehen der persönlichen Interessen im Interesse
der Allgemeinheit sehen wir das Evangelium des Mitleids,

das berufen ist, all die großen schweren Fragen unserer
socialen Entwickelung einstmal zu lösen. Dunkel schwebt
Sudermann jene Zeit künftiger gesellschaftlicher Ordnung
vor: aber nicht die Pflicht, das Selbstbewußtsein, das in
der That sich befreiend zum Ausdruck bringt, tritt dann
an die Stelle der Ehre. Indem Sudermann in seinem
Schauspiel die Pflicht an die Stelle der Ehre setzt, löst er durchaus nicht das Problem, an das er gegangen, er rückt einen
relativen Werth an die Stelle eines andern, er durchhaut
den tragischen Knoten mit einem Theaterdolch.

Die Art und Weise, wie Sudermann seine Conflicte
löst, entspricht nicht immer der Kunst, mit der er sie aufstellt. In der Kunst der Exposition hat Sudermann von
den besten Meistern gelernt. Er weiß die Phantasie des
Lesers und des Hörers mit starkem Griff in die Handlung
zu versetzen, er führt jede neu auftretende Persönlichkeit
mit einer Sicherheit ein, die unsere Bewunderung verdient,
er weiß jedes Ereigniß anzukündigen und seine Entwickelung in jener Folgerichtigkeit aufzubauen, die dramatische Spannung erzwingt. Wie der Dichter das Entstehen
und Wachsen der Liebe im Menschenherzen schildert, wie
er die Liebe exponirt — ist sowohl ein Triumph seiner
Technik als seiner sichern Beobachtungsgabe. Er beobachtet,
er secirt nicht; er baut ein Gefühl auf, er analysirt es
nicht. Nun stellt er uns vor das Problem: Die Liebe
im Widerstreit mit traditionellen Gefühlen, verwandschaft-
lichen Banden („Katzensteg“, Geschwister“), mit dem
Klassenunterschied („Die Ehre“), mit der Willenlosigkeit
(„Sodoms Ende“, „Jolanthe's Hochzeit“) u. s. w. Wir

bangen nach einer rein menschlichen Lösung. Nicht immer
wird uns diese zu Theil. Die Kugel des verrückten Tischlers
(„Katzensteg") schießt das Schwarze des Conflicts heraus;
die Paradoxen des Grafen Trast verwandeln ein Trauerspiel in das deutsche Schauspiel mit dem fröhlichen Ausgang; in der Gutmüthigkeit des Barons versinkt das
Problem von „Jolanthe's Hochzeit". Am Schlusse erlahmt
die Technik Sudermann's. Seine Fragen weiß er nicht
zu beantworten.

Aber auch unsere Zeit stellt täglich neue Conflicte
auf, die Lösung künftigen Geschlechtern überlassend. Es
ist das Vorrecht der Jugend, zu fragen, und jugendliches
Leben regt sich allenthalben. Und in Vielem ist auch
Hermann Sudermann ein jugendlicher Dichter, jugendlich
vor Allem in seiner kecken Frische. Und das ist nicht der
kleinste Titel seines jungen Ruhms.

C. F. Meyer's „Angela Borgia".

Es giebt eine Münze — Filippino Lippi soll sie gefertigt haben — auf der Lucrezia Borgia zur Zeit, als sie Herzog Alfonso von Este als Gattin nach Ferrara folgte, dargestellt ist: ein zartes Köpfchen mit feinen Linien, mehr anmuthig als schön, mädchenhaft anzuschauen mit seinen über die Schultern wallenden Haaren, mit dem kleinen festen Munde, den großen, in's Weite blickenden Augen. Die Rückseite der Medaille zeigt einen an einen Baum gefesselten Amor mit zerzausten Flügeln, die Sehne seines Bogens ist zerrissen, die Pfeile fallen aus dem Köcher zur Erde. Die Allegorie bedeutet wohl, daß nun die Herrschaft des kleinen Gottes ihr Ende erreicht hat, daß es nun mit Liebe und Leidenschaft für die schöne Fürstin vorbei ist. Und der Künstler, der solch freie Sprache zu formen wagte, hat Recht behalten: Lucrezia da Este, wie sie uns das Angedenken ihrer Zeitgenossen und, das Urtheil dieser bestätigend, die Geschichte schildert, war eine Frau von tadellosem Ruf und strenger Ehrbarkeit. Es ist, als ob das Entsetzen, das sich an Lucrezia Borgia heftete, dem Namen gehöre und gelte, nicht der Person.

So hat denn auch Conrad Ferdinand Meyer in seiner letzten Novelle*) nicht jene Lucrezia behandelt, die uns die Sage dämonenhaft erscheinen läßt als das grauenvolle Weib, dem alle Schrecken Wiegenlied und Hochzeitscarmen gesungen, sondern jene Lucrezia, die Filippino Lippi als Gemahlin Alfonso's verewigt. Dem kleinen gefesselten Amor aber hat Meyer im Garten des herzoglichen Palastes ein Plätzchen angewiesen, ihn wie ein Symbol auf den Weg seiner Heldin gestellt. Denn Lucrezia ist die eigentliche Heldin des Buches, wenn auch der Dichter Angela Borgia in den Mittelpunkt der Handlung rückt.

Angela, eine nahe Verwandte Lucrezia's, ist dieser als Hofdame nach Ferrara gefolgt. Sie ist beim Einzuge der Fürstin Zeuge, wie Don Giulio, Herzog Alfonso's jüngster Bruder, der durch seine tollen und wilden Streiche fast so sehr gefürchtet ist, als man ihn ob seines sonnigen Wesens liebt, durch die Gnade der Vermählten aus dem Kerker, wohin er wegen irgend eines überkecken Abenteuers gelangt, befreit wird. Sie sieht den Jüngling, sieht in seine wunderbar schönen Augen, die gleichsam seine Zügellosigkeit Lügen strafen, und ihr Herz schreit auf: „Schade um Euch!" ruft sie laut inmitten des Volkes Don Giulio zu, alle Gebote des Anstandes vergessend. Und dieser Ruf hallt in ihr wieder, tönt in ihr nach, erweckt das Regen ihrer Seele, ohne daß sie sich dessen bewußt wird, ohne daß Don Giulio, der weiter sein lustiges Leben führt, es ahnt. Aber ein Anderer ahnt es. Das

*) Conrad Ferdinand Meyer, „Angela Borgia". Leipzig, Verlag von H. Haessel. 1891.

ist Alfonso's Bruder und Berather, der Cardinal Ippolito.
Der liebt und begehrt das Mädchen, und seine Eifersucht
macht ihn sehend und treibt ihn zu verruchtester That.
Einmal, als Angela, Don Giulio gegen die Angriffe der
Hofleute, die nichts Lobenswerthes an ihm finden, in
Schutz nehmend, die Schönheit seiner Augen preist, giebt
der Cardinal seinen bezahlten Banditen den Auftrag, Don
Giulio beide Augen auszureißen. Der Befehl wird voll=
führt . . . Jedermann weiß, wer die That angestiftet, aber
sie bleibt ungerächt. Auf seinem Landgute vor der Stadt
lebt der unglückselige Blinde, dessen empörter Zorn gegen
den Cardinal, der so unmenschlich an ihm gehandelt, gegen
den Herzog, der diese Handlung nicht nach Gebühr ge=
straft, nun geschürt wird von seinem Bruder Don Ferrante
der sich mit seinem Talent zum Verschwören und Revolu=
tioniren an seine Seite stellt. Der geplante Aufstand wird
jedoch entdeckt, Giulio und Ferrante kommen vor das Ge=
richt des Herzogs und werden zum Tode verurtheilt. Die Für=
sprache Angela's die Gewissensbisse des Cardinals retten die
Brüder, die schon auf dem Schaffot stehen, vor dem Beile, sie
werden zu lebenslänglichem Kerker begnadigt. Ferrante ver=
giftet sich, in gewohnter höhnischer Bitterkeit die Gnade
zurückweisend, Giulio wird in einen abgelegenen Thurm
gebracht, wo er, aufrecht erhalten durch den Beistand eines
vortrefflichen Priesters, des Paters Mamette, die Jahre
verbringt. Aber mittlerweile hat ein neues Element die
unarticulirten Laute in Angela's Herzen in Worte und
Gefühle gebracht. Angela mißt sich selbst und ihrem Lobe
von Giulio's Augen die Schuld an dessen Blendung zu.

In dem Verlangen nach Sühne dieser Schuld findet sie Erlösung in der Erkenntniß ihrer Liebe. Pater Mamette traut insgeheim die Beiden, die an Lucrezia eine Stütze finden. Als nun eines Tages der Herzog Angela, deren Gegenwart ihn drückt, einem langgehegten Plan folgend, mit einem Grafen Contrario vermählen will, erfährt er, was geschehen. Seine lächelnde Gnade weist nun dem Bruder ein neues Gefängniß an — das schöne weite Landgut vor der Stadt und eine neue Hüterin — Angela.

Meyer hat sich in der Anlage der Novelle an die Geschichte gehalten. Verlauf und glückliches Ende hat er, von dem Vorrechte der dichterischen Souveränität über den Stoff Gebrauch machend, umgeformt und gebildet. Das Attentat auf Don Giulio gelang in Wahrheit nicht vollkommen, ein Auge blieb dem Unglücklichen erhalten. Donna Angela heirathete ein Jahr nach dem Geschehniß den Grafen Alessandro Pio von Saffuolo. Don Ferrante und Don Giulio, 1506 vom Herzog begnadigt, blieben im Gefängniß, der Erstere bis zu seinem Tode (1540), der Andere bis 1559, worauf er die Freiheit erhielt, die er jedoch nur zwei Jahre genoß.

Eigenmächtig waltend über die Geschehnisse, hat der Dichter auch die Gestalten aus jenem Marmor gemeißelt, den er in den Werken seine Phantasie gebrochen. Da muß es denn den Leser am meisten interessiren, was und wie Lucrezia unter seinen Händen geworden. Meyer faßt Lucrezia ungefähr so auf, wie Gregorovius sie in seinem monumentalen Werke dargestellt: weder genial noch groß

angelegt, ohne starke Seele, unfähig der gewaltigen Leiden=
schaft, ein Werkzeug in den Händen von Vater und
Bruder, deren düstere Gestalten im Hintergrunde stehen,
begabt mit einem über jedweden Moralbegriff hinweg=
eilenden Leichtsinn, geschmückt mit allem zauberischen Lieb=
reiz des Weibes. Meyer geht den Problemen, welche die
Sage in den Charakter und in das Leben Lucrezia's ge=
legt, sorgfältig aus dem Wege, eben um unser Interesse
nicht von seiner gewählten Heldin, Angela, abzulenken.
Aber die alte, fascinirende Kraft, die in dem Namen
Lucrezia Borgia liegt, stellt sich diesem Bestreben des
Dichters entgegen. Ueber alle Vorgänge der Handlung hin=
weg dominirt die Persönlichkeit dieses merkwürdigen Weibes.
Darunter leidet die Gedrungenheit der Composition,
die gerade sonst Meyer's Novellen zu Meisterwerken
deutscher Prosa=Epik machte. Das Interesse zersplittert
sich, pendelt zwischen Lucrezia und Angela, um immer
wieder von Lucrezia angezogen zu werden. Meyer hat
sich bemüht, in Angela gleichsam ein Gegenstück zu Lucrezia
zu schaffen, die Frau der Renaissance in ihr verkörpernd.
Sie besitzt, was zu jener Zeit als das Ruhmvollste für
eine Frau galt, einen männlichen Geist, männliches Ge=
müth, eben die Eigenschaften einer „Virago". In der
Renaissance wollte die Frau vor Allem imponiren, die
Willkür des Mannes in Schranken halten. Im Um=
gange der Geschlechter herrschte nicht der Respect vor der
Weiblichkeit, sondern der Respect vor der Energie.
Das Weib der Renaissance hatte einen mächtigen
Bildungstrieb, dem in der Geschichte nur jener gleich=

kommt, der das Weib des neunzehnten Jahrhunderts dem
Studium und der socialen Entwickelung entgegenführt.
Nur gab es damals Etwas, das mit dem Unweiblichen
des Ringens um Wissen und Macht versöhnte; das war
die Bewunderung, die Pflege der schönen Form, jenes
künstlerische Sehnen und Vermögen, das der Zeit sein
leuchtendes Gepräge aufdrückte.

Angela ist eine Virago. Als solche stellt sie uns der
Dichter vor. Aber sie greift zu wenig selbstthätig in die
Handlung ein. Otto Ludwig bemerkt einmal: „Wie in
der Tragödie das Vorwärtsdrängen, so ist im Epos das
Retardirende im Uebergewicht." Wir müssen jedoch den
Helden, um ihn als solchen zu empfinden, im Kampfe
mit dem retardirenden Elemente sehen. Das geschieht in
dieser Novelle nicht. Angela löst zwar Handlungen aus:
sie ist Schuld an der Blendung, sie ist weiterhin mittelbar,
durch einen Besuch auf dem Landgute des Blinden, der
Anlaß zum Aufflammen der Empörung, aber sie selbst
handelt nicht, kämpft nicht, bethätigt den an ihr gerühmten
männlichen Geist in keinerlei Weise. Und so ist auch ihr
Partner, Don Giulio, eine im Grunde passive Natur, die
geschoben und gestoßen wird, kein epischer Held. Es ist
wie bei einem Schachspiel. Nicht die Figuren — hier
Angela und Don Giulio — sondern die Spieler erwecken
unsere künstlerische Theilnahme. Die Spieler aber sind
Herzog Alfonso und sein Hof, Donna Lucrezia's Reiz
und der Einfluß ihres Wesens.

Die wirklichen Träger der Action sind die Estes:
Alfonso, Ippolito, Ferrante, echte Menschen der Renaissance.

Das war eine Zeit, die Ziel und Zweck darin fand,
den Einzelmenschen vom Racenmenschen ab- und loszu-
lösen, die mit aller Kraft, mit Anspannung aller Mittel
auf die Entwicklung der Persönlichkeit hinarbeitete. Es
war, „ein glanzvoll-unheimliches Wiederaufwachen des
classischen Ideals, der vornehmen Werthungsweise der
Dinge,‟ sagt Nietzsche, dabei an jene Antike denkend, die
den höchsten Werth dem Mächtigsten, dem Tyrannen, zu-
schrieb. Das Ausmünzen der Individualität, das siegende
Hervortreten der Eigenart eines Jeden, das Ausreifen der
Menschlichkeit im Einzelnen schafft jene Gestalten, die im
Guten oder im Schlechten, im Hohen wie im Gemeinen
ein scharfes Profil zeigen.

„Unter meinen poetischen Entwürfen,‟ schreibt
Meyer einmal an den Herausgeber der „Deutschen Dichtung‟,
„lag eine Skizze, wo der kranke Ritter (Hutten) in's ver-
glimmende Abendroth schaut, während ein Holbein'scher
Tod von der Rebe am Bogenfenster eine Goldtraube
schneidet. Sie bedeutet: Reif sein ist Alles.‟ Zu dieser
Anschauung, dieser Anschauung der Renaissance, hat sich
Meyer durchgerungen. Nachdem er in seinen ersten
Werken, den Gedichten, die Kraft, die Pflicht verherrlicht,
fand er endlich, daß die höchste Menschlichkeit in der sich
voll einsetzenden Individualität bestehe. In diesem Sinne
nennt er die Dichtung: „Hutten's letzte Tage‟ seinen
Erstling.

In seinen Novellen hat Meyer reife Menschen gezeigt, Individuen in des Wortes edelster Bedeutung. Er
hat den tragischen Conflict behandelt, der ewig ist: der

Kampf des Menschen um die Einheit seines Wesens.
Meyer's Helden können wie der Hutten von sich sagen:
„Ich bin ein Mensch mit seinem Widerspruch." Aber
wer sich dieses Widerspruches, der in Jedem schlummert,
bewußt wird, wer dagegen ankämpft, ob mit Erfolg, ob
tragisch untergehend, ist ein reifer Mensch.

Die Sonne der Renaissance hat solche Reife ge-
zeitigt. „Könige des Lebens", wie Meyer die Estes nennt,
Virtuosen des Lebens blicken zu dieser Sonne empor,
greifen darnach, sich überhebend im Bewußtsein ihrer
Persönlichkeit. In der Kunst der Persönlichkeit hat es
Künstler und — Gaukler gegeben, einen Medici, einen
Aretin.

So ist die Renaissance eine Sommerzeit der Cultur
ein Blumenfest des Lebens. Und wie hat nun Meyer
diese Zeit, deren Menschen seinem Wesen so verwandt
sind, geschildert? Mit fast puritanischer Strenge ist er aller
Pracht des Colorits, allem Prunk der historischen Schaustellung ausgewichen. So wie er in seinen Versen die
Melodik und den Schmeichelklang der Worte hintansetzt,
um die Gedanken hervortreten zu lassen (man vergleiche
diesbezüglich nur die Umarbeitungen seiner Gedichte in
späteren Auflagen), so muß die Zeit zurückstehen vor
ihren Menschen. Charakteristisch ist in diesem Sinne der
Einzug Lucrezia Borgia's in Ferrara. Die Geschichte hat
wenig farbenprächtigere Schauspiele geboten. Meyer aber
benützt es einzig und ausschließlich, um die Figuren seiner
Novelle in den Rahmen derselben zu stellen. Er baut
seine Welt auf ungefähr den Principien, denen die Archi-

tekten, die Zeitgenossen Lucrezia's gewesen, gefolgt sind.
Die wußten jeden Gedanken an das Massige des Ge=
bäudes, an das Lastende und Tragende des Gebälkes zu
vermeiden, durch offene Hallen, Arcaden und Loggien
immer neue Ausblicke zu gewinnen. Dabei aber ist Meyer's
Darstellungsart durchaus modern: sie ist eine Stimmungs=
kunst. Sie ist, so befremdlich dies klingen mag, verwandt
jener Technik moderner, französischer Meister des Romans,
bei denen Mangel an Zeichnung, oft die Plastik erhöht,
indem der Leser zur ergänzenden Mitarbeit gezwungen
wird. Meyer malt nicht, er deutet an. Um ihn zu
verstehen, zu würdigen, zu genießen, bedarf es des Lesers
mit den verfeinerten Sinnen, der die Kunst der Empfäng=
lichkeit besitzt, der seine eigene Phantasie in den Dienst des
Dichters zu stellen vermag. Auf dieser technischen Unter=
lage einer Meisterschaft im Erwecken, Erregen und Be=
einflussen unserer Stimmung begründet Meyer sein Werk.
Er packt uns mit dem Contrast, läßt vom doppelten Lichte
desselben seine Figuren beleuchten: Der Cardinal Jppolito,
der seinen ersten Gang, als Genesender von schwerer
Gewissenskrankheit, über Strohteppiche macht, die Giulio
im Kerker geflochten, ist ein typisches Beispiel für die in
ihrer Einfachheit große Kunst der Gegenüberstellung, die
immer innerlich, nie theatralisch wirkt.

Hat Meyer eine Saite unseres Gemüthes in Schwingung
versetzt, einen Ton angeschlagen, so legt er ihm den Re=
sonanzboden des Pathos unter. Aber dies ist kein Pathos
des Wortes, sondern, man könnte sagen, ein Pathos der
Stimmung. Aus dieser heraus fallen dann helle Lichter

auf gewiſſe Höhepunkte, auf charakteriſtiſche Details. Wie Shakeſpeare hebt Meyer nur dann eine Einzelheit heraus, wenn durch dieſe eine Figur oder die Action in ihrer Plaſtik erhöht werden kann. Das Zweckbewußtſein des Details unterſcheidet eben den Künſtler vom Naturaliſten. Hier kommt Meyer das ſcharfe Auge des Bergbewohners, das ihm als Schweizer eigen iſt, trefflich zu ſtatten. Dieſes ſcharfe Auge kehrt ſich aber auch nach innen, die Arbeit des Geiſtes beherrſchend. So zügelt der Verſtand die Phantaſie, die Waſſerkraft des Wildbachs verſprüht nicht in der Luft: Das Märchen, das Gleichniß ſpielen eine wichtige Rolle im Haushalte ſeiner Erzählungskunſt.

In ſeinen Gleichniſſen liebt Meyer den Bilderkreis der Antike. Und an die Antike erinnert auch oft die Art, wie ein Bild in das Beiwort gelegt wird. Aber auch ſonſt hat das liebevolle Studium der alten Claſſiker, das Meyer lang gepflegt, Spuren, abſichtliche wohl nicht minder als unabſichtliche, in ſeiner Schreibart hinterlaſſen. Wer des Dichters Satzbau betrachtet, wird eine gewiſſe Latinität darin bald erkennen. Inverſionen, den claſſiſchen Rednern und Hiſtorikern eigenthümliche Redewendungen, die Gliederung der Perioden hat Meyer von Rom gelernt; in ſeiner Sprache lebt auch eine Wiedergeburt. Und ſo erklärt es ſich, warum ſeine Renaiſſance-Novellen uns mit gewaltigem Griffe in jene Zeit zurückverſetzen, wo ein neues Römer-thum aus dem Boden ſtieg. Ein Spätling der Renaiſſance hat ſie geſchrieben!

„Angela Borgia" zeigt den Stil Konrad Ferdinand Meyer's von allen Seiten. Wir begegnen in ſeiner letzten

Novelle auch jenen, sagen wir, seltsamen Constructionen, die auf Rechnung des ihm in so hohem Grade eigenen Triebes nach Verdichtung zu setzen sind. Je weiter Meyer fortschreitet, desto stärker tritt dieses Bestreben nach Con= densirung zu Tage, in der Charakteristik der Personen, in der Entwicklung der Handlung, in der Aussprache der Gedanken wie in dem Baue der Sätze. Man sieht ordentlich die Arbeit des Mannes, der sich bemüht, alle Strahlen, die durch sein dichterisches Ingenium gehen, in einem Brennpunkte zu sammeln. . . .

P. K. Rosegger.
(Zu seinem fünfzigsten Geburtstage.)

„Beim Klupenegger", einem Bauernhause auf der Alpe bei Krieglach im Mürzthale, kam am 31. Juli 1843 ein Knäblein zur Welt, das bei der heiligen Taufhandlung den Namen Petri Kettenfeier erhielt. Aus dem Bauernbübel, das gar gerne studirt hätte, um ein „Geistler" zu werden, was aber aus Mangel an Geld und Unterstützung nicht ging, wurde später ein Schneiderlein, und aus dem Schneiderlein wurde später ein Dichter, und der feiert heute seinen fünfzigsten Geburtstag. Ganz Steiermark begeht ihn mit ihm und ist gar stolz auf seinen Poeten und sendet den Juchschrei seiner Freude weit hinaus über die Grenze in alles deutsche Land, sicher, daß er lauten Widerhall finden wird.

Es hallt aus den Festlichkeiten, die geplant werden, der starke Grundton nationalen Gefühls. Das ist recht so. In den Briefen eines Vaters an seinen Sohn schrieb Rosegger einmal: „Der humane Nationalismus ist die Liebe und Opferwilligkeit eines Menschen für sein Volk, der Stolz, ihm anzugehören, das Bestreben, seine materiellen wie seine idealen Güter zu vermehren und zu befestigen."

Mit solcher Liebe und solchem Stolz hat Rosegger an seinem Werke gearbeitet, und solches Bestreben lieh seinen Worten die Schwingen des Vogels, der über Thal und Berg sich zur Sonne hebt. Aus dem Volke hat er seine Kraft geschöpft, dem Volke hat er seine Kraft gegeben, und des Volkes Dank wird ihm nun zu Theil. Das ist die rechte Dichterweihe.

Die Liebe zur Heimat ist für Rosegger der Stütz= und Angelpunkt seines Schaffens. Das ist eine Liebe mit allen Wonnen und allen Schmerzen, mit allen Träumen und allen Gewalten. In ihren Wonnen fand er· seine herz= tiefsten Töne, in ihren Schmerzen seine Läuterung und seine Erhebung. Wenn er den Fuß über die Gemarkung seines Bodens setzte, da wurde das Heimweh sein be= ständiger Begleiter, wurde die Quelle seiner Leiden. Da packte ihn die Sehnsucht und jagte ihn heimwärts, bis er aufathmend wieder in seinem Walde stand, die Glocken des Dorfes hörte und das Abendroth auf den Höhen sah. Die Sehnsucht ist die Mutter aller Poesie. Sie birgt in ihrem Schoße Ahnen und Hoffen, sie steht auf der Straße des Lebens und vor der Pforte des Todes. Sie haucht dem Dichtwerke die Seele ein, sie schenkt der Menschheit die Ideale. Der Waldschulmeister im Winkel schrieb es in sein Tagebuch: „Es ist die Sehnsucht, die wir Alle empfinden, ob seichter, ob tiefer, die Sehnsucht nach dem Ganzen, Allgemeinen, nach dem Wahren, aber Unfaßbaren, in dem unsere drängende, strebende, bangende Seele Ruhe und Erlösung zu finden hofft." Und Sehnsucht nach der Heimat und Sehnsucht nach dem Wahren haben in Rosegger

den Dichter erweckt. Wie in dem alten deutschen Märchen
der Wanderer dem Tone des Glöckleins folgt, das mit
seltsamem Rufe aus dem Walde an sein Herz schlägt, so
hört Rosegger, nach seinem eignen schönen Worte, irgendwo
ein Glöcklein klingen, im Erdengrund oder unter den Sternen,
das ihm allerwegen ruft und das ihn die Sehnsucht lehrt.
Seine Phantasie aber ist es, die ihn auf den Pfaden der
Sehnsucht geleiten soll.

Rosegger schildert und erzählt, was er sieht und was
er erlebt. Aber um das Geschaute und Erfahrene schlägt
seine Phantasie einen bunten Mantel. Er hat ein wunder-
bares Auge für die Landschaft und ihre Einzelheiten, für
Farbe und Form der Dinge, er hört alle Stimmen der
Natur. Und mit den abertausend Zügen, die seine Erinnerungen aufbewahrt, schafft er Bilder und Scenen und breitet
über sie die Stimmung seines Herzens. Er ist der Dichter
der Tannen, der Sänger des Sturmes, er kennt den Zauber
des Hochwaldes im Winter und seine Geheimnisse im
Sommer. Und wie er vor unseren Augen eine Landschaft
aufbaut, ein scharf geschautes, scharf gezeichnetes Stück an
das andere setzend, so malt er auch ein Menschenbild, so
entrollt er ein Leben. Da fügt sich Scene an Scene, Strich
an Strich, da schiebt sich die Handlung allmählich vorwärts,
Schritt für Schritt, da in einer Episode neue Wurzel
schlagend, dort in einem Gemälde mit hellen Lichtern und
tiefen Schatten ihre ganze Kraft sammelnd. Die Geschichte
ist nicht die Hauptsache, wohl aber dieses Spiel von Licht
und Schatten. Bei einer Landschaft bedeutet dieses Spiel
die Stimmung, bei einem Menschenleben Tragik und

13*

Humor. Und wie die Tragödie und die Posse des Lebens mit- und ineinanderlaufen, so verschlingen sich auch bei Rosegger Scherz und Ernst, so reichen bei ihm Wonne und Leid des Daseins sich die Hände. Rosegger's Humor ist schier unerschöpflich wie der Volkswitz, aus dem er seine Nahrung zieht. In den Dialektdichtungen, in den Schwänken und Schnurren, in den Sittenbildern aus der Alpenwelt, in mancher Figur und mancher Episode seiner Romane hat dieser Humor lachend Schabernack und Kurzweil getrieben. Er hat, mit Lodenrock und Lederhose angethan, die Welt in Betrachtung gezogen und curiose Dinge mit dem Rauche seiner Pfeife hineinphilosophirt. Er steht mit dem lieben Herrgott auf dem besten Fuße und hat mit allen Gewalten des Lebens fest gerauft. Er hat auf der Ofenbank alle Mysterien des Daseins gelöst und hat das gar nicht schwer gefunden. Und neben diesem Humor, mit dessen Hilfe der Dichter von steierischen Bergen herab gemüthlich in's Weite und in's Tiefe schaut, kennt er auch die Komik und den schlagfertigen Witz, den Spaß, der mit dem Wortspiele beginnt und bis zur lustigen Derbheit geht.

Aber es ist nicht das Lachen, das die Grundaccorde in seinen Schöpfungen anschlägt, wenn es auch fast in keinem seinem Werke fehlen mag. Es tanzt nur in fröhlichen und weiten Sprüngen über den stillen Spiegel seiner Seele. Aus dieser steigt die feierliche Melancholie seines Waldschul= meisters empor, aus dieser schlägt die gewaltige Brandung des Gottsuchers. Diese beiden Bücher: die „Schriften des Waldschulmeisters" und der Roman „Der Gottsucher", sind ohne Zweifel die Gipfelpunkte seines bisherigen Schaffens

Jenes steht im Zeichen der rückwärtsschauenden Reflexion,
dieses im Zeichen des vorwärtsstürmenden Kampfes, jenes
ist der Lyrik des Waldes geweiht und dieses seinem furcht=
barsten Drama. Wenn man den Gottsucher liest, ein
Buch, das seinen besonderen Platz im deutschen Schrift=
thum hat, wie etwa eine mächtige Edeltanne auf der
Höhe, so glaubt man zuweilen, man wohne einer jener
Darstellungen von Christi Leiden bei, wie sie von einfacher
Bauernbühne herab unser Gemüth ergreifen. Die Naivetät
der Schauspieler verdoppelt die tragische Wirkung. So
trägt auch hier die ursprüngliche Naivetät des Dichters,
die im kunstmäßigen Schaffen nicht verloren ging, die
Passion menschlichen Geschickes, die er uns zeigt. Wie
durch seine hochdeutsche Rede immer wieder der Dialect
durchschimmert, so tritt hinter dem Kunstdichter nicht selten
der Mann hervor, der ein echtes und rechtes Bauern=
herz unter dem Brustfleck hat. Beide, der eifrige Schüler
unserer großen Dichter und das treue Kind seiner heimat=
lichen Berge und Wälder, ergänzen sich zu harmonischem
Bilde.

Ueberaus einfach und schlicht ist die Philosophie
Rosegger's, seine Lehre von Gut und Böse, als deren
Beispiele seine Gestalten gelten können. Es ist die Weis=
heit des Herzens, die aus ihr spricht. Irgendwo hat er
ihre vornehmlichsten Gebote zusammengefaßt: „Seine Pflicht
erfüllen; die Widerwärtigkeiten mit Geduld ertragen; freudig
das Gute schaffen und genießen; den Tod nicht scheuen.“
Die Barmherzigkeit steht über all seiner Wissenschaft.
Dem Feinde Gutes thun, seine Rachbegier unterdrücken

um der Liebe willen, das sind die Sätze, die seinem Drama „Um Tage des Gerichtes" die Pfeiler sind. Und am Ende seiner Weltanschauung und Lebensbetrachtung steht das tiefe, friedsame Wörtlein: Ergebung! Die christlichen Tugenden sind es, die Rosegger verherrlicht, aber er preist sie nicht an als Fanatiker der Moral, sondern er zeigt sie uns verklärt vom stillen Lichte seiner Liebe und Güte. Er ist gläubig und mit seinem Gott im Reinen, mit jenem Gotte, den er fand, als er hinabstieg auf den Grund seines eigenen Herzens. Er schrieb einmal: „Ich liebe die Feste der katholischen Kirche. Es mag sein, daß mich aus denselben die seligen Zeiten der Kindheit und Jugend wieder anwehen; es mag sein, daß dieser große Cultus mich darum bezaubert, weil er es vermag, das Gute mit dem Schönen zu verbinden und so Beides volksthümlich zu machen. Die Schäden und Mißstände, die auch hier vorkommen, lernt man allmählich entschuldigen, weil man zur Einsicht kommt, daß es auf Erden nichts Vollkommenes giebt; manches Häßliche lernt man übersehen, manches Pharisäerhafte überhören, im Strahle der Kerzen, unter den Klängen der Orgel und des Volksgesanges, inmitten von betenden, weinenden, in Andacht erhobenen Herzen feiert man still für sich und frei von den Fesseln seinen Gottesdienst." Und die versöhnliche evangelische Stimmung, die aus diesen Worten spricht und die das Häßliche und Schlechte verhüllt, offenbart sich in Allem, was der Dichter geschrieben. Es ist ein Lieblingssatz von ihm, deß Alltags= menschen den Himmel suchen, die auserwählten Sonntags= kinder aber Gott. Auch Rosegger ist ein Gottsucher!

Wie dem Helden seines Romanes Gott sich im Feuer
offenbart, so sind auch ihm Licht und Wärme Inbegriff
der Gottheit. Er ist ein Schwärmer für Alles, so leuchtet
und wärmt, mag es nun ein Wort, ein Herz, ein Gedanke
sein. „Sei wie das Feuer, wenn es Dir gefallen soll —
sei warm, so wirst Du Dir und Anderen zur Freude
sein!" Das ist der Spruch, den er für die ihm Be=
gegnenden hat.

Aber sein Glaube an die Erlösungskraft der Güte,
an den endlichen Sieg der Liebe — denn Güte und Liebe
sind ja die Wärme und das Licht! — beruht auf seinem
festen Weltvertrauen. In seinem letzten, erst jüngst er=
schienenen Buche „Gute Kameraden" bemerkte er bei der
Beurtheilung Anzengruber's: „In seinen großen Werken
war er von jenem Optimismus durchdrungen, den jeder echte
Dichter haben wird und der sich in der Dichtkunst nicht
in heiteren Idyllen äußern muß, sondern vor Allem da=
durch, daß die poetische Gerechtigkeit waltet. Denn es ist
nicht wahr, daß in der Welt stets das Laster siegt und
die Tugend untergeht, es ist vielmehr wahr, daß die Schuld
sich rächt und die gute That Segen bringt. Aber auf der
Hand liegt das nicht immer; etwas tiefer muß man blicken,
um das göttliche Walten zu erkennen." Rosegger sieht
die Wege der Menschheit aufwärts führen, und er selbst
schreitet frohgemuth bergan. Den Alpenstock in der einen,
die Axt in der andern Hand, klimmt er empor. Da gilt
es über Abgründe zu setzen und uralte Bäume, die fast
schon in den Himmel wachsen, zu fällen. Rechts und
links, da nicken Dolden und Blüthen und lustige Beeren

und die Alle sieht der Wanderer und hat einen Scherz
für sie. Und mit jedem blümelsauberen Mägdlein, mit
jedem kecken Jäger, der ihm begegnet, tauscht er fröhlich
Rede und Gegenrede, und jedes Echo ruft er an mit
lustigem Rufe. Aber wenn er auch singt und lacht, er
denkt doch immer in seinem Ernste an die Höhe vor ihm
und an die Schaar, der er voranschreitet. Die will er aus
den Niederungen des Unverstandes und der Rohheit in
die freie Bergwelt geleiten . . .

Mannigfache Einflüsse haben sich in Rosegger's dichte-
rischem Schaffen geltend gemacht. Lange angedauert hat
keiner; er ist stets seinem eigenen Wesen treu geblieben.
Dieses Wesen liegt offen zu Tage, wo immer man seine
Bücher aufschlägt; wenn man gar tiefer in sie eindringt,
so fühlt man den leisen Duft der romantischen Wunder-
blume und sieht kleine Wölkchen des mystischen Weihrauchs
verflattern. In eigenthümlicher Mischung verbinden sich
bei ihm Realismus und Idealismus. In der Auffassung
und Beobachtung, in der richtigen Würdigung der charakteristischen Einzelheit, in der Betrachtung, des Lebens und seiner
Wirklichkeit ist er der Wirklichkeit treuer Erkenner. Von
der Natur, von richtig Geschautem und richtig Erkanntem
geht seine Kunst aus. Und nun, wenn er daran geht,
seinem Realismus Form zu geben, ein Kunstwerk zu
schaffen, aus den Stücken, die seine Erinnerung ihm bietet,
ein Ganzes zu machen, so bindet ein über dem Realen
schwebender Geist die Theile zusammen. Dieses geistige
Band, gewoben aus Gefühlen und Gedanken, kennzeichnet
den Idealismus — und den wahren Dichter. Freilich

darf es nicht wie ein Schleier vor den Augen liegen, wie
ein Nebel sich zwischen den Dichter und die Welt stellen.
Wer aber auf seiner Erde mit so kräftigem Fuße steht
und als oberstes Gesetz nicht nur bei einem Blicke in
die Landschaft, sondern auch bei einem Blicke in das
Leben die Klarheit anerkennt, der weiß sich bald vom
Schleier zu befreien, wenn er ihm doch manchmal vor's
Auge rutscht. Auch in Rosegger's Sprache verbinden sich
zwei Elemente zu tönendem Metall. Wie Gold und hartes
Erz verschmelzen Mundart und Schriftsprache. In der
Behandlung seiner Rede zeigt sich Rosegger als echter
Meister. Er prägt neue Worte, gewinnt alten einen neuen
Klang ab, er weiß durch ihre Stellung, durch ihr Gefüge
und Geschiebe ihre Wirkung zu erhöhen und zu verstärken.
Er weiß nicht nur im Wortschatze seines Dialektes, sondern
auch in dessen Denk- und Anschauungsweise — denn jeder
Dialekt hat seine eigene Seele — Töne, Farben und
Schattirungen zu finden. Den Stil eines Menschen bestimmt
und gestaltet zum großen Theile seine Umgebung: in die
Schule des Waldes und seiner unendlichen Schönheitsfülle
ist Rosegger gegangen.

Wohin immer er seine Schritte lenkt, er vergißt nie
des Lesers, der ihm folgen soll, sagt und erklärt ihm
Alles, hilft ihm bei beschwerlichen Stellen, bespricht sich
mit ihm, weiß sich mit ihm vertraut zu machen. Das
Zwiegespräch zwischen Erzähler und Hörer schließt Geschichte
und Schilderung wie ein Rahmen ein. Rosegger ist immer
subjectiv; er richtet und lobt, er zeigt und deutet Alles im
Lichte seiner Meinung, seines Empfindens.

Aber in eben dieser Subjectivität steckt ein groß Theil seiner Bedeutung für sein Volk, er ist der Bildner und Lehrer des Volkes, sein Mahner und Berather. Mag er ihm nun tausend Schwänke erzählen oder die düstere Geschichte von einem zu Grunde gehenden Bauernstande (wie in „Jacob dem Letzten“), immer liegt ihm des Volkes Wohl am Herzen. Mit diesem Herzen hat er eine große Gemeinde gewonnen im Süden und im Norden: seine Schriften haben den Weg gefunden, den sie gesucht, sie haben sich in das Gemüth dieser Gemeinde gegraben und es dem Guten und Schönen erschlossen.

Ferdinand v. Saar.

(Zu seinem 60. Geburtstage.)

Es ist keine lange Reihe von Werken, auf die heute Ferdinand von Saar, vor der Schwelle seines sechzigsten Jahres stehend, zurückblicken kann. Es sind nur einige schmale Novellenbände, ein halbes Dutzend Dramen, ein Band und ein Heft Gedichte. Ein einsamer Ruthengänger, suchend und prüfend, ging der Dichter durch's Leben. Wo der Stab in seiner Hand sich bewegte, wo es in seinem Herzen zuckte, da fand er im Getriebe des Daseins, im Lärm der Welt ein seltsames Schicksal, ein eigenartiges Empfinden, und eine Novelle erstand oder ein Gedicht. In langsamer und doch eifriger Arbeit, die nicht nach dem Rufen des Marktes fragt, sondern sich selbst Genügen erringen will, hat Saar der Kunst gelebt. Spät erst fand sein Name den Weg auf die Lippen der Menge. Nun aber klingt er laut. Nun feiert Oesterreich seinen Poeten.

Oesterreichischem Boden sind seine Novellen entsprossen. Bald athmen wir in ihnen die Luft der Kaiserstadt, bald sehen wir von einem stillen Schlosse in mährisches Tiefland, bald rauscht die Moldau an uns vorüber. Selbstge=schautes, Selbsterlebtes berichtet der Erzähler. Seine Land=

schaften haben die charakteristische Färbung des Selbstge-
schauten, und seinen Menschen sieht man es an, daß der
Dichter mit ihnen gelebt hat. Mit Ausnahme einer
einzigen („Schloß Kostenitz") sind alle Novellen Saar's Ich-
Novellen. Der Erzähler selbst steht im Mittelpunkte des
Interesses. Er fordert individuelle Theilnahme; und diese
muß ihm auch in reichem Maße werden, Dank der Kunst,
mit welcher Saar die Fäden des Schicksals mit den Fäden,
die zwischen Herz und Verstand laufen, zu verknüpfen
weiß. Er liebt es aber nicht, dieses Spiel und Gegenspiel
von äußerem und innerem Geschehen in grellem Lichte zu
zeigen. Er zieht es vor, das Dämmern der Gefühle zu
beobachten, auf jene Schwingungen des Herzens und des
Gemüthes zu hören, die noch nicht die Kraft des vollen
Tones haben, jene langsame, gleichsam unbewußte Arbeit
des Geistes zu erforschen, die dann einmal blitzartig her-
vorbricht und dem Menschen die Erkenntniß seines Lebens
giebt. Es handelt sich in diesen Novellen nicht um große
erschütternde Ereignisse, deren Folgenreihen uns in Spannung
setzen soll, sondern um das Blühen, Reifen und Welken
von Gedanken und Gefühlen. Und eine herbe Weisheit
klingt durch: eine Weisheit der Entsagung! Fremdes Leid
soll Entsagung lehren. Und es ist ein ewiges Fragen
nach dem selbstischen Verschulden fremden Leidens. Ueberall,
wenn auch manchmal nicht in klaren Worten bekämpft
Saar „das furchtbar gedankenlose Pharisäerwort: „Durch
eigene Schuld!" Er sucht immer die Schuld am Unglück
Anderer in sich selbst. Und er fügt leise hinzu: „Unab-
lässig lauert die Gefahr, schuldig zu werden."

Eigenthümlich ist bei Saar das stets wiederkehrende
Motiv der einseitigen Liebe, des zu tiefst in einem Herzen
verborgenen Gefühles, das den Charakter formt und den
Weg bestimmt und von dem das Wesen, dem es gilt, Nichts
weiß oder Nichts wissen will. Meistens ist es das Weib,
das an seiner unerwiderten, ungewürdigten oder uneinbe=
kannten Liebe physisch oder psychisch zu Grunde geht.
(„Die Geigerin", „Der Excellenzherr", „Das Haus
Reichegg", „Ginevra", „Geschichte eines Wiener Kindes".
In zwei Novellen aber ist es der Mann, der die Tragödie
des einsam ringenden Herzens durchkämpft, und gerade
diese Novellen („Innocenz" und „Lieutenant Burda")
zeigen die Eigenart des Dichters in der künstlerisch reinsten
Form. Diese beiden Werke sind gleichsam die Pole seines
Schaffens. Mag uns der Dichter von dem Pfarrer auf
Wyschehrad berichten, der die auflodernde Leidenschaft in
seiner Brust bezwingt, als ein wahrer Held der Pflicht,
als ein wahrer Priester, der sich vergessen und besiegen
muß, wenn er für Andere schaffen will; mag er uns von
dem Lieutenant erzählen, der in seiner Phantasie einen
Roman mit einer Prinzessin durchlebt und bis zu seinem Tode,
den er für sein Phantom erleidet, an dieses und an seine
Wesenheit glaubt — immer lauschen wir den Pulsschlägen
eines Herzens, das die echte Liebe kennt und also auch
der Liebe Leid. Die stille Größe der Innocenz ist der
Einfalt Burda's zunächst verwandt.

Im „Lieutenant Burda" trägt eine Reihe kleiner
Zufälle die größte Schuld an der Wahnidee des Verliebten.
Hier besonders zeigt sich die Neigung Saar's, den Zufall

als Factor in der Composition seiner Novellen zu verwenden. Saar sagt einmal: „Der Zufall ist nichts Anderes
als geheimnißvolle Nothwendigkeit." So wirkt er auch
als künstlerisches Moment. Denn wenn das innere Leben
eines Menschen uns klar erscheint, wenn wir die Art
kennen, wie Denken und Fühlen bei ihm sich ergänzen und
ineinandergreifen — und dies darzustellen schuldet uns der
Poet — so empfinden wir eine von der Außenwelt gegebene Gelegenheit, die es ermöglicht, daß Gedanken und
Gefühle sich zu Thaten umsetzen, nicht als Willkür, sondern
als etwas vom Charakter der handelnden Person Bedingtes.

Durch alle Novellen Saar's klingt eine elegische
Stimmung. Ein melancholischer Duft liegt über den
Dingen. Nicht im heftigen Kampfe, sondern in „befreien-
der Wehmuth" entwirren sich die Ereignisse. Beschauliche
Einsamkeit ist das Glück, dem sein Streben gilt.

Und diese Accorde, die, leise angeschlagen, durch seine
Prosa zittern, sind die Orgelpunkte seiner Lyrik. Wenn
er in Tönen philosophirt, so kommt seine Gedankenreihe
zu dem Schlusse, den er in dem Gedichte „Zuletzt" ausgesprochen:

Weh' dem, der da sein eignes Thun zu richten
Begonnen hat! Dann zählt er zu den Kranken,
Und schaudernd fühlt er keimen den Gedanken:
Sich selbst erkennen, heißt sich selbst vernichten.

Denn auf sein Wesen muß er stumm verzichten,
Und wie die liebsten Hoffnungen ihm sanken,
Lebt er dahin in haltlos ödem Schwanken
Und wünscht den Tod herbei, die Qual zu schlichten.

Darum frohlockt nicht so beim Weiterschreiten!
Das Dasein ist ein großes Sichbesinnen —
Und ein Erkennen jeder Sieg im Streiten.

Die Menschheit wird sich selber nicht entrinnen;
Denn ob sie scheinbar auch nach außen leiten:
Die Fäden führen doch zuletzt nach innen.

So wird ihm jedes Begebniß zum Anlaß, sich in sich selbst zu versenken, eben diesen Fäden, die aus der Welt der Dinge in die Welt der Gedanken führen, nachzugehen, neue Worte und Farben suchend nicht für das Sichtbare, sondern für das Verborgene, Unsagbare, für das unergründlich Geheimnißvolle der Menschenseele. Noth, Kummer und Dulden haben in seiner Seele gewohnt und dort ihre Zeichen hinterlassen. Nicht im wilden Schmerze, nicht in heißer Empörung spricht bei Saar das Leid: es klärt sich ab zu stiller Trauer, zu bangem Weh'. Der Freude, dem Lockenden des Daseins aber steht er scheu gegenüber. Einem düster schönen Falter, dem Trauermantel, folgt der Dichter auf seinem Fluge:

Sinnend blick' ich Dir nach,
Du dunkel Geflügelter!
Ach, wie so ganz
Gleicht meine Seele Dir,
Die in sanfter Schwermuth,
Tief verlangend und doch entsagungsvoll,
Ueber des Lebens
Holden Verheißungen schwebt —
Um immer wieder
Zurück zu flüchten
In einsame Schatten.

In der Einsamkeit, in milder Abendstimmung, wenn der Herbst durch die Gärten schreitet, sein buntes Gewand mit ernster Geberde um sich ziehend, fühlt sich Saar am wohlsten. Es ist die Zeit des Erinnerns und der Betrachtung. Und das Kleinste, das Alltägliche, selbst das Triviale kann für den wahren Poeten, kann für Saar Anregung sein. Die Telegraphendrähte, der rollende Eisenbahnzug haben dem Dichter, der seiner Zeit in's Auge schaut, Eigenes verkündet. Und hie und da, vereinzelt, aber doch vernehmlich, hallt durch die Verse der düstere Sang vom socialen Elend und von socialer Noth. Doch immer geht Saar dem lauten Tone sorglich aus dem Wege. Wenn ihn sein Pfad hart an den Rand des brandenden Lebens führt, so flüchtet er rasch wieder in friedliches Gefild. Dann „träumt Vergangenheit still in die Zukunft hinein", dann wird das sinnende, rückwärts schauende Verweilen des Elegikers zur Quelle seines Schaffens.

Dieser Quelle entstammen seine reizumflossenen „Wiener Elegien". Ein treuester der Söhne der schimmernden Stadt an der Donau hat sie gedichtet, hat sein Wien segnend gepriesen. Alt- und Neu-Wien durchwandert der Poet; bei jeder Stelle, die ihm bedeutsam gewesen, erklingt sein Gemüth. Und seltsam! An einem Hause geht er raschen Schrittes vorbei, es nicht nennend — und doch ist dieses Haus ein heiliges Wahrzeichen Wiens in alter und in neuer Form, und das Auge Saar's hat gar oft mit heißem Verlangen darauf geruht. Vom Wiener Burgtheater steht kein Wort in den „Wiener Elegien."

Von den Dramen Saar's wurde nur eines: „Die beiden de Witt" im Burgtheater aufgeführt (16. December 1878), ohne daß es sich im Repertoire gehalten hätte. Die Aufführung seines „Thassilo", sicherlich seines bedeutendsten und wirksamsten Bühnenwerkes, wurde wiederholt in Aussicht gestellt. Nun schweigt auch lange schon das Versprechen. Und doch ist gerade das dramatische Talent Saar's ein solches, das der Bühnensonne bedarf, um zu reifen und schöne Früchte zu tragen. Es hat den Endpunkt seiner Entwicklung noch nicht erreicht.

Anläßlich der „de Witts" schrieb Ludwig Speidel: „Es sind weniger die Personen als die Verhältnisse, die das entscheidende Wort sprechen." Saar's Dramatik — und ihre Schwäche sind mit dem einen Satze, so mächtig in seiner Einfachheit, charakterisirt. Die Handlung erdrückt den Dichter und den Helden. Dabei aber ist die Handlung zu sehr als Folge von Ereignissen gedacht, zu wenig als lebendiger Ausdruck der Idee. Im Helden soll sich die Idee verkörpern, und also sei er Träger und Mittelpunkt der Handlung. Das ist aber bei Saar in geringem Maße der Fall. Ueber die Personen hinweg, sie zu Boden werfend, stürmt das Geschick. Eigenthümlich für die Compositionsweise Saar's ist der Umstand, daß oft erst am Schlusse der Conflict aufflammt, die Idee des Dramas sich verdeutlicht. In der letzten Scene des „Hildebrand" („Kaiser Heinrich IV.", erster Theil) blicken wir erst in die Motive des Riesenkampfes zwischen Papst und Kaiser. Eifersucht der Macht und Eifersucht der Liebe sind hinter Gregor gestanden. Denn Gregor, der das Cölibat erfand,

weil er auf Frauenliebe verzichten mußte, neidet Heinrich
nicht nur seine Macht, sondern auch die Liebe der Gräfin
Mathilde, die diese, eine echt Saar'sche Figur, tief in
ihrem Herzen verbirgt. So enthüllt sich erst am Schlusse
von „Heinrich's Tod" der Charakter des Kaisersohnes,
der, obwohl er seinen Vater liebt, doch rücksichtslos ihm
das Scepter entreißt. So fällt Thassilo, der die Freiheit
seines Bayerlandes gegen König Karl, seinen Lehens-
herrn, vertheidigt, durch den Pfeil des Sachsenherzogs
Wittekind, der damit seine That entschuldigt:

> Das Haupt erheben durfte Keiner mehr,
> Wo Wittekind das seine schon dem Joch
> Gebeugt.

Nun aber spielt das Stück zwischen Thassilo und
König Karl, nicht zwischen Thassilo und Wittekind. Es
sei jedoch gleich zugegeben, daß gerade dieses Moment,
das erst am Ende auftaucht, ein echt dramatisches ist, wie
denn überhaupt alle diese Conflicte, die wir eben besprochen,
wohl geeignet wären, starke tragische Wirkung zu üben,
wenn sie klar und deutlich in der Mitte des Stückes
stünden und nicht am Ende.

Es ist seltsam, daß in Saar's Dramen das Weib,
oder besser gesagt, die Liebe zumeist in den zweiten Plan
gerückt wird. Mann steht gegen Mann. Rücksichts-
loser Wille paart sich nicht selten mit der Erkenntniß,
daß das zu Bekämpfende das Stärkere, ja vielleicht auch
das Bessere ist. So im „Heinrich IV.", so in „Thassilo",
so in den „Beiden de Witts". Und doch ist in jedem
der Stücke ein Liebesdrama versteckt, hier zur Episode ver-

kümmert, dort erst am Schlusse sich entfaltend, dort gewaltsam in den Hintergrund gedrängt. Und in den beiden
Werken, die eine Ausnahme zu machen scheinen, den
Eifersuchtsdramen „Tempesta" und „Eine Wohlthat", spielt
das Weib jene passive Rolle, die zwar unser menschliches
Mitleid, nicht aber tragische Theilnahme erregt. Hier
wird der Kampf gleichsam über den Kopf des Weibes
hinweg gekämpft.

Doch all dieser Compositionsgebrechen der knarrenden
Gelenke, der ungeschickten Anordnung der Räder im Mechanismus seiner Dramen wäre Saar bewußt geworden, wenn
er seine Stücke auf der Bühne gesehen hätte. Und die
Bühne als große Lehrmeisterin hätte ihm sicherlich auch
gesagt, daß es nicht thunlich ist, die Handlung von Monolog zu Monolog fortschreiten zu lassen. Im Monolog,
der immer ein lyrisches Element im Drama bleibt, steigt
Saar's Kraft am höchsten. Aber nicht der Monolog,
sondern das Zwiegespräch ist die Seele des Dramas. Nie
verleugnet Saar den Dichter: auch dort, wo seine Dramen
versanden, führen sie Gold mit sich.

Als Lyriker und als Novellist hat Saar die Höhe
seiner Kunst erklommen. Dem Dramatiker kleben die
Flügel noch am Leibe. Mög' ein Erfolg sie ihm lösen!

V.

Deutscher Humor.

Was ist Humor?

Es ist oft und Mancherlei versucht worden, auf diese Frage eine abschließende Antwort zu geben. Man kann aber nicht behaupten, daß dies gelungen wäre. Wenn Jean Paul sagt, Humor ist das umgekehrt Erhabene, wenn Schopenhauer findet, Humor sei das Umgekehrte der Ironie, der hinter den Scherz versteckte Ernst; wenn Carrière ihn die Dialektik der Phantasie nennt und neuere Aesthetiker ihn als eine Mischung des Rührenden mit dem Lächerlichen oder als ein Mischgefühl von Spott und Mitleid bezeichnen, so mögen all die Erklärungen in dem oder jenem Falle wohl zutreffen, aber von einer das Gebiet des Humors umgrenzenden Definition sind sie gleich weit entfernt.

Doch giebt es nicht, um diesem, wie Wilhelm Scherer meint, „etwas fatalen Ausdrucke Humor" an den Leib zu rücken, vielleicht einen anderen Weg, als den der philosophischen Deduction? Wir haben es versucht, das allem Humor Gemeinsame zu finden, indem wir vom Technischen ausgingen und Art und Weise in Betracht zogen, wie der Humorist arbeitet und wie sein Werk humoristische Wirkung übt. Diesen Versuchen gemäß wäre der Humor die durch das Gemüth bestimmte Betrachtung

eines Gegenstandes von einem Standpunkte aus,
der demselben nicht angemessen zu sein scheint. Sei
es nun, daß dieser Standpunkt zu hoch, zu tief, zu nah' oder
zu fern ist, daß er uns das Object nur von einer Seite
oder in irgend einer charakteristischen Verkürzung zeigt, daß
er seiner Natur nach nicht mit ihm harmonirt: in diesem
Mißverhältniß, dessen tieferen Sinn zu deuten das Gemüth
des Dichters uns schuldet, liegt die Macht des Humors.
Fällt aber das Gemüth als bestimmender Factor weg
oder geht (absichtlicher= oder unabsichtlicherweise) das Miß=
verhältniß über das künstlerische Maß hinaus, so entsteht
die Caricatur. Wenn wir nun Schopenhauer's Theorie
des Lächerlichen, derzufolge dieses bedingt werde durch eine
plötzliche Wahrnehmung einer Incongruenz zwischen einem
Begriffe und dem durch denselben gedachten Gegenstand,
auf das Komische beschränken, so ergiebt sich als Haupt=
unterschied zwischen Komik und Humor, daß bei ersterer
eine Incongruenz zwischen Begriff und Gegenstand, bei
letzterem eine Incongruenz zwischen Standpunkt und Gegen=
stand obwaltet.

Will man diese Sätze auf ihre Richtigkeit prüfen,
zugleich aber sich ergötzen, an der herrlichsten Blüthe
deutschen Humors, so lese man Fr. Th. Vischer's: „Auch
Einer",*) und lerne das Lachen daraus, wenn man es
noch nicht kann. In diesem Buche, wo Komik und
Humor, Scherz und Ironie, Witz und Spaß in fronten

*) Friedrich Theodor Vischer: „Auch Einer". Eine Reise=
Bekanntschaft. Fünfte Auflage. Stuttgart, Deutsche Verlags=
anstalt, 1891.

und Raketen, Garben und Sprühteufeln im Feuerwerke
des Geistes durcheinanderflammen, gipfelt der Humor —
in einer Betrachtung der Welt aus der Schnupfen-Per-
spective. Die höchste Stufe des Humors ist es, wenn er
die ganze Welt sein Object nennt, und sein stetes Ziel
wird der Punkt des Archimedes bleiben, um von dort die
Welt lachend aus ihren Angeln heben zu können. Vischer's
Entdeckungsreise nach diesem Punkte geht durch alle
Schreckniffe einer katarrhalischen Affection. Jeder Ausblick
des Wanderers auf Zeit und Menschen wird bedingt, begleitet, gefolgt von Niesen, Prusten und Husten. In der
sonderbarsten Beleuchtung, Verkürzung und Verschiebung
erscheint Alles dem ewig Verschnupften. Aber der Philosoph und der Dichter, Beide im Herzen des Menschen sich
treffend, wissen uns mit dem Standpunkte zu versöhnen,
dem merkwürdigen Kauz unsere Sympathie zu erwerben.

Vielseitig wie die Mittel, mit denen „Auch Einer"
uns zum Lachen zwingt, ist aber auch Vischer's Humor,
wie uns aus seinen anderen Werken entgegentritt. Er
nimmt eine Maske vor, er schlüpft in eine Verkleidung,
er wechselt den Standpunkt. Ein ganz besonderes Gefallen
hat Vischer an dem Standpunkte „Philipp Ulrich Schartenmayer's" gefunden. Das ist der Schulmeister aus Schwaben,
der sich gerne einen pensionirten Präceptor nennen hört,
der biedere, ehrliche, grobe Philister mit dem engen Horizont, der als Dichter von Gemüthes Gnaden sein Helden-
lied vom deutschen Kriege 1870 singt, im selben Bänkel-
ton, wie er Leben, Mordthat und Ende eines Verbrechers
oder ein Hochzeitscarmen vom Stapel läßt. Vischer hat

sich die Haut des württembergischen Spießbürgers und
Sängers trefflich angepaßt und seine Schartenmayeriana
haben ihm nicht weniger Vergnügen gemacht, als den
dankbaren Lesern, unter denen es gar manche gab, die
an die Existenz des Biedermannes wirklich glaubten.
Vischer's Sohn, Professor Robert Vischer, hat die in alle
Winde verwehten Opera „Schartenmayer's" gesammelt
und sie dem Bande „Allotria"*) einverleibt, der nun vor
uns liegt. Es ist dies eine Nachlese zu Vischer's Werken,
die außer einigen ungedruckten Kleinigkeiten (Widmungen
u. A. m.) schon Gedrucktes (so auch das Dialekt-Lustspiel:
„Nicht Ia") aber meist Vergessenes und Zerstreutes bringt.
Der Herausgeber hat mit dieser Sammlung ein verdienst-
volles Werk gethan.

Eröffnet wird das Buch mit zwei Jugendnovellen.
Die eine ist Jean Paul'sche Idylle, die andere eine Tieck'sche
Künstlergeschichte. In der ersteren: „Freuden und Leiden
des Scribenten Felix Wagner," leben Erinnerungen an
Vischer's eigene Vicariatszeit, an schwäbischen Pfarrhaus-
frieden, und ein erklecklich Stücklein guter Laune schaut in
diese kleine stille Welt. Die zweite Novelle: „Cordelia,"
birgt eigenthümliche Elemente zu der geheimnißvollen
Handlung in „Auch Einer" und zeigt übrigens so recht
Vischer's epische Fehler; den Mangel an Compositions-
Talent, an straffer Gliederung, an zielbewußtem Aufbau.
Intermezzos, aphoristische Gedankenplänkler, Freischärler
des Witzes brechen bald da, bald dort hervor, alle Einheit

*) Friedrich Theodor Vischer: „Allotria". Stuttgart. Ver-
lag von Ad. Bonz & Comp. 1892.

zerstörend. Vischer's Phantasie jagt mit dem Dichter am
liebsten querwaldein — und wo es Gestrüpp und Dickicht
giebt, da blitzen die Sporen, und Schwert und Hacke
schaffen fröhlich freie Bahn!

Vischer war ein Phantasiemensch durch und durch.

Eines Abends ging er mit einem Bekannten, Hauptmann von Günthert, aus einer „Tasso"-Vorstellung in
München und äußerte sich im Gespräche*): „Die Nerven
des Phantasiemenschen haben andere Schwingungen, als
die des gewöhnlichen Menschen. Er ist wechselnd in
Stimmungen, jetzt getragen von blühenden Hoffnungen,
dann plötzlich bei Enttäuschungen melancholisch, hypochon-
drisch; er geht zu leicht vom zu Warmen in's Kalte, ist
mißtrauisch, aber nicht im gemeinen Sinne. Der Phantasiemensch wird ferner das nächste Aeußerliche sehr vernachlässigen, also schlechter Oekonom sein, nicht genug Diät
halten, nicht Acht geben auf die Garderobe. Der gute
Tasso ist auch Einer von Denen, die keinen Koffer packen
können!" Aber im Kampfe mit eben diesem „nächsten
Aeußerlichen" kann der Phantasiemensch auch zum Helden
werden, der böse Geister, Teufel und Dämonen mit
Beserkerwuth bekriegt. Mögen nun diese Gespenster in
Knöpfen, die abspringen, in Schlüsseln oder Augengläsern,
die verloren gehen, in einem Haar, das in die Feder
geräth, oder in den abertausend Bagatellen und Nichtig-
keiten, die Einem das tägliche Leben als Prügel zwischen
die vorwärtsstrebenden Beine wirft, wohnen, Vischer bietet

*) Vergl. J. E. von Günthert: „Friedrich Theodor Vischer.
Ein Charakterbild". Stuttgart, Verlag von Ad. Bonz & Co. 1889.

ihnen die Stirne. Er steht dem „Racker Object" gegen=
über etwa auf dem Standpunkte des Achilles gegen die
Trojaner; er hat in dem streitbaren „Auch Einer" einen
Typus geliefert, der im Reiche des Humors Siegfried dem
Drachentödter gleichkommt. Sein Drache war die Tücke
des Objectes! Diese Tücke hat Jeder erfahren, der irgendwo
mit seinem Rocke hängen bleibt, gerade wenn größte
Eile noththut, oder der nach einem Schriftstück durch alle
Schreibtischladen und =fächer fieberhaft sucht und wühlt,
das sich niederträchtigerweise in einem Winkel der Bibliothek
verkrochen hat — aber den Dämon, die Teufelei, die in
alldem steckt, hat Vischer's kampffrohe Natur entdeckt.

Und eine kampffrohe Natur war Vischer allezeit. Er
freute sich an aller Kraft, wo immer diese in Menschen
oder in der Welt sich bethätigte. Er selbst schlug die
seine mannhaft los in kritischen und lyrischen Gängen.
War doch seine Heimat das Schwabenland, das Land
der Jdyllen wie der fröhlichen Streiter, das Land, wo die
Recken wachsen, die, wie Uhland berichtet, einen Türken,
wenn's sein muß, mitten entzweihau'n. Und zu solchem
Schwabenstreiche war Vischer immer aufgelegt und hat
Zeit seines Lebens gegen allerhand Mohrenköpfe vom
Leder gezogen. „Was ein rechter Schwab' ist, wird nie
ganz zahm," meint auch Einer.

Der kräftige Hieb, das frische, derbe Dreinschlagen
ist an und für sich dem Starken Wohlthat nnd Bedürfniß.
So liebte es auch Vischer, seine Seele zu entlasten mit
der „köstlichen Arzenei, die im Fluchen liegt". Er war
grob; oh, es giebt wohl keine herrlichere Grobheit in

deutschen Landen, als die seine war. In den Hexametern
der „Epigramme aus Baden=Baden" (verfaßt im Jahre 1867,
in „Allotria" wieder veröffentlicht) rollt das Gewitter seiner
gewaltigen Grobheit gleichsam reinigend durch die sitten=
verderbende Luft des hypereleganten Spielbades. Vischer
war vor Allem ein ehrlicher, wahrer Mann und — „im
Deutschen lügt man, wenn man höflich ist." So spricht
der weise gewordene Schüler im zweiten Theile des „Faust",
und uns will bedünken, daß das prächtig gesprochen ist,
wenngleich es im zweiten Theile steht, den Vischer so sehr
nicht leiden mochte. Vischer schreibt einmal an Herrn von
Günthert: „Ich wollte dies Machwerk durch grobe aristo=
phanisch cynische, doch auch hanswurstmäßig gutmüthige
Satire todtmachen, von Goethe's ursprünglich reinem,
echtem Dichterbild wegätzen." Er hat diesem Vorhaben
seine große „Faust"=Parodie gewidmet. Auch in dem
Band der Nachlese begegnen wir einem: „Höchst merk=
würdigen Fund aus Goethe's Nachlaß: Einfacherer Schluß
der Tragödie „Faust". Mitgetheilt vom redlichen Finder"
(zuerst 1885 im „Humoristischen Deutschland" veröffent=
licht). An Uebermuth und ungeheuerlichem Witze bleibt
dieser lustige Scherz nicht zurück hinter dem Werke Deuto=
bald Symbolizetti Allegoriowitsch Mystificinsky's, wie
Vischer sich als grimmiger Beobachter Goethe'scher Greisen=
kunst nannte.

Wenn man diese groteske Ummünzung der Goethe'schen
Wort= und Klangschätze liest, so staunt man über das
närrische Fangballspiel mit der Sprache, das Vischer auf=
führt. Er thut dies einestheils, um das Unklare der

fauſtiſchen Chöre parodirend zu überbieten, andererſeits um
ſich im Element des tollen Spiels recht wohl zu fühlen.

Ein geſundes Weſen ſtrebt nach Bethätigung ſeiner
überſchüſſigen Kraft. Schon das Thier zeigt mit Laufen
und Springen eine Bewegungsfreude, die ſich manchmal
bis zum Bewegungsrauſch ſteigert. Die Jugend tollt und
tobt ſich aus; je übermüthiger ſie ſich geberdet, aus deſto
lebensfähigerem Stoff iſt ſie gemacht. Der reife Mann
braucht alle ſeine Kräfte im Dienſte des Lebens, der hart
und ſchwer genug iſt. Aber doch kommt es manchmal
vor, daß ein mit Kraft, geiſtiger und körperlicher, Be=
gnadeter nicht weiß, wohin damit. Und endlich bricht ſie
ſich Bahn, und da mag es geſchehen, daß ein ernſter
Denker an närriſcher Ausgelaſſenheit des Wortes, am
blanken Unſinn ſein lachendes Behagen findet. So war
es mit Viſcher. Er wußte zu lachen um des Lachens
willen. Er liebte die drollige Verknüpfung und Ver=
wirklichung der heterogenſten Dinge, die Wortſpiele und
ſprachlichen Schnaken, die Weltbetrachtung mit dem Kopfe
nach unten, den Humor des Widerſinns. Auch ein anderer
grundgeſcheiter Poet lange vor ihm liebte dieſe ſchellen=
klingende Unweisheit, und das war Fiſchart. „Es ſteckt
etwas von Fiſchart und Rabelais in mir,“ ſagte Viſcher
einmal zu Ilſe Frapan*). Aber es ſteckte auch Etwas
von Hutten in ihm, und zwar kein kleines Stück.

Das Rückgrat in Viſcher's Weſen jedoch war die

*) Wie Ilſe Frapan in ihrem liebenswürdigen Büchlein:
„Viſcher-Erinnerungen“ (2. Auflage, Stuttgart, G. J. Göſchen'ſche
Verlagsbuchhandlung 1889) erzählt.

strenge Logik seines Denkens. Nicht nur seine philosophi=
schen und kritischen Schriften liefern den Beweis dafür,
sondern jeder Gedanke, mag er uns noch so seltsam an=
muthen, ist durch logische Arbeit gegangen. „Die echte
und wahre Logik nimmt das Princip des Widerspruches
als fortbewegendes Element," sagt der Held der Novelle
„Cordelia". Charakteristisch ist auch eine Bemerkung,
die Vischer bezüglich der Reimkunst einmal gesprächsweise
machte; für ihn war der Reim mehr als ein Spiel, ge=
wissermaßen der wörtliche Ausdruck des inneren logischen
Zusammenhanges. Seinem philosophischen Kopfe, der
immer mit Prämissen und Schlüssen arbeitete, war das
Tändeln auf der Oberfläche der Dinge, über die Außen=
seite der Ideen hinweg, fremd und zuwider. Wie Faust
zu den Müttern, stieg er hinab zu den Gründen der Dinge,
stieg hinab in die Tiefe. Dann tönte der Hammer, die
Funken sprühten; und er spürte dem Erzgange nach und
warf dabei das taube Gestein allen Widersachern und
Dümmlingen an die Köpfe. Und er ging mit festem
Fuße, Schritt vor Schritt, immer geradeaus!

Sein scharfer Verstand wies ihm den Weg. Aber
so trefflich dieser Verstand in brüderlicher Eintracht mit
der aller Wege spottenden Phantasie lebte, so vertrug er
sich auch mit der anderen Lebensmacht in Vischer's Wesen.
„Ein gutes Herz braucht den Verstand nicht zu fürchten,"
hat Vischer irgendwo geschrieben. Und sein Herz war
gut, groß und edel, empfänglich und dankbar wie das
eines Kindes. Auch unter dem Schnee des Alters setzte
es noch frische Triebe an, und kräftige obendrein. Sein

Gemüth, dasselbe, das ihn zum Humoristen machte, hat allen seinen Werken schlagendes warmes Blut gegeben. Es hat aus Vischer auch den großen Thierfreund und Schützer der Creatur gemacht, als welcher er sich stets in seinen Büchern wie im Leben zeigte.

Welche Saite immer das Denken über Welt und Menschen bei ihm anregte, es klang Etwas aus der Tiefe des Herzens mit. Mit diesem Herzen hat Hegel, von dem Vischer, der Philosoph und Aesthetiker, ausging, nie zu thun gehabt; aber an der Loslösung von Hegel'scher Philosophie, die Vischer, der Dichter, beschloß, hat es wacker Antheil genommen.

Vieles und Gewaltiges hat durch Vischer's Hirn gefluthet, und Vieles ist auch durch Vischer's Herz geströmt, denn er hat ein hohes Alter erreicht und dieses Herz der Welt nicht verschlossen. Aber der Zweifel hat keinen Weg hinein gefunden, und darum blieb es naiv. Denn was ist Naivetät anders als die Unfähigkeit des Zweifels a priori? Auch Vischer hat es wohl erfahren, daß viel Wissen — Herzweh macht. Es klingt leise hier, vernehmlich dort aus seinen Schriften, dieses Herzweh, und eine Briefstelle an Herrn von Günthert, wo er von seinem Leben schreibt, daß „es eigentlich innerlich unheimlich sei", bezieht sich wohl darauf, aber er hat in seiner Brust keine Folterkammer der Skepsis eingeräumt und ist grundnaiv geblieben.

Wenn man den Märchen lauscht, die in der Novelle „Cordelia" deutsche Gesellen einander in Rom erzählen, so weiß man auch, daß Vischer vom deutschen Märchenbronnen getrunken; und wenn diese Quelle gerauscht, dem kann das goldene Zeichen des Deutschthums nicht verloren gehen: die deutsche Naivität im Gemüthe . . .

Der Band „Allotria" wird geschlossen mit dem fest=spiel, das Vischer zur Uhland=feier (24. April 1887) dichtete: Der Genius Schwabens, der Genius Deutschlands, der Genius der Menschheit krönen die Büste des Sängers. Um Grabe Friedrich Theodor Vischer's sind trauernd diese drei Genien gestanden.

VI.

Das Geheimniß des dramatischen Schaffens.

15*

Alexander Dumas Sohn hatte eine Menge Schulden und wußte nicht, wie er sie bezahlen sollte. Da kam er eines Tages auf den Gedanken, nach Bühnengold zu suchen. Er ging also zu seinem Vater und fragte ihn, wie man ein Theaterstück schreibe. Dumas Vater antwortete mit der größten Bereitwilligkeit: „Das ist sehr einfach: der erste Act muß klar sein, der dritte kurz und das Ganze voll Geist!" Der wissensdurstige Frager hätte aus einer noch so ausführlichen und eingehenden Belehrung kaum mehr Rathes schöpfen können, als aus diesen Worten, denn die Kunst des Dramas kann weder gelehrt noch gelernt werden. Sie beruht nicht auf Kenntnissen, die man erwirbt, sondern auf einem eigenthümlichen Gehirnvorgange, zu dem man befähigt oder nicht befähigt ist. Aber immer hat es die Menschen gelockt, das Werderäthsel der Kunst zu entschleiern. Wie entsteht ein Kunstwerk? Was geht im Hirn eines Schaffenden vor? Welchen Proceß muß ein Gedanke durchlaufen, durch welches Flammenbad wird er gejagt, ehe er in geläuterter Form zu Tage tritt? All diese Fragen haben heute ein ernstes, gelehrtes Kleid angezogen. Eine Wissen-

schaft, welche die Seele erforschen will, sucht darauf Antwort zu geben. Und es gelingt ihr wahrhaftig, die
treibende Kraft, den Mechanismus der psychischen Arbeit
zu beobachten, dem Schaffenden nicht nur über die
Schulter, sondern gleichsam direct in den Kopf zu gucken.
Doch der Seelenforscher kommt endlich zu einem Punkte,
wo er den Boden unter den Füßen verliert. Wohl kann
er uns sagen, wie der Künstler sein Material behandelt,
wie er diesem oder jenem Gedanken diese oder jene Form
giebt. Wie aber das Material sich dem Künstler bietet,
aus welcher Quelle der Gedanke fließt, das bleibt ihm
— wie dem Künstler verborgen. Hier beginnt das Reich
des Unbewußten. Der Schaffende gleicht bald dem
Träumenden und bald dem Narren; auch er ist ein
Spielball von Ideen, über die er keine Herrschaft hat,
die ihn ohne, ja gegen seinen Willen zum Handeln treiben.
Aus unbewußtem, unerforschtem Grunde sprießt die
Blüthe der Dichtung empor. Wir können ihr Wachsthum
beobachten, ihre Erscheinung bestimmen; zu ihrer Wurzel
tauchen können wir nicht. Bei jeder dichterischen Schöpfung
wiederholt sich im Kleinen und Kleinsten das große
Mysterium der Weltentwicklung. Man kann den Erd-
körper durch alle Phasen rückverfolgen bis zum kosmischen
Nebel. Was hinter jenem liegt, gleicht dem unbewußten
Schatze, aus dem der Dichter schöpft. Hier muß die
Wissenschaft schweigend Halt machen.

Das sagt sich vielleicht auch im Stillen M. Alfred
Binet, ein junger französischer Gelehrter, ein energischer
Pfadfinder der modernen Psychologie. Er hat sich in jüngster

Zeit mit der Psychologie des Dramatikers beschäftigt.*)
Er ging, mit einem umfangreichen Fragebogen ausgerüstet, zu allen französischen Bühnenschriftstellern. Seine
Enquête brachte eine Fülle werthvollen Materials. Doch ehe
wir auf dieses eingehen und die Schlüsse erwägen, die Binet
gezogen hat, will ich einen Brief Adolph Wilbrandt's
mittheilen, den er in der Frage des dramatischen Schöpfungs-
geheimnisses an mich gerichtet. Sein Brief, der die
Documente Binet's in der lebendigsten Weise ergänzt und
ihren Resultaten in eigenthümlicher Art vorarbeitet, lautet:

„Um auf Ihre Fragen genau zu erwidern, müßte ich
Ihnen fast so viele Antworten geben, als ich Theater-
stücke geschrieben habe, denn fast alle sind verschieden
entstanden. Ist es nicht auch naturgemäß? Welches
Gehirn geht immer denselben Weg? Ich habe dramatische Dichtungen durch eine starke Empfindung, durch
eine Idee, durch ein Bild, durch eine Gestalt empfangen;
wie dann das Uebrige krystallinisch anschoß oder organisch
anwuchs, wer von uns weiß das noch? Wir müßten
uns denn in eben den Augenblicken bewußt beobachtet
haben, in denen wir gleichsam traumhaft Empfangende
sind. Sind wir das nicht, arbeitet nur der Verstand in
uns, so muß man uns nicht Dichter, sondern Macher
nennen.

Ich will natürlich nicht sagen, daß der Verstand, der
Verwalter der Erfahrung, nicht mitschaffen soll; aber
sowie ihm die Führung übergeben wird, hört dieser eigen-

*) Seine diesbezüglichen Studien erschienen zum Theil im Temps,
zum Theil in der Revue Philosophique.

thümliche höchste Zustand auf, in dem wir der Inspiration,
der Eingebung zu horchen scheinen. Diesen Zustand kann
man nicht erzwingen, er ist Geschenk, Ueberraschung oder
psychologischer ausgedrückt, die höchste, also seltenste Kraft-
leistung des schaffenden Gehirns. Wie kommt man zu
ihm? Hier wirkt natürlich der Zufall mit. In München
sagte mir Geibel einmal: „Graf Hammerstein wär' ein
dramatischer Stoff!" Ich las darauf in Giesebrecht's
Geschichte der deutschen Kaiserzeit, was man von Hammerstein weiß, und die dramatische Form schoß zusammen.
Dagegen hab' ich auch erlebt — diesen letzten Herbst war's —
daß ich mit einer Bühnenarbeit eben fertig war; in der
Freude der Vollendung am Nachmittag spazieren gehend,
auf die Arbeit zurückblickend, spielte ich mit der Möglichkeit, aus einem Winkel dieser Dichtung einen Gedanken-
keim hervorzuziehen, der sich selbstständig auswachsen könnte:
weiter dacht' ich Nichts. Weiter wollt' ich auch Nichts;
ich wollte nur spazieren gehen, als ein „freier Mann".
Aber das noch feurig erregte Gehirn trieb den Keim
hervor; er wuchs gleichsam vor meinen Augen; der zuerst unwillig lächelnde Verstand arbeitete endlich mit; als
ich nach Hause kam, war eine neue dramatische Dichtung
fertig entworfen, mit allen Gestalten, in allen Acten, fast
in allen Scenen.

Ich erwähne diesen Fall, weil er wohl am klarsten
zeigt, um was es sich handelt: um eine ganz besondere
Bereitschaft des Gehirns, in stärkster Absonderung von
der „sorgenvollen Wirklichkeit", in freierem Spiel Inneres
neu zu gestalten.

Stoffe zu suchen vermeid' ich; auch hab' ich mich
zur Geduld erzogen, was die Weiterbeförderung begon=
nener Entwürfe betrifft: ich warte — zuweilen Monate
lang — bis, wie Vogelgesang im dämm'rigen Walde,
eine neue „Eingebung" erfolgt. Mir deucht, sie komme
am liebsten, wenn ich in friedlicher Abenddämmerung
allein auf Eisenbahnen dahinrolle. Doch wissen sie auch
sonst ihre Zeit zu finden.

Geh' ich an die Arbeit, so ist der Entwurf in allen
Hauptsachen fertig: ich wundere mich aber nicht, wenn
doch noch etwas Ueberraschendes eintritt. Ich sehe meine
Gestalten stets im Bühnenraume, am bestimmten Platze;
aber nicht als von Schauspielern gespielt, sondern als
lebten sie dort. Bestimmte Schauspieler seh' oder höre
ich nie; die Gestalten haben ihre eigenen Stimmen. Ob
ich mit ihnen fühle? Ob ich über ihnen stehe? Das
Eine wie das Andere — wie könnt es auch anders sein?
Ich fühle mit ihnen bis zum körperlichen Schmerz, bis
zu Thränen des Glückes; und doch darf der überwachende,
ordnende Verstand, der „Regisseur", nie von der Bühne
gehen. Eben diese unablässige doppelte Anspannung, die
an all unseren Kräften zehrt, scheint mir das Aufreibende
des Schaffens zu sein. Kein Mensch ist jederzeit Dichter;
zu seinem Glück: denn wie lange könnt' er dann leben?"

In seinen psychologischen Hauptpunkten deckt sich
dieser Brief völlig mit den Bekenntnissen, die Binet ge=
sammelt oder die in Tagebüchern und Correspondenzen
dramatischer Dichter uns erhalten sind. Diese Hauptpunkte
sind gleichsam die Interferenzknoten in der schwingenden

Seele des Poeten. In einem Traumzustande, in unbe-
wußter Geistesarbeit wird der Stoff empfangen. Der
Werdeproceß ist eine Kryftallifation, die faft ohne Hinzu-
thun des Schaffenden vor sich geht. Im Augenblicke,
wo der Schaffende zielbewußt die Arbeit aufnimmt, spaltet
sich seine Persönlichkeit in zwei sich ergänzende, sich be-
bekämpfende und ausgleichende Kräfte: Phantasie und
Verstand nennt sie der Eine, Künstler und Kritiker der
Andere, Instinct und Berechnung der Dritte. Diese
Phasen werden von allen Schaffenden, die sich selbst con-
troliren, beobachtet. Am meisten bleibt der Anfang des
Werkes, der Ausgangspunkt im Schöpfungsnebel verborgen. Weitaus in den häufigsten Fällen, vielleicht sogar,
wenn man genauer zusieht, in allen, ist es eine Situation,
ein Bild, eine Scene, die plötzlich aus dem Dunkel tritt.
Auch Dumas, der scheinbar um einer These, eines Wortes
willen ein Stück schreibt, geht von einer Situation aus,
die ihn frappirte. Sardou's „große Scene" ist nicht nur
der Angelpunkt, sondern auch der Keim seiner Dramen.
Sardou erscheint die Situation, von der er ausgeht, wie
eine Gleichung, die gelöst werden muß. Otto Ludwig hat
einmal dieses Aufleuchten des ersten Bildes geschildert:
„Es geht eine Stimmung voraus, eine musikalische, die
wird mir zur Farbe, dann seh' ich Gestalten, eine oder
mehrere in irgend einer Stellung und Geberdung für sich
oder gegen einander. .... Wunderlicherweise ist jenes
Bild oder jene Gruppe gewöhnlich nicht das Bild der
Katastrophe, manchmal nur eine charakteristische Figur in
irgend einer pathetischen Stellung, an diese schließt sich

aber sogleich eine ganze Reihe, und von dem Stücke er-
fahr' ich nicht die Fabel, den novellistischen Inhalt zuerst,
sondern bald nach vorwärts, bald nach dem Ende zu von
der erst gesehenen Situation aus schießen immer neue
plastisch-mimische Gestalten an, bis ich das ganze Stück
in allen seinen Scenen habe; dies Alles in großer Hast,
wobei mein Bewußtsein ganz leidend sich verhält und
eine Art körperliche Beängstigung mich in Händen hat."
Erst nachdem Ludwig die Handlung gefunden hat, sucht
er die Idee, „die, mir unbewußt, die schaffende Kraft
und der Zusammenhang der Erscheinung war". Dieser
Modus procedendi ist die immer wieder bestätigte
Regel. Die Idee eines Stückes ist sein ihm entquellendes
Product, die Psychologie eines Dramas entwickelt sich
aus seiner Handlung. Die Handlung des Helden bestimmt
seinen Charakter für den Dichter. Der Dramatiker steigt
von den Wirkungen zu den Ursachen, von der That zu
den Consequenzen. In der Art, wie er Ursache, That
und Consequenz dem Hörer sinnenfällig macht, liegt seine
Kunst. Und diese entspringt der Fähigkeit, die das Genie
kennzeichnet, nämlich dem ungewöhnlichen und blitzschnellen
Verknüpfen von Gedanken und Bildern.

Es giebt verschiedene Methoden, wie diese Fähigkeit
ihre künstlerische Pflicht erfüllt. Binet bemerkt, daß es
hauptsächlich zwei Arten des Schreibens giebt. Der Eine
beginnt einen Satz, ohne sein Ende, seinen Verlauf zu
wissen, er läßt ihn gleichsam aus der Feder fließen.
Der Andere macht den Satz erst im Kopfe fertig und
schreibt ihn dann nieder. Dem entsprechend giebt es

auch verschiedene Arten des Componirens. Als ihre
Haupttypen können uns Sardou und Dumas gelten.
Sardou hat immer eine Menge fertiger und halbfertiger
Pläne in seinem Pulte. Jede Skizze wird vier= bis fünf=
mal corrigirt. Die wirkliche Arbeit ist ein fortwährendes
Feilen. Dabei sind die Aenderungen, die Sardou an
seinem Stücke vornimmt, immer Abkürzungen; es ist ein
stetes Condensiren und Concentriren. Durchschnittlich
braucht er sechs Monate zu einem Stücke. Dumas
macht keine Notizen, speichert keine Entwürfe auf. Er
hat immer nur ein Stück im Kopfe, das er, ohne den
Plan niederzuschreiben, im Kopfe ausbaut. Dazu braucht
er oft Jahre. Ist er aber endlich mit sich im Klaren,
so schreibt er sein Drama mit fliegender Eile, in Wochen,
in Tagen. Er feilt nicht, er haßt alles Aendern und
Ausbessern.

Mögen auch die Arten, wie die Dichter dem geistig
Erfaßten und Geschauten Gestalt und Leben verleihen,
verschieden sein, Eines ist mit dem dramatischen Schaffen
immer und unlösbar verbunden: die Aufregung der Arbeit;
Wonnen und Schmerzen sind ihre Begleiter. Kleist und
Schiller haben sich das Schicksal ihrer Personen so zu=
Herzen genommen, als wären es lebende Wesen, die
ihrem Mitgefühl am nächsten stünden. Sardou schreibt
im Fieber, flucht und weint, und man kann die Spuren
seiner Thränen fast auf allen seinen Papieren finden.
Dumas macht die Arbeit einen physischen Genuß, ein
unvergleichliches Wohlbehagen. Nur Eine Ausnahme
scheint es zu geben, eine sonderbare Ausnahme. Grill=

parzer schreibt einmal in sein Tagebuch: „Andere Dichter macht das Dichten warm, mich macht es kalt. Das Haschen nach Worten, Silben, Reimen ermüdet mich." Dieses paradoxe Geständniß ist aber Nichts als ein schlechter Laune entstammter Selbstirrthum, denn Grillparzer spricht an anderer Stelle von der „Trunkenheit des Entwerfens" und beklagt sich des .Oefteren, daß er den herrlichen Stoff von Hero und Leander ohne die erforderliche Liebe ausgeführt habe, nur bei Einzelnem begeistert gewesen sei und im Ganzen ohne Stimmung.

Binet hat also sicherlich Recht, wenn er in den Schluß-folgerungen, die er aus seinen Untersuchungen gezogen, sagt: Es giebt keinen dramatischen Autor, der mit kaltem Blute schreibt. Ohne Erregung giebt es keine gute Arbeit. Diese Erregung steigt mit der geleisteten Arbeitsmenge. Man arbeitet besser, je weiter man in seinem Werke kommt. Die Hauptsache bleibt immer das Influßgerathen, das Feuerfangen. Und das ist eine schwere Sache. Arbeitslust und Arbeitskraft kommen periodisch und lassen sich nicht rufen. Binet vertritt Lombroso gegenüber die Ansicht, daß Jahreszeit, Milieu, künstliche Anregungs-mittel (Kaffee, Thee, Cigarren) keinerlei Einfluß auf die dichterische Production haben. Wir glauben aber, daß gerade in diesem Punkte der italienische Psychologe Recht hat. Mehr denn ein anderer ist der Organismus des Poeten für die Einwirkungen seiner Umgebung empfind-lich. Wir verstehen Alfieri, wenn er schreibt: „Ich vergleiche mich mit dem Barometer. Je nach der Schwere der Atmosphäre verspüre ich stets eine größere oder geringere

Leichtigkeit zum Schaffen, absolute Stumpfheit bei dem
Brausen der Sonnenwend- und Aequinoctial-Stürme, weit
geringere Verstandesschärfe am Abend als am Morgen,
viel mehr Erfindungsgabe am Ende des Winters, be-
ziehungsweise des Sommers als in der Zwischenzeit."
So war auch Schiller den atmosphärischen Einflüssen unter=
worfen, und in seinen Briefen an Goethe wird immer
wieder das Schwanken seiner Schaffenskraft mit den
Schwankungen des Wetters in Verbindung gebracht.

Binet sucht, aus dem gesammelten Material folgernd,
so tief als möglich in die psychologischen Vorgänge des
dramatischen Schaffens einzudringen. Er schildert die
„Beseelung" des Stoffes, die der Dichter vornimmt: Ent=
weder der Autor leiht den Personen seine eigenen Gedanken
und Empfindungen und bleibt dabei unter fremder Maske
immer er selbst, oder er „incarnirt" sich in seiner Figur,
versucht es, sich in einen fremden Seelenzustand zu versetzen.
Diese Beobachtung klingt hübsch und gelehrt, ohne viel
zu bedeuten. Denn jeder Autor sucht in seinen Figuren
sowohl er selbst, als die dargestellte Person zu sein. Das
Entweder — Oder ist hier entschieden zu viel. In der
Bühnengestalt, die ein wirklicher, ein großer Dichter ge=
schaffen, löst es sich harmonisch auf. Auch erscheint uns
die Frage, ob ein Dichter seine Figuren sieht oder hört,
weit mehr geeignet, unsere Neugier als unseren Wissens=
drang zu stillen. Ob der Dichter sein Stück im Geiste
vom Parquet oder von der Bühne aus (unter den Schau=
spielern stehend) sieht, läßt sich schon aus seinen Regie=
Bemerkungen erkennen. Im ersteren Falle heißt es: rechts

und links vom Zuschauer aus, im zweiten Falle: rechts
und links vom Schauspieler aus. Manche Autoren sehen
ihre Figuren in voller Deutlichkeit vor sich, andere nehmen
nur Umrisse wahr; der eine kann nur Stimmen unter=
scheiden, manchem kommt es vor, als schriebe er geradezu,
was jene Stimmen ihm dictirten.

Alle diese Bemerkungen, besonders wenn sie sich auf
berühmte Zeitgenossen beziehen, entbehren nicht des Reizes.
Ob sie aber auch der ernsten Wissenschaft nützen, in deren
Dienst sie gestellt werden? Vor der Hand erscheint uns das
Material, das allerorten gesammelt wird, um unser
Seelenleben zu erforschen, wichtiger als die Schlüsse, die
man daraus zieht, wichtiger für die Zukunft als für die
Gegenwart. Und gerade die Frage, der Lombroso und
Binet, freilich auf ganz verschiedenen Wegen, an den
Leib gerückt sind, die Frage nach dem Wesen des Genies
und des genialen Schaffens, wird auch kaum von der
Zukunft restlos beantwortet werden. Und gerade deshalb
werden Genie und Kunstwerk nie der Bewunderung ent=
behren. Denn in die Bewunderung mischt sich immer ein
Bekenntniß, daß man etwas Unfaßbarem gegenübersteht.
Die wahre Größe entzieht sich der Messung, ein Heiligen=
schein läßt sich nicht spectralanalytisch betrachten, eine
Dichterkrone nicht auf der Goldwaage prüfen. Aus ge=
heimnißvoller Pforte tritt das Genie, und jedes Kunstwerk
ist ein Wunder . . .

VII.

Vom deutschen Drama.

Heinrich Bulthaupt.

Vor Kurzem ist der erste Band von Heinrich Bulthaupt's „Dramaturgie des Schauspiels" in fünfter Auflage *)
erschienen, und wir halten diesen Anlaß für bedeutend
genug, um dem Werke und seinem Verfasser einige
Aufmerksamkeit zu schenken.

Bulthaupt's „Dramaturgie" ist ein Buch, das in der
Geschichte des deutschen Schriftthums einen erhöhten Platz
einnimmt. Rückschauend und vorwärtsblickend erscheint
es uns gleichsam als der Abschluß einer Epoche, als der
Beginn einer neuen Zeit. Noch stehen die Sterne der Classiker
ob unseren Häuptern. Die Summe ihres Wirkens hat Bulthaupt gezogen, er hat aus ihren Schöpfungen die Gesetze

---

*) Heinrich Bulthaupt, „Dramaturgie des Schauspiels", 1. Band
(Lessing, Goethe, Schiller, Kleist), 5. durchgesehene und erweiterte
Auflage. Oldenburg, Schulze'sche Hofbuchhandlung, 1893. Mittlerweile sind der 2. Band (Shakespeare) in 5., der 3. Band (Grillparzer,
Hebbel, Ludwig, Gutzkow, Laube) in 4. Auflage erschienen. Als
prächtiges Seitenstück zu diesem Werke hat Bulthaupt eine „Dramaturgie der Oper" (Leipzig, Brockhaus 1887) geschrieben, ein in
seiner Art fundamentales Buch, dessen kritische Betrachtung aber
in erster Linie dem Musiker zu kommt.

entwickelt, die uns als Gesetze des Dramas gelten müssen,
so lange kein neuer Titan dem Drama neue Bahnen
weist. Daß unter den modernen Stegreifrittern der Kunst
der Pfadfinder nicht ist, auch das hat Bulthaupt überzeugend
bewiesen. Er hat in der Einleitung, die er der fünften
Auflage seines Werkes auf den Weg mitgiebt, den jungen
dramatischen Bilderstürmern, dem Aufgebote des Natura=
lismus, dessen Fahnensetzen übrigens bereits in alle Winde
zerflattert sind, die Schranke gezeigt, die das Kunstwerk
von ihren Versuchen trennt.

Wir nannten sein Buch auch den Beginn einer neuen
Zeit. Der Augenblick, wo ein Volk zum Bewußtsein
der Gesetze kommt, nach denen es lebt, macht es zum
Culturvolke. Wenn eine Litteratur die Principien des
künstlerischen Schaffens erkennt — und diese Erkenntniß
kommt viel später als das Erscheinen großer, bahn=
brechender Genies — so beginnt die Blüthezeit seiner
Entwickelung, die Zeit der Talente. Die Erkenntniß der
dramatischen Gesetze liegt in Bulthaupt's „Dramaturgie"
zu Tage. Indem wir dies constatiren müssen, glauben
wir dem Buche seine ihm zukommende Bedeutung zu geben.

Bulthaupt's „Dramaturgie" ist kein dogmatisches,
auf Autoritätsglauben gestütztes Lehrbuch. Der Verfasser
bespricht der Reihe nach sämmtliche Werke jener Drama=
tiker, in denen die Kunst Gipfelpunkte erklimmt, und indem
er die Technik ihres Schaffens klar und bloß gelegt, gelangt
er zu allgemeinen Gesetzen, die uns so lange als Gesetze
zu gelten haben, als wir die Kunst anerkennen, deren
Wesen sie bilden.

Das wichtigste Resultat seiner Forschung ist wohl die, unserer Meinung nach, endgiltige Lösung der Frage von der „tragischen Schuld". Wie ein Alp lastete die Verpflichtung, dem tragischen Helden eine „Schuld" aufzubürden, auf dem Dramatiker. Der ganze Scharfsinn der Erklärer und Commentatoren lief dann darauf hinaus, die Schuld und ihren Begriff säuberlich aus dem Drama wieder herauszuschälen. Und niemals gelang es, diesen Begriff zu umgrenzen, seine Nothwendigkeit für das Drama durch völlige Ueberzeugung unseres moralischen und ästhetischen Gefühles zu beweisen. An Stelle der „Schuld" setzt nun Bulthaupt die tragische Collision. Der Held tritt mit seinem Willen, mit seinem Herzen, mit seiner Pflicht einer stärkeren Macht gegenüber, und im Kampfe mit dieser Macht offenbart sich sein Geschick. „Insoferne der Held handelt und das, was ihn endlich zu Grunde richtet, will, ist er dramatisch; insoferne er übersieht, daß sein Wille sein Verderben ist und ihm den (im engeren Sinne ungewollten) Untergang bringt, ist er tragisch."

Die einfachste, alltägliche Form des Tragischen ist der Kampf des Menschen mit dem Tode. Hier ringt der Lebenswille des Individuums mit der feindlichen Macht der Vernichtung. Und dies ist das Grundproblem alles Tragischen geblieben. Der Held muß nicht unbedingt eine Schuld auf sich geladen haben, die gesühnt werden muß — wenn wir gleich in sehr vielen Fällen dieses Sichauflehnen einer Macht gegenüber, die der Staat, der Glaube, die Moral sein kann, als Schuld empfinden — auch sein Temperament, sein Charakter kann mit seiner Umgebung in Widerspruch gerathen und zum tragischen Kampfe führen. „Die Collision seiner Kräfte mit den Mächten der Zerstörung kann auf sittlichem Gebiete liegen, der Held kann moralisch schuldvoll werden (Macbeth, Karl Moor, Fiesco, Demetrius), sie kann aber auch lediglich in dem Widerspruche des Naturells mit einer äußeren zwangvollen Macht begründet sein (Jungfrau von Orleans, Tasso, Hamlet)." So sucht die moderne Dramatik fast ausnahmslos ihre Stoffe auf letzterem Gebiet. Und so hat auch die „Tragödie des Milieus" ihre künstlerische Berechtigung.

Erst beim Unterliegen im Kampfe wird das tragische Moment ausgelöst. „So lange der Held siegt, ist er nicht tragisch, erst sein Leiden macht ihn dazu."

Wenn aber auch der Held den Untergang nicht sieht, der hinter seinen Thaten steht, das Publicum muß über den Ausgang Klarheit haben. „Ein dramatischer Coup wirkt immer um so stärker, je gewisser wir ihn kommen sehen." Das ist ein Grundgesetz aller dramatischen Effecte und nur sensationslüsterne Stümper werden darauf ausgehen, das Publicum „überraschen" zu wollen.

Gelegentlich Goethe's „Iphigenie" kommt Bulthaupt auf die Sprache im Drama zu reden. Die naturalistische Strömung hat wieder die Frage an die Oberfläche getrieben, inwieweit die poetische Sprache der des wirklichen Lebens entsprechen oder gleichen müsse. Gegen eine „naturalistische" Bühnensprache tritt Bulthaupt mit vollem Rechte und mit aller Entschiedenheit auf. „Die poetische Redeweise ist ein stetes Entfalten der Begriffe zu Leben, Anschauung und Empfindung. Der Dichter löst seinen

Geschöpfen die Zunge; nicht, was sie im gewöhnlichen
Leben gesagt haben würden, sondern was sie empfunden
haben würden, spricht er aus." So wie der geschlossene
Raum, in dem eine Handlung vor sich geht, auf der
Bühne nur drei Wände hat und dem Zuschauer Einblick
in die Geheimnisse der Vorgänge gewährt, so muß auch
die Wand, die das Herz vom Munde trennt, für den
Hörer fallen. Er muß Einblick gewinnen in die Brust
des Helden, er muß erfahren, was hinter seiner Stirn
vorgeht.

So richtig und unserer Meinung nach unanfechtbar
der citirte Satz Bulthaupt's ist, so bleibe doch dem Dramaturgen der Vorwurf nicht erspart, daß er in seiner Nutz-
anwendung oft zu weit geht und Rhetorik, die eben Nichts
weiter ist als Rhetorik, in den Schutz dieses Satzes stellt.
Es verschlägt Nichts an Schiller's Ruhme, wenn man zu-
giebt, daß bei ihm das Pathos zuweilen die Grenze des
Dramatischen überschreitet, daß an Stelle des Blitzes, der
uns das Seelenleben der Handelnden erhellen soll, manchmal ein herrliches Feuerwerk aufflammt. Und gerade bei
Schiller ist Bulthaupt am ängstlichsten bemüht, das Ueber-
wuchern der Rhetorik zu verdecken. Dies wird begreiflich,
wenn man Bulthaupt's Standpunkt Schiller gegenüber
kennt. Man könnte bei Bulthaupt's „Dramaturgie" den
leisen Einwand erheben, daß ihr Verfasser nicht immer die kritische Nüchternheit und Objectivität wahrt, daß sein persönliches
Empfinden oft und laut zu Worte kommt. Bulthaupt
ist wohl im Stande, Poeten und Werke, die seinem eigenen
Gefühle fremd und peinlich sind, mit vollster Ruhe und

mit aller Anerkennung ihrer Vorzüge zu besprechen, wo
ihm aber ein Dichter oder ein Stück an's Herz greift,
läßt sich dieses nicht zügeln, und Bewunderung und Verehrung schieben sich vor die Kritik. Nirgends ist dies
häufiger und nachdrücklicher der Fall, als wenn Bulthaupt
sich mit Schiller beschäftigt. Da verschleiert zuweilen die
Liebe für den großen Dichter den klaren Blick des Dramaturgen und da springt manches Urtheil aus hell schlagen-
dem Herzen statt aus ruhig prüfendem Kopfe. Man
könnte über die eine oder die andere Schiller betreffende
Bemerkung streiten, vielleicht auch darüber, daß Bulthaupt
einmal sagt: „Die Geschichte des Dramas kennt keinen
größeren Künstler als Schiller und im Sinne der Composition kein bewunderungswürdigeres Kunstwerk als den
„Wallenstein". Aber wenn man bedenkt, wie Schiller in
den letzten Jahren fast gewaltsam in den Hintergrund gedrängt wurde, wie man in verstecktem und offenem Kriege
gegen seine Kunst zu Felde zog, wie Viele es sich an-
gelegen sein ließen, geringschätzig auf ihn herabzusehen,
so kann man eine solche kräftige Reaction zu seinen
Gunsten nur mit wahrer Freude begrüßen und ihr lauten
Widerhall in deutschen Landen wünschen.

Der intensiven Beschäftigung mit Schiller entsprang
wohl auch der Gedanke, Schiller's hinterlassenen Entwurf
zu einem Drama „Die Malteser"*) auszugestalten. Wenn

*) Heinrich Bulthaupt: „Die Malteser", Tragödie in 4 Akten
mit theilweiser freier Benützung des Schiller'schen Entwurfes.
Frankfurt a. M., Koenitzer. 1884. In Deutschland wurde das Stück
an fast allen großen Bühnen gegeben.

man Bulthaupt's Trauerspiel liest, noch mehr, wenn man es
sieht, fühlt man sich gleichsam von weimarischem Geist
umweht. Den Schwung der Sprache, den Reichthum an
Bildern, den idealen Zug der Gestalten hat der Epigone
vom Meister gelernt, dabei selbstständige Eigenart in Denk-
und Redeweise wahrend. An Stelle der für unseren Geschmack unbegreiflichen Männerliebe, die bei Schiller das
erotische Element in diesem Drama vertreten sollte, hat
Bulthaupt eine tragische Liebe in den Mittelpunkt der
Handlung gestellt. Doch ist gerade hier die Motivirung
der Gefühle etwas locker, die plötzliche Entflammung des
Helden zu unvermittelt. Man muß dabei an jene treffende
Bemerkung Bulthaupt's denken, die auch Wetz (in seinem
Buche: „Die Menschen in Shakespeare's Dramen") nicht zu
widerlegen vermochte und die sich auf Shakespeare's Gestalten
bezieht; Bulthaupt bezeichnet nämlich die unzulänglich erklärten oder ausgeführten Willenswendungen der Gestalten
als einen charakteristischen Fehler Shakespeare's: „Das
langsame Hinüberleiten von einem Entschlusse zum
andern, das, gilt es den Weg vom Guten zum Bösen,
tausend moralische Scrupel zu überwinden hat, kennt er
eigentlich nur in Macbeth." Auch in den „Maltesern"
ist der Weg, der den strengen Ritter über die Liebe zur
Pflichtverletzung führt, ein zu jäher.

Auch in seinem jüngsten Werke, dem „Timon von
Athen" (1893), worin Bulthaupt die Shakespeare zuge-
schriebene Dichtung mit Kraft und Geschick der Bühne
wiedergewonnen hat, und wo er den Wettkampf mit dem
Genius Shakespeare's mit kühnem Muthe aufgenommen

und mit Ehren zu Ende geführt, ist die Bekehrung des
Menschenfeindes trotz aller Sorgfalt und Umsicht in der
Motivirung eine solche, sagen wir echt Shakespeare'sche
Willenswendung. Minder hoch als die „Malteser" und
den „Timon" stellen wir Bulthaupt's Drama „Gerold
Wendel" (1884), wo das Interesse zwischen den beiden
Hauptfiguren, zwei Brüdern, die sich befehden, hin und
her pendelt. Da erscheint wieder der Einfluß Schiller's
unverkennbar. Bei der Besprechung der Maria Stuart
sagt Bulthaupt: „Hier wie in den „Räubern" und „Kabale
und Liebe" findet sich die Liebhaberei des Dichters, Spiel
und Gegenspiel einander ebenbürtig zu gestalten und statt
eines Helden zwei zu schaffen (Karl und Franz, Maria
und Elisabeth)."

Mit außerordentlich geschärften kritischen Sinnen
weiß Bulthaupt die Technik eines Dichters zu erfassen.
So wenn er beispielsweise die Actschlüsse bei Lessing
erklärt. Anstatt die vorangegangenen Eindrücke kurz und
kräftig mit Einem Worte und in einer Situation zusammen-
zufassen, zieht es Lessing wiederholt vor, einen starken
Eindruck wieder zu verwischen. „Lessing setzt mit seinen
Actschlüssen bald deutlich, bald undeutlich ein neues Motiv
ein, anstatt ein vorhandenes zum Austrage und Abschlusse
zu bringen, er eröffnet in ihnen leise eine neue Pforte,
anstatt die alte sichtbar und hörbar abzuschließen, und oft
läßt er uns rathlos zwischen Thür und Angel stehen.
Einen eigentlichen Schluß bringen seine Acte fast nie."
So wenn er die syntaktischen Eigenthümlichkeiten bei
Lessing oder bei Kleist betont, etwa bei Jenem auf die

lediglich zur Versfüllung dienenden Wiederholungen einzelner
Worte, bei diesem auf die häufige Verwendung des artikel-
losen Subjects, der Nachstellung des Attributs hinweist.
Nicht diese kleinen Züge entdeckt zu haben, sondern aus
ihnen werthvollstes Material zu unserer Bühnen- und
Sprachgeschichte schöpfen zu können, rechnen wir Bulthaupt
als hohes Verdienst an. Und noch Eines sei nicht vergessen. Immer steht hinter dem das Dichterwerk be-
sprechenden Dramaturgen der die Bühne kennende Regisseur,
der zuweilen eine Bemerkung über Inscenirung oder
Darstellung macht und dabei stets wieder das Bedauern
erweckt, daß es keine Bühne giebt, wo dieser Mann
den Feldherrnstab führt. Bewundernswerth ist seine Kenntniß der Kräfte, über welche die heutige Bühne verfügt.

Er kennt jeden Schauspieler, seine Art und seine Ver-
wendbarkeit. Es ist selbstverständlich, daß hierbei das Wiener
Burgtheater nicht zu kurz kommt. Bulthaupt bespricht
Sonnenthal als Clavigo, Lewinsky als Nathan, Frau
Wolter als Messalina, er hat hier ein charakteristisches
Wort für Frau Hohenfels und dort eines für Robert.

Eine Dramaturgie würde sehr einseitig sein, wenn
sie nicht auch dem Publicum Beachtung schenken würde.
Der Kritiker muß nicht nur das Werk, sondern auch den
Erfolg und den Effect des Werkes studiren. Bulthaupt
sucht die Fäden, welche die Psychologie des Volkes mit
der Psychologie des Dichters verknüpfen, er blickt prüfend
in den Spiegel der Volksseele, um dort, gleichsam im
Reflexlichte, die Entwicklung der dramatischen Kunst zu
verfolgen. Und manchmal fällt aus diesem Spiegel ein

helles Licht über einzelne Dinge und Phasen. So wenn
Bulthaupt die Beichte als die schlimmste Feindin der tragischen Buße erklärt und, diesen Gedanken verfolgend, zum
Schlusse kommt, „daß es nicht zu verwundern ist, wenn
der Katholicismus mit diesem Institute keine wahrhafte
Tragödie hat schaffen können, daß der große Calderon
alles Andere eher als ein tragischer Dichter ist, und daß
ein wirkliches Drama erst möglich wurde, als der Pro-
testantismus der Vergeltung freien Lauf ließ — mit
Shakespeare". Der Psychologe forscht in der Volksseele
der Deutschen nach dem Grunde für den Erfolg solcher
Schöpfungen, „die ein Mittelding zwischen Drama und
dramatisirtem Epos, bald Dramen in mächtigster Aus-
dehnung, bald nur Bilderreihen ohne dramatischen Kern
sind." (Die Wagner'schen „Nibelungen," die „Faust"-
Aufführungen an vier, drei und zwei Abenden, der „Par-
sifal", das Oberammergauer Passionsspiel, die Lutherfest-
spiele von Otto Devrient und Herrig u. A. m.) Hier ergiebt sich der Fall, daß der Dichter mit einer Eigenheit
des deutschen Volksgeistes rechnen, ja auf sie zählen kann.
„Während der germanische Genius, romantisch zerstreut,
den Faden einer dramatischen Handlung leichthin fahren
läßt, wenn ihn die Phantasie des Dichters nur wie der
Engel den Habakuk mit festem Griffe von Bild zu Bild
trägt, so macht er sich aus der Ueberschreitung der Form-
gesetze auch nach der Seite der Dauer Nichts und wartet
mit der Zusammenfassung der Summe von Eindrücken
geduldig bis zum spätesten Schlusse, wenn ihn diese nur
selbst reizten und fesselten."

Diese Beispiele mögen genügen, um zu zeigen, in welcher Weise Bulthaupt Kritik übt. An das Ende seiner dramaturgischen Erfahrung durfte er den Satz stellen: „Die echte Poesie kann kommen, in welcher Gestalt sie will: idealistisch oder realistisch, mit den Zügen des Sophokles oder Shakespeare's, Schiller's oder Grillparzer's, Hebbel's oder Ludwig's, Björnson's oder Ibsen's — der Formen sind viele, aber der Geist ist einer: der anti-naturalistische Geist, der in das Chaos der irdischen Geschehnisse Gesetz, Ordnung und Schönheit bringt, in die ‚unharmonisch durcheinander klingende Menge aller Wesen‘ Einheit und Harmonie.“

Bulthaupt ist von diesem Geiste durchdrungen. Man braucht nur Weniges von ihm gelesen zu haben, um zu erkennen, daß ihm als oberstes Gesetz aller Kunstübung die Schönheit gilt. In seiner Novelle „Ganymed“,*) übrigens einem köstlichen Kronjuwel der deutschen Novellistik, sagt er einmal: „Wenn mir die Schönheit nahe tritt, wo immer in welcher Gestalt, da entzündet sich das Gewelle meines Blutes in heißer Leidenschaft.“ Dies Wort gilt dem Dichter und dem Kritiker überall. Es kommt zur völligen Herrschaft in seinen Gedichten,**) die inhaltlich wie der Form nach dem Schönheitsdienste geweiht sind. Vielleicht stört in Bulthaupt's Werken hie und da der Widerklang hellenischer Denk- und Ausdrucksweise, aber

*) H. Bulthaupt. Vier Novellen. Dresden, Pierson 1888.
**) H. Bulthaupt „Durch Frost und Gluthen“ Gedichte. 2. gänzlich umgestaltete Auflage. Oldenburg, Schulze'sche Hofbuchhandlung 1893.

das Herz muß Einem aufgehen, begegnet man heutigen
Tages einem Manne, deſſen Sinnen und Fühlen der
helleniſche Cult des Schönen beſtimmt.

Fern im Norden, in der alten Hanſeſtadt Bremen,
lebt und ſchafft Heinrich Bulthaupt. Er hat es verſtanden,
in dieſer Stadt alle Kreiſe für künſtleriſches Wirken zu
intereſſiren, ja zu begeiſtern. Und es iſt ſeltſam zu beobachten, wie eine ſtarke, künſtleriſche Individualität wie
die ſeine im Stande iſt, der Kunſtfreude lebendiges Grün
dem ſtarrſten Boden zu entlocken.

Theater-Reformen.

I.

Es giebt keinen Stillstand. In der Entwicklung der Menschheit so wenig, wie in der Entwicklung der Kunst. Eine neue Zeit bringt neue Werthe und neue Formen hervor, sehnt sich nach neuen Idealen und schafft sich neue Begriffe von den Grundprincipien aller Kunst: Wahrheit und Schönheit. Da bricht der Sturm den Stolz eines Waldes, und dort küßt die Sonne ein junges Reis. Neue Quellen entspringen dem Grunde und werden zu Bächen und Strömen. Und herrliche Ströme kommen in sumpfige Marschen, begraben ihre Kraft in sandigem Flachlande. Das Schicksal des werdenden Baumes, des Macht und Fülle sammelnden Flusses zu bestimmen, vermag Keiner; es sei denn, der Beobachter ersehe, daß dieser Baum in diesem Boden kein Gedeihen, dieser Strom in dieser Richtung keinen Weg, kein Gefälle zu finden vermag.

Und so ist denn auch in unserer Zeit, wo ein neues Leben, eine neue Kunst allüberall aus der Erde tritt und freie Bahn verlangt, ein neues Keimen sich vielfältig regt, ein neues Geäder aus der Tiefe des Berges an's Licht bringt, manches Gewächs und manches Gewässer dem sicheren Untergange verfallen. Aber unnütz war keines. Der absterbende Stamm mag den Boden düngen, der allzu schwache Strom dem kommenden und stärkeren den Weg bereiten und die Richtung bestimmen.

In der Lyrik, im Roman und im Drama sehen wir ein Keimen und Strömen, ein Suchen nach neuen Pfaden, ein Ringen nach neuer Macht. Auf dem Gebiete des Romans war der Entwicklungskampf am stärksten. Hier haben sich die Parteien gefunden, die Ziele geklärt. Die Entscheidung steht bevor. Die Lyrik, die in der ersten Hälfte des Jahrhunderts die Führerin gewesen, ist in der politischen und socialen Debatte, welche die zweite Hälfte des Jahrhunderts mit ihrem Lärm erfüllte, verstummt und regt jetzt erst wieder die Flügel zu neuem Aufschwunge. Das Drama, von allen Kunstformen die in ihrer Entwicklung langsamste und schwerfälligste, hat im letzten Jahrzehnt eine neue Wendung genommen oder doch zu nehmen versucht. Erst schüchtern und leise, dann laut und vordringlich. Erst bedächtig experimentirend, dann auf einmal kathederhaft theoretisirend. Diese Wendung, die heute gerne ihre Daseinsberechtigung erweisen und verbriefen möchte, die nicht nur eine Reform des Dramas, sondern auch eine Reform der Bühne und des Publicums begehrt, ist lehrreich und interessant in ihrem Werden und in ihren Ansprüchen zu betrachten. Und solche Betrachtung gipfelt in der Frage: Wie wird das Theater der Zukunft sich gestalten?

Für dieses Theater der Zukunft ist auch schon das Schlagwort gefunden: „Le théâtre vivant" nennt Jean Jullien*) sein jüngst erschienenes Buch, das theoretisch wie praktisch den Reformen das Wort sprechen will. Es ist das charakteristische Merkmal dieser Reformen, daß sie durchaus nicht organisch aus dem Entwicklungsgange des Dramas sich ergeben, sondern demselben anempfunden und inoculirt sind. Wenn man die neue Richtung bei den französischen oder den deutschen Modernen auf ihre Anfänge zurückverfolgt, und das ist nicht schwer, denn der gemachte Weg ist ein überaus kleiner, so wird man diese Anfänge im Schatten des Romans finden. Die wissenschaftliche Betrachtungsweise, die dem Naturalismus das Leben geschenkt, beleuchtet den Eingang zum neuen Wege. Und der Naturalismus, der auf allen Linien den Rückzug angetreten, der seine Lager abgebrochen und sich für überwunden erklärt, im Drama kämpft er noch um jeden Fußbreit Boden. Jean Jullien steht nicht viel weiter als Zola, der in seinem vor mehreren Jahren erschienenen Buche „Le naturalisme au théâtre" jedes Werk eine den Conventionen gelieferte Schlacht nannte und die treue und wahre Darstellung modernen Lebens auf der Bühne forderte. Jullien hat sich nur bemüht, die Consequenzen zu ziehen. Er sagt, jedes Drama sei

---

*) Jean Jullien: „Le théâtre vivant." Essai théorique et pratique. Paris, Charpentier, 1892.

ein Stück Leben, das mit Kunst anf die Bühne verpflanzt
wurde. Im Leben ist Alles Ueberraschung, also sei auch
auf der Bühne Alles Ueberraschung. Dieser Satz bedingt die Aufhebung der alten Regel, die vom Dichter
verlangt, daß er das Publicum auf Alles vorbereite, daß
er dem Zuschauer Einblick gewähre in das Getriebe der
Motive, ihn überzeuge von der Kraft der im Drama
wirkenden Factoren. Jullien will Nichts von einer Lösung
wissen; er verdammt jede Exposition. Die handelnden
Personen dürfen nur das sprechen, was unmittelbar zur
Sache gehört, sie dürfen nicht die geringste Rücksicht auf
das unterrichtet sein wollende Publicum nehmen. Auch
in der Wirklichkeit werden die Ereignisse nicht „vorbereitet"
noch „gelöst". Der Dialog soll nicht continuirlich sein,
sondern wie im Leben durch Pausen unterbrochen, durch
Bewegungen, Gesten ergänzt und im Gleichgewichte gehalten werden. Der Dialog sei überhaupt nicht das Wichtigste,
sondern eben die Geste, die Bewegung. Das Interesse
des Zuschauers wende sich ganz der Handlung, nicht dem
Individuum zu. In diesem Punkte stimmt also Jullien
vollkommen mit dem Ausspruche des Aristoteles überein:
„Die Tragödie ist die nachahmende Darstellung nicht von
Personen, sondern von Handlung in Leben in Glück und
Unglück." Das darf uns nicht Wunder nehmen, denn
wiederholt beruft sich Jullien auf das griechische Theater,
das ihn mit tiefer Verehrung erfüllt und in dem er
reichste Inspiration für das Theater der Lebenden zu
finden vorgiebt. So sieht auch Jules Lemaître, der
geistvolle Eklektiker der französischen Kritik, in Euripides

einen Vorläufer der „freien Bühne". Denn Euripides
läßt seine Figuren schon so sprechen, „als wären sie ohne
Zeugen"; er läßt ihre innere Sprache zu Worte kommen
und bedient sich dabei oft einer geradezu brutalen Auf-
richtigkeit.

Da Jullien in der Handlung die Hauptsache des
Dramas sieht, so widmet er ihr seine ganze Aufmerksam-
keit. Er findet, daß die „Achse des Theaters die Liebe
sei". Man muß diese Achse verschieben, meint er, an
Stelle der Liebe eine allgemein menschliche oder sociale
Frage zum Kern des Stückes machen. Gut. Aber die
Liebe ist nun einmal die wichtigste menschliche und sociale
Frage, um deren Lösung sich das Glück, das Heil der
Menschen dreht. Es giebt überall nur zwei Gegen-
Elemente, Tag und Nacht, Ja und Nein, Wellenberg
und Wellenthal. So lassen sich auch alle Gefühle, alle
Bestrebungen der Menschen auf die zwei Grundtriebe:
Liebe und Haß, Anziehung und Abstoßung zurückführen.
Der Dramatiker, der in kleinem Rahmen das Bild der
Welt zu malen unternimmt, wird auf Licht und Schatten,
auf Farbenglanz und lebendigen Ton nicht verzichten
wollen. Und so wird denn die Liebe, das Ebben und
Fluthen, das Blühen und Reifen der menschlichen Gefühle
nach wie vor das oberste und wichtigste Thema jeder
Poesie und auch der dramatischen bleiben. Die Versuche
der Modernen, Dramen ohne Gefühlsconflicte aufzubauen,
müssen an der Theilnahmslosigkeit des Publicums scheitern.
Jullien's Dramen selbst kann man diesen Versuchen nicht
beizählen. Sie sind alle auf dem Théâtre libre gespielt

worden, und manche haben auch den Weg auf andere
Bühnen gefunden. Als das beste erscheint uns „Das
Meer", eine breite und lebendige Fischerstudie. Aber alle
diese Stücke sind mehr oder minder Liebesdramen, allerdings von recht seltsamer Structur. Jullien hat eine
scharfe und sichere Beobachtungsgabe, einen feinfühlenden
Sinn für das markante und charakteristische Detail.
Durch den Mangel jeglicher Exposition jedoch erscheinen
uns seine Personen unklar und schwankend. Man gewinnt niemals ein volles sich rundendes Bild der Vorgänge auf der Bühne. Man ist immer in der peinlichen
Lage des Zuschauers, der nicht Alles versteht und
immer im Begriffe steht, Alles mißzuverstehen. Was
Jullien erweitert und vertieft wissen möchte, ist das Seelenleben der Handelnden. Er geht, wie Strindberg, den
„einfachen Theater-Charakteren" aus dem Wege wie
den „einfachen Motiven". Er will uns complicirte
Menschen vorführen, uns eine That darstellen als das
Resultat einer Fülle unentwirrter und unentwirrbarer
Motive, die wir nicht zu kennen brauchen, die wir höchstens
ahnen dürfen.

Jullien hat seinem Buche eine interessante Beobachtung
eingefügt. Er hat, mit einem Chronometer in der Hand,
die Bühneneffecte in ihrer Wirkung auf das Publicum
studirt. Dabei hat er gefunden, daß die Effecte der
Handlung die langsamsten und schwächsten sind; die
Worteffecte wirken schon rascher und stärker, die mimischen
Effecte erscheinen als die schnellsten und kräftigsten.
„Wir sind zur Erkenntniß gekommen," führt er aus,

„daß die erſten (die Handlungseffecte), da ſie eine gewiſſe
Verſtandesarbeit, eine dauernde Jnanſpruchnahme des
Geiſtes verlangen, ſelten laute Kundgebungen hervorrufen;
kommen dieſe aber vor, ſo benöthigen ſie drei, vier, fünf,
ſelbſt ſechs Secunden zu ihrer Auslöſung. Andererſeits
erwecken ſie ſtarke Reaction des Intereſſes oder der Kälte.
Die Worteffecte, die weit mehr oberflächlicher Natur ſind,
keine große Anſtrengung noch Aufmerkſamkeit des Geiſtes
verlangen, brauchen eine bis anderthalb Secunden zur
Reaction. Die Reaction iſt hörbar und geht vom Ge=
murmel bis zum Applaus. Was die mimiſchen Effecte
betrifft, iſt ihre Wirkung eine ſofortige. In allen Fällen
äußert ſich Mißfallen raſcher wie Beifall.“

Wir wollen die Genauigkeit dieſer Angaben hier nicht
weiter unterſuchen. Wir finden aber in ihnen, ſo wie
Jullien ſie darſtellt, ein beweiskräftiges Argument gegen
ſeine eigenen Theorien.

Was iſt dramatiſche Handlung? Nichts Anderes
als ein Umſetzen von Gefühlen und Gedanken in Thaten.

Jullien's Reform — und ſie entſpricht dem Streben
der Modernen nach einer neuen Art des Dramas — geht
von complicirten Seelenvorgängen, complicirten Motiven
aus, verlangt alſo an Stelle einer großzügigen, überſicht=
lichen, freskenhaften Handlung eine aus vielen, vielen
kleinſten nnd allerkleinſten Theilchen · zuſammengeſetzte
Action. Sie betont die Details, ſie verweilt bei den un=
ſcheinbarſten, unauffälligſten, oft kaum zur Erkenntniß der
Perſonen kommenden Vorgängen. Da aber gerade die
Handlung am längſten braucht, bis ſie zum Bewußtſein

des Publicums und zum Effecte kommt, so ergiebt sich, daß das Publicum nicht folgen kann, im Rückstande bleibt. Im Lesen können wir bei dieser oder jener Stelle ver= weilen, unsere Gedanken auf diese oder jene Fährte schicken, die Ergänzungsarbeit unserer Phantasie in Anspruch nehmen und, die Theilchen zusammenfassend, ein Ganzes bilden und uns vorstellen. Im Theater haben wir dazu keine Zeit.

Die Stücke der Modernen sind Nichts als Romane in dramatischer Form. Sie gewinnen an Plastik beim Lesen, sie verlieren ihr Bestes auf der Bühne. Und ihr Bestes ist die durch peinliche und genaue Beobachtung der Wirklichkeit gewonnene Fülle an Details, ist die am Detail haftende Stimmung, die wie ein Flor über dem Unschein= baren liegt. Die Stimmung ist der Odem des Leblosen, ein Dämmern über den Dingen. Der echte Künstler, dessen Seele auch das Leblose umfließt, schafft sie unbewußt. Die Modernen aber strengen sich an, sie zum Wichtigsten auf der Bühne zu machen.

Das große, allumfassende Gesetz von der Erhaltung der Kraft ist auch in der Kunst anwendbar. Nicht das kleinste Maß von Energie geht verloren, es wandelt sich blos um. Wie der Baum die empfangene Sonnenwärme wiedergiebt, wenn sein Holz im Ofen prasselt, so wirkt das Kunstwerk mit der Kraft, die sein Schöpfer daran verwendet, auf den Beschauer oder Hörer. Was ist nun ein nach dem modernen Recepte verfaßtes Drama? Ein aus tausend Einzelheiten combinirtes Bild, ein Stück Leben, ein Stück Natur, das auf die Bühne verpflanzt wurde. Es ist durch die Kunst der Betrachtung so geworden,

wie es ist. Je größer diese Kunst, desto mehr entspricht
es der modernen Formel. Damit aber ein solches Stück
seine ganze Wirkung äußere, die aufgewendete Kraft in
vollem Maße abgebe, verlangt es wieder Betrachtung von
Seite des Empfängers. Das Theater aber ist kein Ort
der Betrachtung! Das Theater heischt kategorisch die Idee
in ihrer sinnenfälligsten Gestalt, in der That. Der
dramatische Dichter kann Begeisterung, Sympathie oder
Haß übertragen, er kann seine Moral, seinen Glauben,
sein Gefühl der Menge mittheilen, indem er Thaten
sprechen läßt. Er hat beim Publicum viele Momente
zu überwinden, die Trägheit des Ruhenden, die Ermüdung
durch andere, ähnliche oder gleiche Ideen und Gefühle,
den Widerstand der Gegensätze. Wenn seine Kunst ge-
nügend ist, so wird er Sieger bleiben. Die neue Formel
jedoch kann ihn nie zum Siege führen. Denn sie verlangt
die Stimmung als Mittel der Kraftübertragung, verlangt
eine Kraft des Schaffens, die auf diese Art, das heißt von
der Bühne herab, nicht restlos übertragbar ist.

Jean Jullien hat die Methode des Théâtre libre
in Worte gefaßt. Wenn man die an dieser Experimentir-
Bühne aufgeführten Stücke Revue passiren läßt, wird man
die Theorien Jullien's schier auf alle anwenden können.
Wie der Naturalismus, so ist auch dessen späte Frucht,
die neue Theater-Reform, von Frankreich nach Deutschland
gedrungen. Sie hat hier eine Menge „moderner" Stücke
gezeitigt, die alle den Anspruch erheben, die alten Formen
endgiltig zu sprengen, dem Theater der Zukunft die richtige
Straße zu weisen. Da ist denn vor Kurzem ein Buch

erſchienen, das, ein Seitenſtück zu Jullien, als der Geſetz-
entwurf der deutſchen Theater-Reform gelten kann. Die
Begründung eines neuen dramatiſchen Syſtems nennt
H. Gartelmann ſein Werk*). Er bemüht ſich vor
Allem, die Dramatik des Ariſtoteles mit logiſchem Scharf-
ſinn zu widerlegen, um dann auf ihren Trümmern ſein
Gebäude errichten zu können. Er kommt in ſeiner Unter-
ſuchung der Grundzüge tragiſcher Kunſt zu einem Jullien
vollkommen entgegengeſetzten Schluſſe. Ihm zu folge
bilden die Charaktere (das iſt die Perſonen) den eigentlichen
Gegenſtand des Dramas. Alſo nicht die Handlung iſt die
Hauptſache, „die Charaktere ſind im Drama der Zweck,
die Handlung aber nur ein Mittel zum Zweck; im Epos
iſt es umgekehrt". Aus dieſem Satze ergeben ſich dann
Folgerungen wie: „Die Einheit der Handlung iſt kein
dramatiſches Geſetz," und: „Für den künſtleriſchen Werth
des Dramas kommt der Stoff überhaupt nicht in Betracht."
Auf abſolute Neuheit darf übrigens Herrn Gartelmann's
Fundamentalſatz keinen Anſpruch erheben. Otto Ludwig
ſagt einmal: „Wenn anders Ariſtoteles' Erklärung des
Zweckes der Tragödie, durch Mitleid und Furcht dieſe
und dergleichen Leidenſchaften zu reinigen, die richtige iſt,
ſo ſind auch die Charaktere, das heißt die Menſchen, die
Hauptſache darin, nicht die Handlung; denn Mitleid und
Furcht knüpfen ſich an die Menſchen, nicht an die Handlung.
Die Handlung an ſich kann nur Spannung der Neugierde

---

*) Henri Gartelmann: „Dramatik. Kritik des ariſtoteli-
ſchen Syſtems und Begründung eines neuen." Berlin, 1892
S. Fiſcher.

oder Philanthropie erregen. Die Handlung ist nur Mittel
mit, den Menschen interessant zu machen. Charakter aber
ist nicht blos Besonderheit, sondern menschliche Existenz."
   In diesem Nachsatz liegt der Widerspruch. Denn
was Ludwig Charakter nennt, ist an und für sich schon
Handlung. Uebrigens erscheint uns die ganze Streitfrage
müßig. Charakter und Handlung bilden im Drama ein
unlösbares Ganzes. Wir erklärten oben die dramatische
Action als ein Umsetzen von Gefühlen und Gedanken in
Thaten. Dabei muß man sich Lessing's Ausspruch vor
Augen halten, daß diejenige Handlung die dramatisch
größte ist, welche das meiste Licht auf den Charakter einer
Person wirft. Im Ludwig'schen Sinne hieße das jene
Handlung, welche den wichtigsten Ausschnitt aus einer
Existenz darstellt. Die Bühne verlangt nicht, wie Freytag
meint, das Werden eines Charakters zu sehen, sondern
dessen stärkste Bethätigung. Diese aber offenbart sich am
besten in einem Kampfe. Jedes Drama erzählt uns einen
solchen Kampf; es ist eine Revolution, eine Empörung
des Einzelnen oder einer Gemeinschaft, eines Gefühles oder
eines Gedankens, es ist ein Auflehnen gegen eine Pflicht,
ein Vorurtheil, gegen ein Geschick — es ist der dramatische
Conflict! Das classische Drama (besonders das der
Franzosen) ist eine Tragödie der Pflicht, das romantische
eine Tragödie der Leidenschaft, das moderne eine Tragödie
der Lebenskunst, des socialen Problems. Das moderne
Drama, das heißt das Drama, das die Kämpfe unserer
Zeit zum Inhalte hat, stellt Fragen auf, die es nicht beantworten kann, behandelt Conflicte, deren Lösung in weiter

ferne liegt. Es vermag oft nur, auf das ferne Ziel zu deuten, Ausblick auf den Weg zu öffnen, der zum Ziele führt. Daher kommt es, daß an die Stelle des geschlossenen Dramas, wo mit dem Fallen des Vorhanges die Handlung ihr völliges Ende erreicht, zuweilen ein Drama tritt, dessen Schluß kein Abschluß ist, sondern eine weite Perspective zeigt, eine Fortentwickelung der Ereignisse, die sich eben vor dem Zuschauer abgespielt haben. Wenn Jullien die „Lösung" verwirft, weil es auch im Leben keine rechte und wirkliche Lösung giebt, so tappt er nur ungeschickt nach dem Richtigen. Unsere Zeit, die an unlösbare Probleme heran- geht, kann sich nicht damit begnügen, wenn Hans und Grethe sich kriegen. Mehr als je ist das Verlangen vor- handen, hinter dem einzelnen Falle, den das Drama bietet, die Allgemeinheit zu sehen. Es ist ein Verlangen nach dichterischen Symbolen. Früher suchte man in jedem Stücke die Moral, heute sucht man in jedem das Symbol. Und das moderne Drama (das aber nicht etwa gleichbe- deutend ist mit dem Drama der „Modernen"), aus dem sich das wirkliche Theater der Zukunft entwickeln wird, wird künstlerische Symbolik mit künstlerischem Realismus verbinden, sich also jener Formel unterordnen, die allen großen Meistern als Gefäß ihres Geistes diente. Die Modernen übertreiben den Symbolismus bis zur Mystik, den Realismus bis zum Naturalismus. Wiederum müssen wir Otto Ludwig citiren, der in so klaren Worten das ausspricht, was die Modernen in reformatischem Drange zu formuliren trachten. „Die Poesie gründet sich auf Nachahmung. Aber sie ahmt nur das Wesentliche nach.

fie wirft das Zufällige weg. Sie ahmt den Weltlauf
nach, wenn fie erfindet, aber in ihm eben nur das Wefent=
liche, dasjenige, was fich jederzeit als wefentliches Zubehör
ausweift. Ihr Hauptaugenmerk geht darauf, durch Ge=
fchloffenheit dem, was fie aus dem Ganzen des Weltlaufes
nimmt, das Gepräge eines Ganzen für fich zu geben, den
Kreis abzufchließen. Ein folches typifches Zubehör ift
Schuld und Strafe, Charakter und Schicffal als Folge
feines Thuns."

Jn folchem Sinne, infofern das Drama ein Stück
Wirklichkeit darftellt, wie es dem Dichter von feinem hohem,
Alles überfchauen, Alles deutenden Standpunkt erfcheint, ift
es realiftifch, ift es Nachahmung der Wirklichkeit. Wenn
aber Herr Gartelmann, der uns hier immer gleichfam
als Wortführer der „Modernen" gelten mag, fchlankweg
behauptet, „die dramatifche Dichtung ift Nachahmung", fo
kann man diefes „Grundgefetz" unmöglich ernft nehmen.

Das Theater verlangt Illufion in der Zeit, im Raum
und in der Ausdrucksform. Es ift fchlechterdings Unfinn,
wenn Herr Gartelmann lehrt: „Gebraucht eine Handlung
in der Wirklichkeit zu ihrem Verlaufe eine halbe Stunde,
fo hat fie in der Nachahmung (alfo auf der Bühne) eben
diefe Zeit nöthig." Wir wollen dem gegenüber den Satz
Schiller's halten, es gäbe auf der Bühne keine andere
Zeit, als blos die ftetige Folge der Handlungen.

Auch die Bühnenfprache muß der Illufion unterthan
fein. Der Zufchauer weiß fehr genau, daß die Sprache
der Handelnden fich gar nicht mit der des wirklichen Lebens
deckt, noch überhaupt vollkommen decken kann. Gartel-

mann wendet sich nun gegen folgende Ausführung Heinrich
Bulthaupt's (in der „Dramaturgie des Schauspiels":
„Nicht was ein bestimmter Charakter in einem gegebenen
Moment wahrscheinlich gesagt haben würde, spricht er aus,
sondern was bei der Aussprache dieses oder jenes Wortes
sich in der Seele des Redenden bewegt haben muß," und
hält dies für eine klare Verwechslung von Dramatik und
Lyrik. Damit verurtheilt er also, ohne es zu wissen,
sämmtliche als classisch geltenden Dramen der Weltlitteratur.
Denn wir glauben nicht, daß ein sophokleischer oder shakespeare'scher Held im Leben so gesprochen hat, wie ihn der
Dichter reden läßt — aber die dichterische Rede giebt uns
einen gewiß treuen Spiegel seiner Gedanken.

Herr Gartelmann geht weiter: „Die Sprache des
Dramas muß diejenige der Wirklichkeit nachahmen und
die Personen charakterisiren — kann daher im Allgemeinen
nur die prosaische sein". Er verschärft diesen Satz später
noch: „Einem Drama Verse und Reime geben, heißt
einen Adler mit Pfauenfedern ausstaffiren." Das Versi-
ficiren ist ja „sicher doch nur eine mechanische und keine
Sache des Genies".

Aber hier, in dem Kampfe gegen den Vers, fühlt
sich Herr Gartelmann nicht recht sicher, und er möchte sich
gerne den Rückzug decken: „Ist die dichterische Sprache
der Wirklichkeit nachgeahmt und charakterisirt sie die betreffende Person, so ist gegen den Gebrauch derselben
selbstverständlich Nichts einzuwenden." Ja, wann geschieht
denn dies? Wo und wann in aller Welt wird in der
Wirklichkeit dichterisch gesprochen?

Gartelmann's Buch erschien uns einer so ausführlichen Besprechung werth, weil es ein symptomatisches Buch ist. Es ist das Product der Reformbewegung der deutschen „Modernen", es zeigt uns in klarer nüchterner Weise den Weg, den die junge Berliner Schule gegangen ist und geht, und der nach ihrer Versicherung der einzig richtige Gradus ad Parnassum ist. Man mag fragend ein Stück von Johannes Schlaf, Max Halbe oder einen anderen der jungen Stimmungs- und Nachahmungskünstler untersuchen, man wird finden, wie Theorie und Praxis sich decken. Uns diene als Beispiel eines der sicherlich bedeutsamsten Werke der Modernen, das Drama: „De Waber" von Gerhart Hauptmann.*)

Alle Gesetze, die der Theoretiker Gartelmann aufstellt, können hier zur Anwendung kommen. Das Augenmerk des Dichters ist einzig und allein auf die Charaktere gerichtet, es giebt so gut wie gar keine Einheit der Handlung; die Sprache ist der Wirklichkeit mit größtmöglicher Treue nachgeahmt. Allerdings sind „De Waber" auch kein Drama. Wenn dieses Werk ein litterarisch hochstehendes und werthvolles ist, so hat Hauptmann's Talent, das allen modernen Reformen zum Trotze dem Lichte nachstrebt, es dazu gemacht. Hauptmann's Talent ist epischer Natur. Der Dichter besitzt in hohem Grade die Kunst der Beobachtung und der charakteristischen Reproduction. Er kennt die intime Behandlung der Details. Er weiß jene zu

*) Gerhart Hauptmann: „De Waber." (Die Weber.) Schauspiel aus den Vierziger Jahren. Dialekt-Ausgabe und hochdeutsche Ausgabe. Berlin 1892. S. Fischer.

verwenden, welche geeignet sind, die Schilderung eines
Gegenstandes oder einer Person zu vertiefen und zu be-
reichern. Bezeichnend für seine Technik ist die Wieder-
holung desselben Vorganges, derselben Stimmung, geschaut
und empfunden von verschiedenen Standpunkten aus. Seine
Sinne sind ungemein empfänglich für jedes Schwanken der
Stimmung, für jedes Dämmern der Gefühlseindrücke. Seine
Eigenheit tritt schon in seiner Erstlingsarbeit, der Novelle
„Bahnwärter Thiel"*) deutlich zu Tage; der Stimmungs-
zauber intimer Naturbeobachtung würde aus dem kleinen
Dinge ein Kunstwerk machen, wenn nicht die brutale
Handlung den Eindruck zerstörte. Nimmt man „De
Waber" in einsamer Stube zur Hand, so vermag uns der
Dichter im Banne seiner Phantasie mit starker Kraft fest-
zuhalten. Wir athmen mit ihm die gedrückte Luft der
Weberstuben, erbeben mit ihm vor dem Elende, das, eine
schleichende Krankheit, diese arme Menschenheerde ergreift,
sehen mitleidigen Auges die Bewegung des Aufstandes sich
vorbereiten, in wildem Gewitter sich entladen, sehen mit
ihm in die Zukunft, die elend und schlecht sein wird, als
hätte der Sturm nie getobt. Und was uns all das mit
dem Dichter mitfühlen und mitempfinden heißt, ist die
Suggestion der Stimmung, der Flimmerreiz der kleinen
Züge. Die hohen Lichter und die tiefen Schatten liegen
auf diesen kleinen Zügen; sie sind es, die den Charakter
des großen Gemäldes bestimmen. Auf der Bühne aber

*) Sie erschien zuerst (1887) in der „Gesellschaft". Nun liegt
sie in Buchform vor: G. Hauptmann: „Der Apostel". „Bahnwärter Thiel". Novellistische Studien. Berlin, 1892, S. Fischer.

würde der ganze Eindruck zerflattern. Es würde sich zeigen, daß die Details zu schwach sind, um das Gerüst des Dramas zu tragen. Jeder Zwischenact müßte die Stimmung heillos zerreißen, jeder schauspielerische Effect einen dichterischen Effect erschlagen. Gerade das Uneigentliche, der Hintergrund mit seiner tendenziösen Bewegung würde wirken*). Man hätte den Eindruck, als spielten winzige Figuren vor einem großen, großen Prospect. Manches, was uns beim Lesen erschüttert und rührt, müßte auf der Bühne vergröbert, widerlich und abstoßend wirken. Wenn ein Werk geeignet ist, von der Einheit des Dramas, von dem Ringe, in dem die Ereignisse laufen müssen, von dem Helden, der die Handlung trägt und die Idee des Dichters synthetisirt, zu überzeugen, so sind es „De Waber“, wo alle diese Erfordernisse des Dramas fehlen und wo ein größtes dichterisches Talent nicht hinreichte, ein Drama aus Bestandtheilen zu bauen, die dem Epos gehören. Der consequente Realismus, dessen Lehre Jullien in Frankreich, Gartelmann bei uns formulirte, als dessen Dichter Gerhart Hauptmann heute gilt, kann weder in der Theorie noch in der Praxis das Theater der Zukunft bestimmen.

Da wollen wir noch eines Heftchens Erwähnung thun, das den consequenten Realismus im Titel führt**). Es ist frisch und schneidig geschrieben, sein anonymer Verfasser

---

*) So oft bisher „De Waber“ auf die Bühne kamen (in Berlin und in Paris), hat sich diese Wirkung mit souveräner Macht eingestellt.

**) „Gegen den Strom.“ Flugschriften einer litterarisch-künstlerischen Gesellschaft. XXIV. „Consequenter“ Realismus. Bühne und Publicum. Wien, 1892, Carl Gerold.

sieht mit scharfen Gläsern aus dem Parquet auf die
Bühne und schüttelt mißbilligend und zweifelnd das Haupt
zu dem, was er da oben sieht. Er ist ein guter Rechen-
meister und belegt an der Hand interessanten statistischen
Materials die Thatsache, daß die vielgepriesenen Siege der
„Modernen" ebesoviele Niederlagen waren. Wenn das
Publicum wirklich mit der Richtung der Modernen sympathisirte, wie es die Organe der jungen Schule behaupten,
warum lehnt es dann ein Werk der Modernen nach dem
andern ab? Es sind freilich, wie der Verfasser mit satiri-
schem Geschicke ausführt, auch kleinliche und egoistische
Motive des Publicums mit im Spiele; es fühlt sich von
dem Realismus auf der Bühne unangenehm berührt, ja
beleidigt. Aber vor Allem ist es das Theater, das sich
mit dem consequenten Realismus nicht verträgt, noch ver-
tragen kann. „Was jetzt im Drama sich breit macht, ist
nicht gesunder Realismus, es ist wieder eine mühsam aus-
geflügelte, langweilige Unnatur, es ist — eine neue
Schablone oder es ist das, was die principiellen Gegner des
Realismus mit den abgehetzten Schlagworten: Photographie,
Abklatsch, mechanische Nachbildung des Lebens bezeichnet
haben." Der Schluß, zu dem der Verfasser kommt, ist
nicht allzu weit von dem oben mitgetheilten Satze Otto
Ludwig's entfernt: „Auch das Düstere, Häßliche, Uninter-
essanteste, Peinliche, absolut Wahre hat in der Kunst seine
Berechtigung; aber wir erlauben uns unser Votum abzu-
geben für eine abgekürzte Wirklichkeit, für eine Wahrheit, die von allem unnöthigen Schmutz, von den Schlacken
des Ueberflüssigen und Zufälligen befreit ist."

Die Bestrebungen der „Modernen" enden in einer
Sackgasse. Manche sehen das jetzt schon ein und werden
bittere Pessimisten allem Dramatischen gegenüber, prophe-
zeien ein baldiges Ende nicht nur allen Classikern, sondern
der Bühne überhaupt. Sie fürchten, das Interesse der
Menge werde sich nicht mehr dem Theater, sondern der
Schaustellung, den niederen Künsten der Circusspiele zu-
wenden. Sie stellen fortwährend Betrachtungen an über
die Schwankungen und Wendungen im Interesse des
Publicums und bemühen sich, denselben zuvorzukommen.
Dabei aber verkennen sie das Ausschlaggebende: Wir gehen
nicht in's Theater, um unser Interesse, sondern um unser
Gefühl zu befriedigen. Das Verlangen nach edler Harmonie,
das Schönheitsverlangen ist der Urquell allen Gefühls, und
der Zauberstab des Dichters weiß ihn dem Felsen zu entlocken.

Die neue Richtung, die anfangs sich gar wissenschaftlich geberdete, appellirt immer wieder an's Interesse. Sie
ist ein Product des Verstandes. Der Verstand spielt in
unserer Zeit eine übergroße Rolle. Schon in der Schule
wird er überladen, auf Kosten der Phantasie und des Gemüthes entwickelt. Auch in der Dichtung, auf dem
Theater soll er nun herrschen. Eine Welt, die überall
das Causalitäts-Princip sucht und findet, verlernt das Bewundern und die Begeisterung. Beides kann die Bühne
nicht entbehren. Die Bühne soll nie vergessen, daß ihre
Welt eine Welt der Phantasie, ihr Reich das Reich des
Gemüthes ist.

II.

Im Theaterleben der Gegenwart sind unschwer zwei Stömungen zu erkennen. Die eine dieser Strömungen — wir möchten sie die aristokratische nennen, und ihre extremsten Vertreter sind die Modernen — verlangt eine immer weiter fortschreitende Verfeinerung der Theater- kunst, wendet sich nur an einen kleinen Bruchtheil des Publicums, das mit besonderen, gleichsam artistischen Fähigkeiten ausgerüstet sein muß, um der intimen Detailmalerei, dem Eiertanz um seltsame Probleme folgen zu können. Die andere Strömung ist demokratischer Natur. Sie will eine Bühne für's Volk, sie sucht in Allem und Jedem ein Widerspiel des Theaters der Modernen. In jeder Aeußerlichkeit finden wir schon diesen Gegensatz. Hier wie dort wird neben einer Reform der Drama- turgie eine Umgestaltung der Bühne verlangt. Die Modernen fordern — und zuerst hat August Strindberg im Vorwort zu „Fräulein Julie" diese Forderungen präcisirt — eine kleine Bühne und einen kleinen Zuschauer- raum, vollständige Dunkelheit im Hause, indeß die Scene nicht mehr von der Rampe aus, sondern durch seitliches, reflectirtes Licht beleuchtet werden soll, intimste Darstellung intimster Vorgänge, eine schauspielerische und dramatische Technik, wo die Einzelheit zur Hauptsache wird. Und der Zweck dieser Detailkunst ist das Hervorbringen von Stimmungen. Das Interesse des Zuschauers soll von den Stimmungen, die der moderne Stoff des Dramas ausstrahlt, wie mit einem engmaschigen Netze gefangen werden.

Dem gegenüber sehen wir nun ein Verlangen nach großen, riesigen Theaterräumen, um Tausende des Volkes zum Genusse der Kunst gelangen zu lassen; nach historischen Stoffen, die das Gemüth anregen, die Herzen erheben, den Sinn begeistern sollen; nach einer freskenhaften Dramatik, die auf alle stimmungsvolle Pracht und Treue der Aus- stattung verzichten will; nach einer Bühne, die, an die alte Volksbühne des Mittelalters sich anlehnend, im besten Falle nur decorative Andeutungen giebt, der Phantasie des Zuschauers die Wege weist, ihr aber keine Esels- brücken baut.

Die Modernen suchen noch vergebens nach einer Verkörperung ihrer Idealbühne, das Volksschauspiel hat bereits seine Existenzfähigkeit zu erweisen Gelegenheit gehabt.

Die demokratische Reform äußert sich in zweierlei Erscheinungen. Sie will einerseits eine Volksbühne, das heißt eine Bühne, die volksthümliche Stoffe in volks- thümlicher Gestaltung bringt, andererseits eine Bühne für's Volk, das heißt für jene Schichten der Bevölkerung, die bisher vom Theaterbesuch fast ausgeschlossen waren, auch für den vierten Stand also. Einen Quellpunkt, und zwar einen der wichtigsten, haben beide Erscheinungen gemeinsam. Er liegt in den oberbayrischen Bergen, wo alle zehn Jahre das Passionsspiel von Oberammergau in Scene gesetzt wird. Dort sieht man ein Drama, das den denkbar volksthümlichsten Stoff behandelt und das

18*

sich an kein Publicum, sondern wirklich an's Volk wendet.

Wieso es aber kam, daß die Oberammergauer Passions-Darstellungen in unserer Zeit eine so tiefe und weitgehende Bewegung hervorrufen konnten, wieso es überhaupt möglich wurde, daß nach einer jahrzehntelangen Ebbe eine plötzliche Fluth im Theaterleben sich bemerkbar macht, daß die Strömungen, von denen wir sprechen, immer neue Zuflüsse erhalten, ist eine so bedeutsame Thatsache, daß wir es versuchen wollen, sie an die ihr zukommende Stelle in der Geschichte unserer Zeit zu setzen.

Es giebt Epochen, die der Entwicklung des Dramas besonders günstig sind und in denen das Theater eine hervorragende Rolle im Culturleben einnimmt. Die Blüthe der dramatischen Poesie fällt immer zusammen mit der Blüthe der Individualität, mit der vollen Ausgestaltung der Persönlichkeit. Sie tritt ein, wenn, wie Freytag sagt, „die Menschen gewohnt sind, sich selbst und Andere vor dem Momente einer That scharfsinnig zu beobachten, wenn der Einzelne nicht mehr durch den epischen Bann alter Ueberlieferungen und äußerer Gewalt, durch hergebrachte Formel und volksgemäße Gewohnheit gefesselt wird, sondern sich freier das eigene Leben zu formen vermag". Freytag sieht eine solche „Vertiefung der Menschenseele" im Alterthum um's Jahr 500 v. Chr., als die griechischen Tragiker ihre Werke schufen, und ein zweites Mal nach der Reformation in allen europäischen Ländern, als zuerst in England und Spanien, dann in

Frankreich, zuletzt in Deutschland die dramatische Kunst
ihren gewaltigen Aufschwung nahm. Es wäre lehrreich,
den Gedanken eingehend zu behandeln. Wir glauben,
daß er in allen Fällen beweiskräftig zu entwickeln wäre.
Auch die Blüthe des Dramas am Ausgange des vorigen
Jahrhunderts war das Product einer nach Individualität
ringenden Zeit, die das Recht der Einzelnen der Gesammtheit gegenüber allerwärts mit That und Wort verfocht.
In diesem Sinne war Schiller der Dichter der Freiheit!
Und auch heute stehen wir am Morgen einer solchen
Epoche, und das Drama geht einem neuen Glanze entgegen. Denn auch wir streben nach Individualität; in
der Kunst und in der Philosophie wird die Vervoll-
kommnung der Persönlichkeit angebahnt und gesucht: sein
frei gestaltetes Ich aus der Masse losringen, heißt die
Parole. So schafft man dem Drama den breiten Untergrund, so schafft man das Verständniß für die Macht
der Individualität gegenüber der Welt und dem Geschick,
für den Conflict zwischen dem Einzelnen und der Menge
— und das sind die ewigen Stoffe der dramatischen
Poesie. Und noch Eines tritt gegenwärtig, jede Poesie
und auch die dramatische unterstützend, hinzu: die starke
künstlerische Reaction gegen die wissenschaftliche Denkungs-
weise und gegen die Versuche ihrer dichterischen Ver-
werthung. Auch das confuse Buch: „Rembrandt als
Erzieher," das den künstlerischen Menschen gegen den
wissenschaftlichen ausspielte, und der beispiellose Erfolg
dieser Schrift sind uns ein Beweis für das Vorhandensein
jener Reaction.

In einer solchen Zeit also, die dem Dramatischen günstig ist, fallen die Keime auf fruchtbaren Boden, zieht jedes theatergeschichtliche Ereigniß seine weiten Kreise. Zu einem solchen Ereignisse wurde das Oberammergauer Passionsspiel bei seinen letzten beiden Aufführungen (1880 und 1890). Die vielen Anregungen, die es bot, hat ein günstiger Wind weit in die Lande getragen. Sie haben in verschiedenartiger Weise Anlaß zu Reformen gegeben.

Es giebt auf der Bühne des Alpendorfes keine Berufsschauspieler; das Volk selbst tritt auf die Scene. Im Jahre 1851, gelegentlich des Züricher Theaterbaues, nannte Richard Wagner das Aufhören des Schauspielerstandes als besondere Kaste ein zu erstrebendes Ideal. An deren Stelle müßte eine künstlerische Genossenschaft treten, an der je nach Fähigkeit und Neigung mehr oder weniger die ganze bürgerliche Gesellschaft theilnehmen könnte. Das Theater in seiner jetzigen Gestalt als industrielle Anstalt würde verschwinden, der öffentliche Kunstverkehr fände auf der Bühne seine gemeinsamen und höchsten Berührungspunkte. Und von Wagner ausgehend, aber sichtlich von Oberammergau beeinflußt, versuchte Hanns Herrig mit starkem Willen und mit seiner ganzen, leider nicht allzu großen Kraft eine Reform des Schauspieles in volksthümlichem Geiste durchzuführen. Hans Herrig (geboren am 10. December 1845 zu Braunschweig) ist am 4. Mai 1892 zu Weimar in stiller Zurückgezogenheit, fast könnte man sagen unbeachtet, gestorben. An dieser Stelle sei seiner ehrend gedacht. Er war sein Leben lang ein eifriger und ehrlicher Kämpfer, der das Beste wollte

und von seinem schöpferischen Talente immer wieder im
Stiche gelassen wurde. Die Dramen, die er als Epigone
Schiller's schrieb, sind vergessen und verklungen; sein Versuch,
eine deutsche Volksbühne zu schaffen, sichert ihm einen
Platz in der Geschichte des deutschen Theaters. Es war
im Jahre 1883, und Deutschland rüstete sich zur Luther-
feier. Da trat Herrig mit seinem Luther-Festspiel hervor,
und in der Dreifaltigkeitskirche zu Worms wurde es von
einer kunstbegeisterten Bürgerschaft dargestellt. Später
baute die Stadt Worms ein eigenes großes Festspielhaus
nach Herrig's Intentionen. Es wurde am 20. November 1889
mit Herrig's Volksschauspiel „Drei Jahrhunderte am Rhein"
eröffnet. Der Dichter hatte inzwischen in einer Broschüre:
„Luxustheater und Volksbühne" (1887) seine Ideen und
Reformvorschläge des Weiteren ausgeführt. Wie er der
„Gesellschaft" das „Volk" gegenüberstellt, so führt er
seine Volksbühne, die dem Bedürfnisse des Volkes nach
Kunst entsprechen soll, gegen das Luxus-Theater, wo der
Philister und der Genußmensch die entscheidende Stimme
haben, in's Treffen. Was das Volk im Theater sehen
und kennen lernen will, sind nach Herrig's Ansicht „nicht
seine gesellschaftlichen Eigenthümlichkeiten, sondern sein ge-
schichtliches Wesen, gewissermaßen die Momente, wo es
sich seiner Freiheit und Verantwortlichkeit bewußt wurde,
wo es wollen konnte, sei es als Menge oder in der Person
eines hervorragenden Mannes". Dies bedingt also die
Wahl historischer Stoffe für die geplante Volksbühne.
Diese Bühne denkt sich Herrig im Geiste jener alten ursprünglichen Bühne, welche die Phantasie des Zuschauers

zur Mitthätigkeit beruft, als die Bühne Shakespeare's, „nach der sich unsere besten Geister gesehnt". Sie sollte aber auch gleichzeitig eine Erinnerung sein an das griechische Theater mit seinen Chören. Der Chor müßte das Bindeglied zwischen Handlung und Zuschauer vorstellen; aber er brauchte nicht gegenständlich vor unser Auge zu treten, er sollte gleichsam „der ideale Ausdruck der Stimmung des Zuschauers sein, nicht aus der Handlung herausschallen, sondern möglichst darüber schweben". Als besten Platz für einen solchen Chor bezeichnet Herrig eine im Rücken der Zuschauer angelegte Sängertribüne. Sänger und Schauspieler dürften aus ihrer Kunst keinen Beruf machen. Die Bürgerkreise werden zur Mitwirkung herangezogen. Nur so könne die Kunst in ihrer edelsten Gestalt, im Drama, Gemeingut des Volkes werden, könne sie die Phantasie der ganzen Bürgerschaft heilbringend befruchten. Beschäftigungslosigkeit der Phantasie nennt Herrig eine große Gefahr für unsere Zeit. Die Volksbühne wäre der geistige Mittelpunkt der Bürgerschaft, jene Aufführung in Wahrheit ein Festspiel und ein Fest.

Gewiß hätte Herrig's Versuch eine starke und lebhafte Bedeutung erlangt, wenn sein „Luther"*) ein echtes Kunstwerk und ein volksthümliches Werk zugleich gewesen wäre. Hat das Stück ja, so wie es ist, mit seinen oft trivialen Versen, seinen holperigen Rhythmen, seiner ungeschickten, nicht selten völlig ungenügenden Charakteristik,

*) Hans Herrig: „Luther." Ein kirchliches Festspiel. 19. Auflage. Berlin, 1892, Fr. Luckhardt.

seinem gesuchten naiven Ton und trotz der über so mancher
Scene schwebenden Langweile Tausende und Tausende begeistert und erhoben und allerorten zu Nacheiferungen
Anlaß gegeben. Freilich trug bei den Aufführungen in
der Kirche die weihevolle Stimmung des Raumes nicht
wenig zur Wirkung bei. Die Bühne war unterhalb der
Orgel aufgeschlagen, bestand aus einer Vorderbühne und
einer etwas erhöhten, engeren Hinterbühne, hatte absolut
keinen decorativen Schmuck, sondern war einfach mit
braunem Stoffe drapirt. So war auch später die Bühne
des Festspielhauses beschaffen. Rigoroser kann also wohl
die Shakespeare-Bühne nicht wiederhergestellt werden, und
stärker kann man schwerlich die Mitwirkung der Phantasie
in Anspruch nehmen. Mit der puritanischen Decorations-
losigkeit wurde allerdings bald gebrochen. Bei Wilhelm
Henzen's „Heiliger Elisabeth" (Mai 1891), einem Stücke,
in dessen lyrischem Grunde anmuthiger, poetischer Gehalt
liegt, das aber, ganz undramatisch in Stoff und Ausbau,
die Neigung erkennen läßt, aus dem „Volksbühnenspiel"
ein gesprochenes und geminntes Oratorium zu machen,
kamen gemalte Prospecte auf der Hinterbühne zur Anwendung, um die Localität mindestens anzudeuten.

Eine Reform der deutschen Bühne jedoch ist von
Worms und seinem schönen Hause nicht ausgegangen.
Auch von Münster a. St. nicht, wo der Dichter und
Componist August Bungert die Errichtung eines großen
Festspielhauses anregte und es dann mit seinem Festspiel
„Hutten und Sickingen" einweihte. Bungert ist in Allem
ein Nachfolger Herrig's. Nur in Einem geht er über

ihn hinaus: in der Betheiligung der Musik. Er verlangt nämlich bei den Höhepunkten der Handlung ein Mitsingen des Publicums und empfiehlt zu diesem Zwecke einfache, wo möglich im Volke schon bekannte Lieder! Für ihn scheint im Melodrama die ideale dramatische Form verwirklicht zu sein. Sein Festspiel hält dichterisch Herrig's „Luther" die Waage. Auch hier wird viel zu viel gesprochen und declamirt. Das Volksdrama aber braucht nach unserer Meinung vor Allem Handlung und Leben. Worte und scenische Bilder genügen nicht. In den Festspielen, mit denen das deutsche Volk in den letzten Jahren beschenkt wurde — und ihre Zahl ist nicht klein — herrscht ein episch-lyrischer Ton, der mit den Anforderungen der Bühne im Gegensatze steht. Es strebt Alles nicht nach der That, sondern nach dem „lebenden Bilde". Der Wunsch, volksthümlich deutlich zu werden, verführt die Verfasser, aus den Figuren lauter Gliederpuppen zu machen, die an den Drähten ihrer Motive zappeln. Relativ das beste, jedenfalls das bühnenfähigste dieser Festspiele ist Otto Devrient's „Luther", der in Jena sein eigenes Haus, seinen eigenen „Festspielverein erhielt. Devrient schrieb 1851: „Das Geschichtsdrama braucht ein Theater, wie die Griechen es hatten und wie die Oberammergauer es haben." Aber wichtiger als das Theater, als die mitspielende Bürgerschaft ist ein Dichter, der das Theater beherrscht und nicht unter seinem Stoffe zusammenbricht wie Herrig, seine Mitstrebenden und seine Nachfolger.

Dem Beispiele Oberammergaus, der Strömung folgend, die in Herrig einen Sprecher gefunden, wurden nicht nur

Festspielhäuser gebaut, sondern auch in anderer Weise
Bürger- und Bauernspiel zu erneutem und zu neuem Leben
erweckt, das Interesse des Publicums nach kleinen Städten
und Dörfern gezogen. Da giebt es den „Meistertrunk"
in Rothenburg an der Tauber, die Passionsdarstellungen
in Brixlegg und in Stieldorf (in der Nähe von Ober-
kassel), die Hoferspiele in Oberndorf und in Meran,
die Aufführung von Martin Greif's „Ludwig der Bayer"
in Kraiburg, da giebt es hier ein Oster-, dort ein Weih-
nachtsspiel. Die Freude am Bürgerspiel ist wieder erwacht, dieses ist eine Erscheinung der Gegenwart geworden.
Es hat seine guten und nützlichen Seiten, es trägt Kunst
und Liebe für die Kunst in die Menge, es bildet das
Volk, denn schließlich ist, wie Richard Wagner gelegentlich
bemerkt, nicht die Wissenschaft, sondern die Kunst die
wahre Bildnerin des Volkes. Die Schattenseiten der Bewegung hat G. A. Erdmann in einer jüngst erschienenen
kleinen Schrift*) mit übertriebener Schärfe darzulegen versucht. Er hat die Pflege des Dilettantismus, der Eitelkeits-
motive, der kleinstädtischen Komödienspielerei, der ge-
schwätzigen Kunstphrase, die über den Mangel an Kunst-
verständniß hinweghelfen soll, überall mit den von Herrig
gepriesenen und angeregten Bürgerspiel verschwistert gefunden, und das hat ihm alle Freude daran genommen.
Im Liebhaber-Theater, das wieder Mode zu werden beginnt und das im Großen und im Kleinen auf der Bild-

*) Gustav Adolf Erdmann: „Theater-Reformen?" Kritische
Studien. Berlin, E. Rentzel. 1892.

fläche unseres Gesellschaftslebens erscheint, mögen diese
Elemente eine Rolle spielen. Vor dem echten Kunstwerke,
vor der echten Kunstbegeisterung werden sie verstummen.
Und wer weiß, ob nicht die reinste Kunstbegeisterung
gerade in jenen Schichten des Volkes zu finden ist, die nun
im Theater als Genießende und Mitwirkende herangezogen
werden sollen?

Wenn man die Bühne in Oberammergau, die Festspielhäuser in Worms und Münster, den Schauplatz des
Hoferspieles in Meran, das kürzlich errichtete Theater in
Kraiburg betrachtet, so springt Einem eine charakteristische
Reform sofort in's Auge: die Zweitheilung der Bühne in
eine Vorderbühne und eine kleinere, meistens etwas erhöhte
Mittel- oder Hinterbühne. Die Decoration der Vorderbühne ist in den meisten Fällen eine festsehende, unver-
änderliche, von architektonischer Natur. Nur der Hintergrund der Mittelbühne wird je nach den Anforderungen
der Scene verändert. Coulissen giebt es keine. Sie werden
durch Drapirungen ersetzt. Bereits Schinkel machte 1817
den Vorschlag, statt der Coulissen, welche dem Bühnenraume eine widersinnige Begrenzung geben, eine unver-
änderliche Drapirung der beiden Seiten zu verwenden, das
Proscenium weit vorzubauen, die Decorationskunst auf
gemalte Prospecte zu beschränken. Die Malerei wie die
Ausstattung überhaupt müsse vor dem Wort, vor der
dramatischen Action bescheiden zurücktreten. Wie wir oben
gesehen, trat dann Herrig theorethisch und praktisch für
die „Shakespeare-Bühne" ein. Ihren letzten Triumph
aber feierte diese in München, wo Baron v. Perfall,

angeregt durch eine Reihe Aufsätze, die Rudolf Genée
1887 und 1889 in der Allgemeinen Zeitung erscheinen
ließ, sie dem modernen Theater anpaßte. Am ersten Juni
1889 wurde zum ersten Male „König Lear" auf der
Shakespeare-Bühne des Münchener Hoftheaters dargestellt.
Und im vorigen Winter hatten wir auch in Wien Gelegenheit, uns von den Vor- und Nachtheilen dieser Bühnen-
reform zu überzeugen. Wir glauben nun, im Vorstehenden
gezeigt zu haben, daß es nicht etwa eine paradoxe Idee,
ein experimentirender Einfall des Münchener Intendanten
war, als er diese Reform auf dem modernen Theater ein-
zubürgern versuchte, sondern daß die Idee aus dem Geiste
der Zeit sich entwickelte, als das Oberammergauer Beispiel
Nachahmung fand, Herrig und seine Nachfolger ihre
Theorien zur Anwendung brachten, Genée die Rückkehr zu
jener alten Bühnenform empfahl. Was die Zeit verlangte, war weniger just die zweigetheilte Bühne, als jene
Bühne, welche, mit dem Ausstattungsluxus der letzten Epoche
brechend und gegen diesen reagirend, dem Dichterworte
wieder zur unumschränkten Herrschaft verhelfen sollte. Die
Shakespeare-Bühne mit ihrer naiven Einfachheit ist keine
Bühne für das gewöhnliche Theater-Publicum, das im
Schauspielhause Zerstreuung und Genuß sucht. Es ist eine
Bühne für die große Masse, für die naive Menge, deren
leicht erregbare Phantasie sich auch schon mit Andeutungen
begnügt. Sie entspricht dem Wunsche der Zeit, eben dieser
Menge die Pforten des Theaters zu öffnen. Das ganze
Volk soll des Theaters und seiner hohen Kunst theilhaftig
werden! Dieser Gedanke ist es, der jetzt in allerlei Formen

nach klarem Ausdruck strebt. Professor Adler in Frei-
burg war der Erste, der die Social-Reform auf das
Theater erstreckte, die Rechte des vierten Standes auf die
Kunst darlegte. Er verlangt in seiner Broschüre*) keine
eigenen Volksbühnenhäuser, weil diese zu kostspielig wären
und die Finanzirung eines solchen Unternehmens immer
mit dessen künstlerischen Pflichten in Collision gerathen
müßte, sondern er heischt blos: „daß bereits bestehende
gute Theater veranlaßt würden, zeitweilig als Volksbühnen
zu fungiren." Er denkt daran, daß etwa das königliche
National-Theater in Berlin allwöchentlich einmal eine für
das Arbeiter-Publicum berechnete Vorstellung geben könnte
und daß die Kosten aus der Subvention bestritten würden.
Auch dieser Gedanke liegt gleichsam in der Luft unseres
Jahrhunderts. Devrient sprach von einer Verstaatlichung
des Theaters, und Professor Skraup in Prag plaidirte
vor einiger Zeit für das Theater als Staatsanstalt; Beide
hatten dabei das Ziel im Auge, das Theater allen Staats-
angehörigen in gleicher Weise zugänglich zu machen.

In Wien kämpft und schreibt Anton Bettelheim
seit zehn Jahren für die Verwirklichung eines von derselben Gedankenströmung befruchteten Planes. Nun hat
er seine diesbezüglichen Aufsätze in Buchform herausgegeben**). Er will ein Theater in Wien, um das
deutsche Volksschauspiel in demselben Geiste und

---

*) Dr. Georg Adler, „Die Social-Reform und das Theater."
Auch eine „sociale Frage". Berlin, Walther & Apolant, 1891.
**) Anton Bettelheim: Die Zukunft unseres Volkstheaters.
Zehn Aufsätze aus den Jahren 1882—1892. Berlin, F. Fontane 1892.

demselben Erfolge zu pflegen wie das klassische
Drama im Burgtheater gepflegt wird; er will dem mund-
artlichen Volksschauspiel, dem heimischen Zaubermärchen
und der satirischen Localposse, dem lustigen Schwank und
der realistischen Bauernkomödie eine Heimstätte errichtet
wissen. Da dieses Theater aber kein Geschäftstheater
sein dürfte, das Cassapflichten zu erfüllen hat, so müßte
es als eine gleichsam staatliche Institution zum Volks-
wohle auftreten. Was Bettelheim will, sind Reichs-
bühnen für das Volk! Er hat einen trefflichen
Bundesgenossen in dem Kampfe um die wirkliche Volkskunst in einem jungen Gelehrten gefunden, in Dr. Emil
Reich.

Panem et Circenses, das tägliche Brot und die
Theilnahme an den edlen Spielen des Geistes verlangt
Dr. Reich*) für die besitzlosen Volksklassen. Neben
der Pflicht und dem Recht zur Arbeit stellt er das Recht
auf Genuß. Es ist eine Pflicht der Besitzenden, dafür
zu sorgen, daß auch den Besitzlosen ihr Theil am Genusse
der Kunst werde. Nicht, „Die Kunst für die Kunst!“,
sondern „Die Kunst für das Volk!“ wird das Losungs-
wort kommender Zeiten sein. In einem an Material
überreichen, mit verständnißvoller Uebersichtlichkeit ge-
schriebenen historischen Theil schildert Dr. Reich die
Geschichte des vierten Standes in der Kunst, zeigt uns,
wie in der Malerei und in der Poesie das Volk und

---

*) Dr. Emil Reich: „Die bürgerliche Kunst und die besitz-
losen Volksklassen.“ Leipzig, W. Friedrich, 1892.

das Recht des Volkes, die sociale Frage und die socialen
Fragen in die Erscheinung treten, zum Lichte sich ringen,
an Macht und Bedeutung gewinnen. Er legt dar, wie
aus der Hofkunst früherer Jahrhunderte sich die bürgerliche
Kunst entwickelt hat, jene Kunst der Bourgeoisie, des
Philisters, des Geldmenschen, die unser Jahrhundert
beherrscht. Aber diese bürgerliche Kunst bildet blos den
Uebergang zur Volkskunst, die alle Schichten in gemeinsamem Genuß vereinigen wird. Und erst eine Kunst,
an der die ganze Nation theilnimmt erfüllt ihren
Zweck und wird zur treibenden Kraft für Alle. Für
diese Kunst der Zukunft erhofft Dr. Reich eine ideale
Richtung, die aber nie den starken Boden der Realität
wird verlassen dürfen. Sie wird sich gleich weit vom
falschen, nebligen Idealismus wie vom crassen Naturalismus entfernen. Eine ihrer wichtigsten Aufgaben wird
es sein, „moderne Symbole zu finden, das heißt eben,
sich des modernen Lebens als Stoffes künstlerischer
Wiedergabe zu bemächtigen." Dr. Reich will auf allen
Gebieten dem Volke den Zutritt zur Kunst gewähren und
erleichtern; er will „Eröffnung der Museen für das Volk
(durch die Einführung praktischer Besuchszeiten, die auch
auf den Arbeiter Rücksicht nehmen), wahrhaft populäre
Musikaufführungen und Theater-Vorstellungen bei be-
scheidensten Preisen, staatliche Veranstaltung oder Unterstützung gut gedruckter Ausgaben der besten Litteraturwerke
zu minimalen Preisen, Aufstellung unentgeltlich benütz-
barer, mit Freilesehallen verbundener Volksbüchereien in
jeder Ortschaft, Abhaltung von Cursen und Vorträgen

zur Einführung in die Kunst und als Anleitung zum
Verständniß der Kunstwerke." Zu jedem dieser Punkte
giebt Dr. Reich eine ausführliche Darlegung des Nothwendigen, eine kritische Uebersicht des Bestehenden und
ein Programm des zu Schaffenden. Bezüglich des Theaters
decken sich seine Vorschläge so ziemlich mit denen des
Professors Adler. Auch er wünscht Arbeiter-Vorstellungen
in den schon bestehenden Theatern bei ganz geringem
Eintrittsgeld. Dr. Reich sieht in den heuer eingeführten
billigen Sonntagsvorstellungen des Burgtheaters den
ersten, wenn auch kleinen, so doch hochbedeutenden Schritt
auf diesem Gebiete der Reform, die dahin führen soll,
die Pforten des Schauspielhauses dem wirklichen Volke
zu öffnen. Und mit gerechter Freude und mit Stolz, daß
dieser Schritt in Wien geschehen, können wir ihm hierin
Recht geben.

Was den Worten Dr. Reich's Macht und Fülle
leiht, ist ihre Uebereinstimmung mit dem, was unsere
Zeit denkt und verlangt.

Im Jahre 1889 bezeichnete Freiherr von Maltzahn
in einem zu Berlin gehaltenen Vortrage die Errichtung deutscher Volksbühnen als eine nationale Aufgabe; er empfahl die Bildung von Volksbühnenvereinen,
die ihren Mitgliedern gegen äußerst geringes Entgelt den
Theaterbesuch ermöglichen sollten. Diese Idee ist nun
mittlerweile, wenn auch von anderer Seite, in die That
umgesetzt worden. Seit zwei Jahren besitzt Berlin einen
Arbeiterverin „Freie Volksbühne", den Dr. Bruno
Wille in's Leben gerufen und den die radicalen Socialisten

stützen. Er giebt seinen Mitgliedern (er zählt deren
gegenwärtig 3647) in einem Berliner Vorstadttheater
einen Cyclus von acht bis neun Vorstellungen. Die
Darsteller sind Berufsschauspieler. Der Mitgliederbeitrag
wird durch Selbsteinschätzuug bestimmt, muß aber mindestens 1 Mark Einschreibegeld und für jeden der sechs
Wintermonate 50 Pfennige betragen. Die Vorstellungen
finden Sonntag Nachmittags statt. Die Plätze werden
durch das Loos bestimmt.*) So wäre denn hier wirklich
eine echte und rechte Volksbühne begründet, den niederen
Ständen gewidmet, und sie könnte Großes und Herrliches
leisten — wenn sie nicht zugleich auch in ihrem Programm
hätte, eine radicale, realistische Volksbühne sein zu wollen.
Dr. Wille nimmt nur solche Stücke in seinen Spielplan
auf, „die ein revolutionärer Geist durchweht" und die
social-kritisch unsere Gesellschaftszustände beleuchten. Die
erste Vorstellung der freien Volksbühne waren Jbsen's
„Stützen der Gesellschaft" (17. October 1890), und im
Winter 1891/92 waren unter neun aufgeführten Stücken drei
von Jbsen („Bund der Jugend", „Gespenster", „Nora").
Außerdem wurden in derselben Saison noch gegeben:
Zola, „Therese Raquin"; Gogol, „Der Revisor", Anzengruber, „Der Pfarrer von Kirchfeld"; Fulda, „Die

---

*) Seit der Niederschrift dieses Artikels ist eine Spaltung im
Vereine eingetreten. Differenzen im Vorstande führten dazu.
Neben der „Freien Volksbühne" besitzt nun Berlin noch eine
„Neue freie Volksbühne". In der künstlerischen Richtung dürften
beide Vereine sich gleichen; nur ihre social-politische Schattirung
ist eine verschiedene.

Sklavin"; Hebbel, „Maria Magdalena"; Max Halbe,
„Eisgang". Dieses Repertoire, von seinen zwei Licht-
punkten abgesehen, spricht deutlich von dem Geiste, der
die künstlerischen Leiter beseelt. Daß diese Kunst es
aber ist, nach der das Volk sich sehnt, möchten wir be-
zweifeln. Das Volk hat kein ästethisches Verständniß für
eine subtile Dramatik, die modernen Stücke mit ihren
schwierigen Problemen bleiben ihm räthselhaft, und wenn
es auch, wie die Berliner Blätter melden, mit Andacht
und Interesse den Vorgängen auf der Bühne folgt und
gerne und reichlich Beifall spendet, so ist es das Theater
an und für sich, das seine Wirkung äußert. Die modernen Stücke der freien Volksbühne sind pessimistisch.
Und der Pessimismus ist Gift für die Menge! Was
diese im Theater sucht, ist Begeisterung, Erhebung, Bewunderung. Gebt ihr Schiller! Oder sie verlangt nach
nahrhafter, schmackhafter, kräftiger Speise, nach herzer-
frischendem Tranke. Gebt ihr Anzengruber! In
diesen beiden Namen steht heute das Programm einer
wahren Volksbühne geschrieben.*) Noch Eines wollen wir
bemerken. Unter den heuer aufgeführten neun Stücken
sind fünf von fremdländischen Autoren. Ist das geboten?
Eine Volksbühne sei vor Allem national. Hier hat das
Nationalitäts-Princip seine vollgiltige Berechtigung. Seine

---

*) Das Programm, das wir mit diesen Worten aufstellten,
ist mittlerweile, ein Jahr nach Niederschrift dieses Artikels, zur
That geworden. Das Berliner „Schillertheater" ist das erste
echte und rechte Volkstheater. Möge es Gedeihen und Allerorten
Nachahmung finden!

eigenen großen Dichter soll das Volk kennen lernen. Die Schätze, die sein eigen sind, die seine Dichter herrlich zu Tage gehoben, sollen ihm zu Theil werden.

Von allen Seiten tönt der Ruf nach Volksbühnen, nach einer Demokratisirung der Kunst. Nicht Einzelne sind es, die diesen Ruf laut werden lassen, die Zeit selbst spricht ihre vernehmliche Sprache.

Noch hat die große demokratische Strömung, deren hauptsächlichste Erscheinungen wir zu constatiren trachteten, nicht das tiefe Bett, die rechte Energie gefunden, die ihre breite Fluthmasse erheischt. Es droht ihr einerseits die Gefahr, zwischen flachen und seichten Ufern zu verrinnen, wo Herrig's „Volksthümlichkeit" strandete, andererseits streben kluge Köpfe darnach, politische oder Theatergeschäfte mit ihrer Kraft zu betreiben. Die Werke, die sie bisher hervorgebracht, sind von wahrer Poesie so weit entfernt, wie die Stücke der Modernen, die Wege suchen, wo es keine giebt, die sich bemühen, gegen Wehr und Damm zu kämpfen.

Und nun drängt sich uns am Schlusse wieder die Frage auf nach dem Theater der Zukunft. Es ist eine morgenbliche Frage, und der Tag wird die Antwort bringen!

VIII.

Denkblätter.

Otto Ludwig.

„Ein litterarisches Gedächtnißmal" nennt Adolf Stern in seiner biographischen Einleitung die Gesammtausgabe der Werke Otto Ludwig's, die er in Gemeinschaft mit Erich Schmidt herausgegeben hat *). Und es ist in Wahrheit ein stolzes Denkmal, aus kostbarem Material gefügt, von kunstverständiger Hand aufgerichtet, von der Verehrung für einen großen Dichter geweiht. Der Name Otto Ludwig ist der Mitwelt geläufig; man hat den „Erbförster" gesehen oder einmal „Zwischen Himmel und Erde" gelesen. Das ist aber auch Alles. Von dem tragischen Geschick des Dichters, von der Fülle, dem Reichthum seines Genies haben die Wenigsten Kunde. Nicht nur dem Angedenken Otto Ludwig's, auch dem deutschen Volke haben die Herausgeber einen großen Dienst erwiesen, indem sie das Bild seines Lebens unserm Herzen, seine Schöpfungen unserm Geiste nahe brachten.

Adolf Stern hat in der Biographie Otto Ludwig's, die dem ersten Bande vorangestellt ist, etwas Mustergiltiges

*) Otto Ludwig's gesammelte Schriften (herausgegeben von Adolf Stern). Sechs Bände. Leipzig, Grunow 1892. 8°. 28 Mark.

geschaffen, die deutsche Litteratur um eine ihrer besten
lebensgeschichtlichen Darstellungen bereichert. Er hat mit
souveräner Beherrschung eines überreichen Materials, wie
solches ihm Actenstücke, Correspondenzen, mündliche und
briefliche Mittheilungen von Personen, die mit Otto Ludwig
in Verkehr gestanden, und eigene Erfahrung geliefert haben,
in einer Form, die immer wieder die Kunst des Novellisten
verräth, die an sich so einfachen Geschehnisse dieses Dichter-
lebens erzählt; er hat mit ruhiger und sicherer Hand die
Fäden bloßgelegt, die die Zeit mit dem Menschen, den
Menschen mit seinen Werken verknüpfen. So stellt er
uns das idyllische, beschauliche Leben in dem guten thüringi-
schen Städtchen Eisfeld vor Augen, mit seinen beschränkten
Verhältnissen, seinen kleinlichen Zänkereien, die zu einem
förmlichen Krieg im Glase Wasser anwachsen, als der in
jeder Beziehung brave Syndikus Ludwig, des Dichters
Vater, in seiner Geradheit und Rechtlichkeit auf die er-
bärmliche Nörgelsucht mancher seiner Mitbürger keine
Rücksicht nimmt. Ludwig's Wohlstand ging darüber zu
Grunde. Und wenn er auch durch den traurigen Wandel
der Verhältnisse im Elternhause zu keiner rechten Ausbildung seiner Geisteskräfte gelangte — vielmehr nach dem
Tode des Vaters das kaum begonnene Gymnasialstudium
abbrechen und in den Kramladen seines Onkels als Lehrling
eintreten mußte, — so gewinnt er doch in der kleinstädtischen
Pflege des Liebhabertheaters seine ersten künstlerischen Anregungen. Der Biograph findet in der Ausgestaltung des
Hintergrundes die rechte Plastik für seinen jungen Helden
und weiß auch fernerhin uns mit dem Boden vertraut zu

machen, auf dem die Entwicklung Ludwig's vor sich geht.
Ein Musikus sollte und wollte Otto Ludwig werden:
dazu fühlte er die Berufung und die Kraft in sich. Seine
erſten Compoſitionen, beſonders einige im Eisfelder Lieb=
habertheater aufgeführte Singſpiele brachten ihm endlich
die erſehnte Protection. Er ging mit einem Stipendium
ſeines Landesherrn nach Leipzig zu Mendelsſohn. Wie
dann Ludwig, verloren in der großen Stadt, ohne Aus=
ſprache, ohne rechte Anregung, vom Heimweh geplagt, im
Zweifel über ſeine rechte Begabung, nach einem mißglückten
Verſuche, in der Heimat nochmals feſten Fuß zu faſſen,
und nach einem zweiten Aufenthalt in Leipzig endlich den
Weg ſeinem Talente findet, aus dem Muſiker zum Dichter
wird, das kann dem Leſer nur erklärlich werden durch die
Gegenüberſtellung der Zeit und ihrer Menſchen und der
Charaktergeſtalt Ludwig's.

Stern vermeidet es, aus ſeiner Darſtellung Schlüſſe
zu ziehen. Man darf aber nicht glauben, daß dies
Urtheilsloſigkeit ſei. Die moderne Kritik iſt längſt vom
Unfehlbarkeitsſtuhle herabgeſtiegen. Sie verkündet nicht
mehr, ſie berichtet. Sie will eine Kunſt= und Geſchmacks=
ſache, hiſtoriſch und nicht dilettantiſch ſein. Sie ſtellt die
Prämiſſen auf und überläßt es der Einſicht des Leſers,
die Conſequenzen zu entwickeln. Und ſo ſtellt auch Stern
den Charakter Ludwig's dar, wie er geworden iſt, wie er
ſich geſeſtet und verhärtet hat, nicht aburtheilend und be=
lehrend, ſondern mit liebevollem Eingehen auf alle Einzel=
züge und Beſonderheiten. Das fernere Leben Otto Ludwig's
iſt ein fortwährender Kampf zwiſchen ſeinem Genie und

seinem Charakter, zwischen seiner Phantasie und seinem
Verstand. Der Einsiedler von Garsebach und Meißen,
der kranke Poet in Dresden, der Titan im Ringen um
das Leben seiner Gestalten ist eine tragische Figur, die uns
packt und ergreift, wie sie einfach, schlicht und rührend
vor uns steht. In Ludwig's Schaffen wie in seinem Wesen
stoßen die Gegensätze an- und aufeinander.

„Jedes Leben und Geschick hat einen geheimen, be=
ständig wiederkehrenden Zug," sagt Stern, „in dem Lud=
wig's schloß sich stets an noch so wohl begründete Hoff=
nungen fast unmittelbar eine herbe Enttäuschung an."
Seinen gewaltigen Flug in die Zukunft hemmte das Blei=
gewicht der Vergangenheit.

Er war ein Realist, ehe der Realismus geboren war,
und die Romantik, die längst schon gestorben, warf ihm
Hindernisse in den Weg. Er besaß eine nervöse Ungeduld
der Phantasie, die, von Punkt zu Punkt springend, sich
im Skizziren und Entwerfen nie genug thun konnte.

Und dazu kam eine grübelnde Gründlichkeit, die über=
ängstlich jeden Schritt schwankend und unsicher machte.
Otto Ludwig war ein großer Dichter, wenn er im naiven
und instinctiven Schaffen aufging, wenn seine Subjectivität
machtvoll in die Erscheinung trat. Er aber wollte sich
zur Objectivität zwingen, zur Technik, die über dem Stoffe
steht, heranbilden. Zu diesem Zwecke vertiefte er sich in
Shakespeare in rastlosem, leidenschaftlichem Suchen nach den
Alles lösenden Geheimniß der dramatischen Technik. Dazu
bemerkt Stern: „Der einsame Denker glich zuletzt in seinem
Verhältnisse zu Shakespeare einem Bergmanne, der, bis

in die letzten Tiefen, die erschlossen und erschließbar sind. hinabgestiegen, ganz wohl weiß, daß er den Gluthkern der Erde nicht erreichen noch erspähen kann, der aber ein geheimes Gelüst, auch dies zu versuchen, nicht überwinden will."

Und in dieser unterirdischen Arbeit verlor er den Zusammenhang mit der Oberwelt, verlor er, was schwerer wiegt, die Erkenntniß seines eigenen Talents. In seiner trefflichen Ludwig-Studie meint Heinrich Bulthaupt, daß der Dichter sich stets über die Originalität seiner Begabung getäuscht habe: „Nicht die Erhebung großer Menschengeschicke zum Typischen und Symbolischen — das einfach Naturhafte im Kunstwerk wiederzuspiegeln, das war ihm gegeben, und je kleiner und eigenartiger dies erschien, desto sicherer bezwang er es." Nun vergleiche man einmal den in der vorliegenden Ausgabe von Erich Schmidt herausgegebenen Band, der Otto Ludwig's dramatische Entwürfe und Pläne enthält. Wie weit liegen die meisten dieser Stoffe von des Dichters Begabung abseits und entfernt! Aber gerade hier, wo beim Erfassen eines neuen Gedankens der Phantasie freier Spielraum gegeben wird, lernen wir Ludwig kennen und bewundern. Er war ein Mann der Idee, kein Mann der That. Das Werkzeug zerbrach immer wieder in seiner Hand — und immer wieder schmiedete er sich ein neues.

Es war ein gigantisches Wollen, eine übermenschliche Kraft des Geistes in einem menschlich leider so schwachen Körper. Die kritischen Schriften, die Shakespeare-Studien, die Abhandlungen zu Aesthetik, Ethik, Dramaturgie und

Litteraturgeschichte zeigen diesen gewaltigen Geist in seiner ganzen Lichtfülle. In diesen Bänden liegt Gold, gemünzt und ungemünzt.

In seinen jungen Jahren träumte Otto Ludwig oft vom Ideal eines friedlichen Schulmeisterlebens. „Was braucht' ich mehr! Ein stilles Leben in der Natur und einen Jungen." An das Weib denkt er gar nicht. Es spielt in seiner Werdezeit keine Rolle. Die Blüthen am Baume seines Lebens hat der heiße Gluthhauch aus seinem Innern geöffnet, nicht ein milder, gütiger Sonnenstrahl von außen.

Otto Ludwig hat immer sich selbst geschaffen, gebildet, gefestet; er hat sich auch selbst verkannt und vieles seines Besten selbst zerstört. Eine Tragödie in sechs Bänden liegt vor uns!

Friedrich Bodenstedt

(geb. 22. April 1819 — gest. 19. April 1892).

Mirza Schaffy ist längst gestorben, und sein Grab ist überwachsen. Er ist als biederer Schullehrer in Tiflis still und feierlich heimgegangen zu seinen Vätern. Nicht Perser noch Tataren haben ihn als Poeten gekannt, und sein Ruhm lebt weder in der grünen Steppe noch in den Rosengärten von Schiras. Sein Ruhm wie seine Verse, seine Weisheit wie sein Witz gehören einem deutschen Dichter, und diesen hat man gestern in Wiesbaden in feierlichem Zuge zur letzten Ruhestätte begleitet. Der Wanderstab liegt im Sarge, Blumen decken den Hügel. Der Sänger des Frühlings ist im Frühling geschieden, just da die Nachtigall wieder anhebt, im Busche zu schlagen. . . . .

Friedrich Bodenstedt hat einen weiten Lebensweg zurückgelegt, er hat vieler Herren Länder gesehen, er hat Vieles erschaut und erfahren, errungen und erreicht. Ein glücklicher Stern hat ihn geleitet. Er ist auf der Sonnenseite des Daseins hingegangen, auf festgedielter Bahn, und ein gütiges Geschick hat ihn vor Unholdem und Bösem treulich behütet. Als Pädagog und als Forscher in Rußland und im Kaukasus, als Journalist in Triest und in Wien, als Diplomat in Paris und in Frankfurt, als Professor in München,

als Theater-Intendant in Meiningen hat er eine glänzende
Carrière zurückgelegt, auf die er im frohen Alter wohl
mit Stolz und Befriedigung zurückschauen durfte. Und mit
Befriedigung sah er wohl auch auf die lange Reihe von
Büchern, die seine fleißige Feder geschaffen, auf seine
ethnologischen Schriften, seine Romane, Dramen, Epen,
seine Uebersetzungen und Nachdichtungen.

Dem deutschen Volke aber sagen alle diese Erfolge,
alle diese Bücher wenig. Ihm galt und gilt aus diesem
reichen Leben, dieser überreichen Thätigkeit nur ein dünnes
Bändchen, das die „Lieder des Mirza Schaffy" enthält
und jetzt in 136. Auflage vor uns liegt.

Was war die Ursache dieses gewaltigen Erfolges?
Was hat ihn gezeitigt, welche Strömung diese Lieder hinaus-
getragen in's hohe Meer der Volksthümlichkeit?

Als sie in den fünfziger-Jahren erschienen, war eben
eine Epoche des großen litterarischen Kampfes vorüber.
Das junge Deutschland hatte seine Schlachten geschlagen,
Schwert und Feder hatten sich gemessen, Blut und Tinte
sich gemischt. Nun gab es wieder Frieden, das Lärmen
schwieg, Asche lag auf den Gluthen. Manche Rüstung
war zum alten Eisen gewandert und mancher Harnisch
in's Museum. Es gab keine lustigen Kämpfe mehr bei
Tag und keine Raketen mehr bei Nacht. Sturmläuten
und Stürmen hatten aufgehört. Aber die alten Stürmer
lebten noch und hatten ihre alte Weise beibehalten. Sie
schrieben zwar nicht mehr Pamphlete und streitbare Bücher,
sondern Romane und Dramen und auch Gedichte. In ihnen
lebte der alte Geist, der die Gedanken hinausschickt in die

Welt, um sie zu bekehren, zu erheben, zu gestalten. Es war eine Zeit, die im Zeichen der Prosa stand, mit Gutzkow und Laube im Vordertreffen. Doch das ewige Gesetz der Reaction herrscht in der Kunst und theilt die Erfolge aus: es krönt die Gegensätze. Und kann man sich einen größeren Gegensatz zu den Männern jener Tage denken, als den Sendling aus dem Morgenlande: Mirza Schaffy? Begünstigt von der deutschen Sehnsucht nach dem Zauber des Ostens, einer Sehnsucht, die wohl die Zeit der Kreuzzüge den Gemüthern eingepflanzt hat, kam er dem latenten Bedürfniß des Volkes nach Vers und Klang, nach anmuthigem Spiel der Phantasie entgegen; er diente dem musikalischen Verlangen, dieser Unterströmung, die immer wieder den Vers hinaufträgt, wenn eine breite Fluth der Prosa vorbeigerauscht. Und was Mirza Schaffy den Weg des Erfolges geöffnet, das brachte diesen auch zum Sinken: eine neue Zeit des Kampfes und der Prosa hat ihn zu stürzen gesucht. Den Realisten und den Naturalisten galt Bodenstedt als der Mohrenkopf, gegen den sie ihren Zorn und ihre Hiebe kehrten.

Mirza Schaffy denkt in Tönen. Er ist mehr Musiker als Dichter. Er ist ein Sänger, der uns durch seinen Vortrag, seine Melodien mehr entzückt, als durch das Gewirke seiner Stoffe. Man könnte sagen, seine Verse haben mehr Coloratur als Colorit. Denn die Farbengebung beschränkt sich auf einige persische Worte und Bilder. Was aber den Wohllaut und den Reiz der Töne betrifft, ist hier die höchste Stufe deutscher Lyrik erreicht. Jede Anschauung, jedes Erlebniß drängt Bodenstedt, wie man dies am besten

aus seinen autobiographischen Werken*) ersehen kann, nicht
zu einem bezeichnenden Ausdruck, einem Schlagwort, einem
neuartigen Bilde, sondern regt ihn gleichsam zu melodischer
Aussprache in Versen an. Seine Melodien, seine seltsam
fremdländischen Weisen berühren unser Ohr mit eigenem
Klang. Es ist die orientalische Kunst der Ornamentik,
die uns mit einer wiederkehrenden Linie oder Curve fesselt,
die Verschlingung von Wort und Reim, die Verknüpfung
der Gedanken zu harmonischem Gefüge. Bodenstedt ist
ein Meister des Refrains. Er weiß den Gedanken durch
die Wiederkehr eines Satzes, eines Wortes, eines Tones
festzuhalten und dem Hörer einzuprägen. Er weiß weiterhin den Gedanken aus den Worten und den Tönen zu
entwickeln. Und mit dem Wortspiel beschwingt er seine
Sprüche. Er ist ein Künstler des Wortes, das ihm ge-
horcht und sich ihm willig fügt, das unter seinen Händen
zum Bilde wird. Goethe sagt im „Westöstlichen Divan"
über den Bilderreichthum der morgenländischen Poesie:
„Die Fruchtbarkeit und Mannigfaltigkeit der persischen
Dichter entspringt aus einer unübersehbaren Breite der
Außenwelt und ihrem unendlichen Reichthum. Ein immer
bewegtes öffentliches Leben, in welchem alle Gegenstände
gleichen Werth haben, wogt vor unserer Einbildungskraft,
deswegen uns ihre Vergleichungen oft so sehr auffallend und
mißliebig sind. Ohne Bedenken verknüpfen sie die edelsten
und niedrigsten Bilder, an welches Verfahren wir uns nicht

---

*) „Tausend und Ein Tag im Orient", 1849/50 — „Er-
innerungen aus meinem Leben" I. 1888, II. 1890 Berlin. Allge-
meiner Verein für deutsche Litteratur.

so leicht gewöhnen." Bodenstedt hat es verstanden, bei aller Wahrung dieser orientalischen Eigenthümlichkeit hierin Maß zu halten, dem Oberflächenspiel seiner Phantasie Zügel anzulegen. Die Zahl der Bilder, die er verwendet, ist eine ziemlich beschränkte, wie denn auch die Welt seiner Gedanken in engen Grenzen bleibt.

Und was sind nun diese Gedanken? Wohin schweift sein Geist, wovon redet sein Herz und Gemüth? Es ist eine friedliche Lust am Dasein, eine ruhige Freudigkeit im Genusse, ein heiterer Epikuräismus allüberall. Aber dieser wird nicht vom Verstande, nicht vom Herzen oder Gemüthe gepredigt. Der Geist, der Witz spricht zu uns. Boden-stedt nennt einmal die Perser die „Franzosen des Orients"; und so ist ihre Muse der „Esprit". Mirza Schaffy singt von Wein und Liebe:

> Der Kern von meinen Lehren
> Löst sich in Wein, in Liebe und Gesang auf.

Und wie Hafis darf er von sich sagen:

> Durch mein Lied weht Veilchenhauch
> Und der Duft von Rosen auch.
> Also süßen Odems voll,
> Nährt es weder Neid noch Groll.
> Dem Gemeinen bleibt es fern,
> Nur der Schönheit dient es gern.

Aus seinem Becher des Weines und aus seinem Becher der Liebe steigt ein milder Duft und sprühen bunte Funken; aber keine Flamme schlägt zum Himmel. Jedwede Leiden-schaft ist ihm fremd. Nie zuckt ein Nerv, nie glüht ein innerstes Empfinden. Die Ruhe und die Beschaulichkeit

des Muselmannes hat Bodenstedt sich zu eigen gemacht.
In seinem erläuternden Nachtrag zu Mirza Schaffy*) erzählt er selbst, wie er unter dem sonnigen Himmel Georgiens
es gelernt, die forcirte Leidenschaftlichkeit und Farbengluth,
den Weltschmerz à la Byron und die Pointen à la Heine,
mit denen er seine Jugendgedichte ausgestattet, zu überwinden.
Ein kühler, unbeirrter Beobachter, wandert er nun durch
die Welt, sieht die Ereignisse vorüberfluthen und notirt,
was er erfahren, in sein Tagebuch, ein aufmerksamer
Tourist mit dem Gleichmuth des Fremdlings. Dabei war
er ein Vertreter jenes Kosmopolitismus, der, von Goethe
ausgehend, durch unser Jahrhundert schreitet und die engen
Bande löst und lockert, die den Dichter an eine Scholle
Erde, an Vorurtheile und Ueberlieferungen fesseln. Nicht
ein Glied irgend einer Gemeinschaft soll der Dichter sein,
sondern ein Ganzes für sich selbst, in seiner Individualität
sein Recht, seine Pflicht, seinen Heimatsboden findend.
Diese Individualität zeigt aber Bodenstedt nur da, wo er
eine Maske trägt, die Maske Mirza Schaffy's. Wie er
diese verläßt, wird er farblos und verliert Halt und Stütze.
Er ist eine Natur, die des Anlehnens nicht entrathen kann.
Dies zeigt sich nicht nur in der äußeren Form, sondern
auch im Inhalt seiner Gedichte. Die Spruchweisheit Bodenstedt's bringt keine neuen Gedankenschätze an's Licht. Es
sind Lehren und Rathschläge, Erfahrungen und Meinungen,
wie sie der Lauf der Zeiten an's Ufer getragen, wie sie

*) Enthalten in dem Buche „Aus dem Nachlasse des Mirza
Schaffy" Leipzig, Brockhaus. 13. Auflage. 1884.

den Menschen in Kopf und Herzen stecken. Sie packen uns nur mit ihrer knappen Fassung; sie kommen nicht, um uns wie etwas Neues langsam zu erobern, sondern es krystallisirt sich in unserem Geiste, wenn wir sie lesen, eine vage Vorstellung plötzlich zu festem, glänzenden Gebilde. Sie sind mit gutem Rechte volksthümlich geworden.

Die Schmiegsamkeit seines Talentes hat Bodenstedt befähigt, Mustergiltiges als Uebersetzer zu leisten. Er hat sich mit seinem Verständniß und mit seinem tiefen, musikalischem Gefühl in Shakespeare wie in Hafis, in Puschkin wie in Omar Chajjâm hineingelebt und aus dem Geiste der Dichter heraus seine Uebertragungen geschaffen. Er hat der deutschen Sprache ihren ganzen Reichthum entlockt und damit nicht nur den Sinn, sondern auch die Klangwirkung der Originale mit Glück und Erfolg wiedergegeben.

Freischöpferisch war sein Talent am schwächsten. Weder seine Dramen, noch seine Romane und Epen werden ihm die Unsterblichkeit sichern. Diese gehört nicht dem Dichter, sondern dem Sänger Bodenstedt!

Aus dem Nachlasse Dingelstedt's.

Es war ein sonniger Tag im Mai 1881, da wehte eine Trauerfahne vom alten Hause auf dem Michaelerplatze. Der Burgtheater-Director Hofrath Freiherr Franz von Dingelstedt war gestorben.

Und dann trug man den Mann zur Ruhe, der, ein Schoßkind des Glücks, von Sprosse zu Sprosse auf der Himmelsleiter des Erfolges emporklimmend, das Rasten nie gekannt. Zu Ende war der weite Weg, den der Candidat der Theologie, später Gymnasial-Lehrer, Journalist und Schriftsteller genommen; wie steil dieser Weg gewesen, das sehen wir besser als der kühne Wanderer, dem die Fahrt um's Glück so leicht geworden.

Der Hofmann Dingelstedt schlüpfte aus der grauen Puppe des Schriftstellers und schwang sich, ein glänzender Schmetterling, empor. Das haben ihm die Raupen nie vergeben. Sie haben in ihrem Neid und in ihrem Hasse auch nicht die Tropfen Blutes gesehen, die das Durchbrechen der Puppenhülle kostet . . . .

Julius Rodenberg hat Recht, wenn er sagt: „Der Hofmann Dingelstedt hat den Schriftsteller Dingelstedt niemals verleugnet, er war im Gegentheile immer stolz darauf, durch sein Beispiel bewiesen zu haben, daß auch der Schrift-

steller — nota bene der deutsche! — zu der höchsten
Staffel der gesellschaftlichen Position emporklimmen könne,
wenn . . . nun freilich, dieses „wenn", welches ein unver-
meidliches Opfer in sich birgt, sprach er niemals aus."

Aber es ist von Anderen um so öfter ausgesprochen
worden, mit bitterer, mit scharfer Betonung; man hat
den Schwerpunkt bei der Beurtheilung Dingelstedt's auf
dieses „Wenn" gelegt, und es hat dazu beigetragen,
daß bis heute die Persönlichkeit Dingelstedt's haltlos und schwankend in der Geschichte des Jahrhunderts
stand. Nun erst ist ihr der richtige Boden, die richtige
Beleuchtung geworden. Dingelstedt selbst ist es, der seine
Rechtfertigung spricht in den Blättern seines Nachlasses,
die vor uns liegen.*)

Der werthvollste Theil dieses Nachlasses besteht aus
Briefen an den Vater und in die Heimat, an Freunde
wie Oetker und Vogel. Wir können nicht nur den ganzen
Lebenslauf Dingelstedt's aus diesen Correspondenzen verfolgen, wir sehen auch seinen Charakter klar, deutlich, in
völliger Offenheit vor uns. Mit Antheilnahme gehen
wir den wechselnden Schicksalen dieses Mannes nach, der,
als Sohn von kleinen Leuten, mit der Aussicht, einstmal
eine heimatliche Pfarre zu erringen, vom Gymnasium zu
Rinteln nach Marburg zieht, um Theologie zu studiren,
dann die Gottesgelehrsamkeit an den ersten besten Nagel
hängt, um als Lehrer an einer englischen Schule zu Rich-

*) „Franz Dingelstedt." Blätter aus seinem Nachlasse. Mit
Randbemerkungen von Julius Rodenberg. Zwei Bände. Berlin,
Paetel 1891.

lingen (bei Hannover), dann als wohlbestallter Hilfslehrer
am Gymnasium zu Kassel und später zu Fulda, gleichsam
im Uebermuth der Jugend zum Dichter, noch dazu zum
politischen Dichter zu werden. Es war dies zu jener
Zeit der Dreißiger= und Vierziger=Jahre, wo man Politik
trieb, indem man Verse machte und aus Spott und Witz
gefertigte Mordinstrumente im Mantel trug. Der kur=
fürstlich=hessische Schullehrer und Verfasser der „Lieder
eines kosmopolitischen Nachtwächters" wird bald mißliebig,
wirft die Schulmeisterei zur Theologie und springt fröhlich
und mit beiden Füßen in's Litteratenthum. Er geht als
Wanderjournalist in Cotta's Diensten nach Paris, nach
London, nach Wien. Der Klang seines Nachtwächter=
horns hat ihm überall einen herzlichen Empfang gesichert.
Und nun tritt die Wendung in seinem Leben ein. Das
fahrende Schreiberlein kommt als Vorleser des Königs
an den Hof nach Stuttgart (1843), wird Hofrath, Legations=
rath, Dramaturg des Hoftheaters, geht 1850 als Inten=
dant des Hoftheaters nach München, wird 1856 General=
Intendant der Weimarer Bühne, erhält 1867 den Ruf
nach Wien, wo er zuerst die Oper, dann das Burg=
theater leitet . . . .

Und immer, von jeder Station des Weges, geben
die Briefbogen, die bald nach Hause, bald zu den Freun=
den flatterten, treulich Kunde. Sie schildern den besten
Roman, der Dingelstedt je gelungen, den Roman seines
eigenen Lebens. Aber mit jedem Schritte vorwärts wird
uns der Mensch, der diese Briefe schreibt, sympathischer.
Und unsere Sympathien müssen ihm bleiben trotz der

„Verhofrätherei," wie Heine's geflügelter Witz es taufte,
trotz der mannigfachen Wendungen des Weges, bei denen
wir oft schon meinen, den Charakter, dessen Entwicklung
wir verfolgen, um die Ecke verschwinden zu sehen. Doch
er taucht immer wieder auf, und wir freuen uns, daß er
der Alte geblieben, kein „Verräther" hier und kein
„Renegat" dort geworden. Sich selbst ist Dingelstedt
immer treu geblieben, die Sprache seines Herzens hat er
nie verleugnet, von seinen Idealen ist er nie abgefallen.
Das lehren uns seine Briefe, und damit entwaffnen sie
Verleumdung und Verdächtigung, die bisher als dunkle
Schatten auf Dingelstedt's Bilde gelegen.

Dieses Bild, es muß zusammengesetzt werden aus
zahllosen Einzelheiten und Theilchen. Alle Theilchen,
Witz, Anmuth, feiner Spott, Bosheit, Herzenswärme,
Rücksichtslosigkeit, kluge Berechnung, Uebermuth, Ordnungs-
liebe, Gemüth und Launenspiel schließen zu einem har-
monischen Ganzen zusammen, mag das Leben sie noch
so sehr kaleidoskopartig untereinanderschütteln. Dingelstedt
hat selbst die größte Freude an den immer neuen Formen
im Kaleidoskop seines Lebens. Ja, man könnte sagen,
sein größtes künstlerisches Verlangen ging nach diesen
bunten Wechselbildern.

In die hohe Sphäre der Gesellschaft zog ihn ein
unwiderstehlicher Trieb, ein allgewaltiges Streben — aber
es war dies kein Streberthum, keine bloße Eitelkeitsjagd
nach Titeln und Orden, es war dies vor Allem die
Sehnsucht nach seiner Weise des Lebens, nach harmonischer
Daseinskunst. Dingelstedt hat um's Leben geworben wie

um einen Schatz; er hat diesen Schatz gehoben, ihn
bearbeitet als verständiger Goldschmied. Als Lebens=
künstler war Dingelstedt ein echter, ein ganzer Künstler.
Er galt in der Schule für einen ausnehmend eleganten
Lateiner. Und des eleganten Lateiners würdig erscheint
uns diese Lebensmeisterschaft, diese antike Freude am
Genusse der Welt. In seltsamer Mischung sind Ehrgeiz
und Epikureismus die treibenden Mächte in Dingelstedt's
Charakter. Schon in der Quarta des Gymnasiums zu
Rinteln strebt Dingelstedt nach „Sternen" (Auszeichnungen)
im Klassenbuch und verzeichnet, ein Achtjähriger, sie in
seinen Tagesheften; ebenso notirt er später in seinem
Stuttgarter Tagebuch jeden „Händedruck des Königs" und
vermerkt es sich, wenn „der König sehr gnädig war".
Und wie der Knabe hervorragend köstlichen Stachelbeeren
einige Zeilen der Erinnerung widmet, so vergißt der Welt=
mann nicht, eine gute Champagnermarke sich zu notiren.

Dingelstedt war ein glücklicher Mensch, ein Sonn=
tagskind. Nur manchmal durchzuckt ihn der Gedanke,
daß der Dichter im Hofmann untergehe: Dann fiel wohl
ein Tropfen Blutes aus seiner Seele. Dieses wahre Leid
hat er für sich getragen. Seine Klagelieder aber und
lauten Ausrufe des Schmerzes sind Concessionen an den
Weltschmerz der Zeit und an die damals traditionelle
Unzufriedenheit, Schwarzmalerei und Bitterniß des deutschen
Poeten. Wenn er an Detker schreibt (von Paris
24. Januar 1842): „O Gott, es ist Alles eitel, mein
Junge, Alles, Alles, nur eine erste Liebe nicht, oder ein
letztes Lied," wenn er zu Hebbel klagt (in einem bisher

noch, nicht veröffentlichen Briefe vom 26. December 1858): „Mein ganzes Leben ist Komödie, aber keine göttliche," wenn er als Jüngling über sein zerrissenes, verlorenes und vergeudetes Leben jammert, aus seiner Brust alles mögliche Unglück hervorholt, so ist dies höchstens der Ausfluß momentaner Stimmung.

Dingelstedt war ein Mann der Stimmung, ein Günstling des Moments. Er war einer jener Menschen, deren Gott der Augenblick ist, für die es kein Gestern giebt und die am liebsten an morgen nicht denken. Dem momentanen Erfolge hat er nachgestrebt, dabei aber seine Befriedigung weniger im erreichten Ziel als in dem Kampfe um dasselbe gefunden. So schreibt er (im „Roman" XII):

Immer neu ist Nichts als das Verlangen,
Die Erfüllung einmal nur das Neue.

Und Neues, immer Neues will er haben. Er ist unermüdlich im Pläneschmieden, die Entwürfe der heterogensten Art kreuzen sich in seinem Kopfe. Er ist stets bereit, auf seinem „lustig mit der Schreibfeder bewimpelten Schiffe" in die Welt zu ziehen. Als Beispiel, das diese Seite seines Wesens trefflich illustrirt, möge die Thatsache gelten, daß er (im Jahre 1841), gerade als er um den Abschied aus dem hessischen Staatsdienste einkommt und im Begriffe steht, mit Cotta das Engagement für die Augsburger allgemeine Zeitung abzuschließen, einen Brief an den Zauberkünstler und Taschenspieler Ludwig Döbler schreibt, worin er Wunsch und Sehnen Ausdruck giebt, Alles aufzugeben, um mit Freund Döbler — gleichsam als deſſen Ablatus — eine Kunſtreiſe durch die Welt zu machen!

Das Sprunghafte lag in ſeinem Weſen, ſeiner Schreib= weiſe, ſeinem Geiſt. Conſequent blieb er in ſeinen Gefühlen zur heſſiſchen Heimat, zu den Freunden, zu ſeiner Familie; conſequent blieb er in ſeinem, ihm innewohnenden Ringen nach der Höhe, in ſeinem Grundtriebe nach Macht= erweiterung. Er liebte das Herrſchen, wie das Dienen ihm widerſtrebte; er bethätigte ſeinen Freiheitsdrang, indem er ſeine Individualität aus niederen und gedrückten Ver= hältniſſen emporriß. Und ſo hat der Nachtwächter, der „Deckel, Spieß und Mantel", mit Hofuniform, Galadegen und Freiherrnkrone vertauſchte, an der Sache der Freiheit, wie er ſie auffaßte, keinen Verrath begangen. Er war ein Egoiſt, und man darf ihn nicht verurtheilen, indem man ihm Abfall von einer Sache vorwirft, die ihn mit ihren Worten mitgeriſſen, ohne in ſein Herz zu dringen, der er als Jüngling mehr Verſe als Gedanken geliehen und die ihm eigentlich nicht mehr, nicht minder Ernſt war, als ſein Weltſchmerz, als ſein Jammer über eine verfehlte Exiſtenz. Und dieſe Sache war die große, deutſche Freiheit!

Zum wahren Freiheitsſchwärmer fehlte ihm die Be= geiſterung. Dingelſtedt beſaß einen überaus praktiſchen Sinn. Und bekanntlich verträgt ſich dieſer ſchlecht mit dem Enthuſiasmus. Zeitlebens empfand Dingelſtedt Sehn= ſucht nach der parlamentariſchen, diplomatiſchen Carrière. Nicht nur ſeine kluge Art des Berechnens und Erwägens, ſondern auch ſeine liebenswürdige Geſchmeidigkeit hätten ihm ſicherlich auch auf dieſer Laufbahn, wenn der Zufall

sie ihm eröffnet, Triumphe gebracht. Als Lehrer an der
englischen Schule in Ricklingen zeigt er sich als blutjunger
Mensch schon erfahren in allerlei diplomatischen Kunst=
stücken, die er dann seinem Freunde Oetker in langen
Episteln schildert. Er sucht Verbindungen anzuknüpfen,
bekannt zu werden, er denkt fortwährend an alle möglichen
Recommandationen und Protectionen, er trachtet, in Salons
zu kommen, mit einflußreichen Menschen in Berührung
zu treten. Gar viel half ihm damals und auch später in
allen Lebenslagen der Zauber seiner Persönlichkeit. Wer
je mit Dingelstedt in Verbindung gestanden, ja, wer ihn
nur gesehen, weiß, wie gewinnend, man könnte sagen
berückend, dieselbe war. Die hohe, schlanke Gestalt mit
dem schönen, ausdrucksvollen Gesicht, dem tönenden Organ,
den weltmännischen Manieren und der Anmuth in jeder
Bewegung prägte sich Einem unauslöschlich ein. „Ein
bischen Talent, ein bischen Sprachkenntniß, ein bischen
Persönlichkeit" waren nach Dingelstedt's eigenem Ausspruche
die Factoren, die seinen Weg bestimmt haben. Aber das
Talent stand in zweiter Linie, wie denn Dingelstedt selbst
zugesteht, weniger sein Talent, als sein Temperament stets
ausgebildet zu haben. So folgt auch das Glück mehr
dem Menschen, als dem Dichter, nahm wohl auch bei
Gelegenheit, um ihm recht förderlich zu sein, die Gestalt
einer schönen Dame an: „Feenhänden" hat Dingelstedt
seine Stelle als Vorleser des Königs in Stuttgart, seine
Berufung nach Wien zu danken. Dingelstedt erscheint
uns manchmal wie ein ritterlicher Sänger, der von Hof
zu Hof zieht, auf der Straße im Uebermuth des Wanderns

freie Lieder singt und dann, in den Saal tretend, auf Thronesstufen mit goldener Kette sich schmücken läßt.

Was aber von des Sängers Lippen geklungen, in heiteren und in ernsten Tagen, sollte nicht vergessen werden, wenn man der Lyrik unseres Jahrhunderts gedenkt. Dingelstedt hat sehr früh seine dichterische Begabung gezeigt. Aber er hat mehr versprochen, als gehalten. Er ist in der Kunst am Aeußerlichen haften geblieben; Vertiefung, Versenkung in den Stoff, Untertauchen in denselben waren ihm fremd. Rodenberg sagt, „er fing, als ganz Moderner, mit dem Feuilleton an und hörte mit dem Feuilleton auf." Sein ganzes Talent war feuilletonistisch, auch in seinen Gedichten.

Das junge Deutschland, das seine Ideen wie eine Hand voll kleiner Münzen in die Welt warf, das seine Schlachten in Artikeln schlug und mit Plaudereien und Briefen auf den deutschen Parnaß siedeln ging, hat das Feuilleton, wie Rodenberg richtig bemerkt, geschaffen, es hat ihm litterarische Bedeutung gegeben, es zu einer Kunst unter den Künsten gemacht. Diese Kunst hat Dingelstedt von dem jungen Deutschland gelernt, sie bildet schier die einzige Brücke, die ihn mit dem jungen Deutschland verbindet. Das graciöse Oberflächenspiel des Geistes, das in allen seinen Briefen uns anmuthet, treffen wir wieder in allen seinen Dichtungen. Er hat Ideen, aber keine Idee, Einfälle, aber keinen Gedanken. Das Hin und Wider seines Witzes, das Springen in's Gegentheil, das Escamotiren von Scherz und Ernst sind auch die Ingredienzien seiner Ironie. Auch dort, wo er wirklich glaubt ein Sänger des Weltschmerzes zu

sein, erfüllt ihn blos eine Welt-Ironie. Das Festhalten eines
Tones, der Pathos, geht ihm ab. Ja, der Reiz seiner Lyrik
liegt gerade in dem Anschlagen und Wiederloslassen der
verschiedensten Töne. Sentimentalität und Ironie, Wärme
und Witz wechseln und lösen sich ab. Dingelstedt steht
über den Stoffen, die er behandelt, betrachtet sie gleichsam
aus der Vogelperspective. Ganz in dem Stoffe auf=
gehen kann er nur, wenn er sein eigenstes Empfinden
als Vater, als Gatte, als Sohn zum Vorwurfe nimmt.
Das beweisen unter seinen lyrischen Werken die „Haus=
lieder", das beweisen die Gedichte, die Rodenberg aus dem
Nachlasse veröffentlicht. Wie wir aus den Briefen an
seine Freunde einen Menschen kennen gelernt haben, in
dem Treue und wahre Herzensfreundschaft zur Entfaltung
kommen, so zeigen diese Gedichte, seinen Lieben, vor Allem
seiner angebeteten Frau (er hat bekanntlich die berühmte
Sängerin Jenny Lutzer heimgeführt) gewidmete Verse, wie
sonnig warm, voll gold'ner Funken das Innenleben Dingel=
stedt's war. Nie war Dingelstedt so ganz Poet in Herz
und Geist, mit reinem Empfinden, mit dem vollen Einsatz
seiner Persönlichkeit, wie — als Dichter am häuslichen
Herd.

Stand er aber als Dichter der Welt gegenüber, so
versagte sein Können, blieb in Anläufen und Fragmenten
stecken. Solcher dichterischer Pläne bietet der Nachlaß gar
viele. Besonders interessant sind in dieser Beziehung
Blätter mit dramatischen Entwürfen aus der Stuttgarter
Epoche. Dingelstedt hat diese Blätter seinen dortigen
Freunden zur Beurtheilung vorgelegt, und diese haben sie

mit ihren Randglossen versehen. Die Beurtheiler heißen
— Eduard Devrient und F. W. Hackländer; so haben
auch ihre flüchtigen Bemerkungen Interesse. Bald hat
Dingelstedt die Handlung skizzirt (wie bei dem Drama
„Chenier", das ihn sehr beschäftigt zu haben scheint), bald wird
nur das Hauptmotiv festgehalten (wie bei dem Entwurfe
„Der Ungar und sein Kind": Gegensatz der Volksthüm=
lichkeiten innerhalb des österreichischen Kaiserstaates), meist
nur der Titel oder ein Schlagwort vermerkt, so: Ludwig
der fromme (ein deutscher Lear), Florian von Geyer
(Bauernkrieg), Catilina (classischer Spiegel für moderne
Zeit; in Cicero die Uebermacht des Wortes), der deutsche
Figaro (ein Barbier als politischer Agitator; Satire auf
{848), ein politischer Faust, der die Freiheit sucht, und
andere mehr. Immer hat Dingelstedt, wie aus der Wahl
dieser Stoffe ersichtlich, der „Kampf der Zeit, ihr Satz und
Gegensatz gereizt." Aber es war eben nur ein Reiz, eine
Anregung, die in einigen hingeworfenen Worten, einem
geistvollen Meinungsaustausche mit künstlerischen Freunden
ihr Genüge fand. Den Blick für die Zeit, diesen Blick,
der ebenso die Gottesgabe des Dichters wie des großen
Politikers ist, hatte Dingelstedt wohl. Er mußte die aus=
einanderliegenden Verhältnisse rasch zu vereinigen und in
einem Bilde zu fassen. Aber dieses Bild mit der Kraft
des Innern durchzuarbeiten, das lief seiner Natur entgegen.
Wie im Leben von Plan zu Plan, so trieb es ihn auch
in der Kunst von Entwurf zu Entwurf. Dingelstedt hat
selbst versucht, sein Selbstporträt zu entwerfen, in dem
Roman „Sieben Jahre", der ebenfalls ein Fragment ge=

blieben. Mit diesem Roman, der im Jahre 1802, zur Zeit des Königs Jérôme hätte spielen sollen, hat sich Dingelstedt fast sein ganzes Leben hindurch getragen. Seine Vorliebe für jene Zeit finden wir begreiflich. War sie doch seinem ganzen Wesen sympathisch, jene Zeit des Kosmopolitismus, des strebenden, siegreichen Ehrgeizes, der Welteroberung durch den Adel des Talents, nicht durch den der Geburt. Dingelstedt war immer und vor Allem Kosmopolit, nicht nur als Nachtwächter. Er ist zu einer Zeit geboren und hat zu einer Zeit gelebt, die aber vor Allem Concentration verlangte, Concentration nach Innen, Abwehr nach Außen, deren Männer nicht daran dachten, Bürger der Welt, sondern Bürger des Reiches zu sein. Daher die Mißverständnisse, Ungerechtigkeiten und scheelen Urtheile, die Dingelstedt sein Leben lange nicht erspart blieben. Dingelstedt war ein Nachkomme jenes Weltbürgerthums, wie Goethe es sich dachte, und ein Vorläufer unserer Zeit, die alle Grenzen verwischt und aufhebt im Weltreiche des Geistes.

Dingelstedt's weitausschauender Blick war es auch, der ihn zum Bühnenleiter in so hohem Grade befähigte. In der deutschen Theater-Geschichte steht sein Name ehrenvoll verzeichnet. Thaten wie das Gesammtgastspiel in München, die Aufführung von Hebbel's Nibelungen-Trilogie in Weimar, die Shakespeare-Woche (April 1875) in Wien haben diesem Namen hellen Glanz gegeben. Dingelstedt hat unendlich viel für die Einbürgerung Shakespeare's auf der deutschen Bühne gethan; wenn seine Bearbeitungen Shakespeare'scher Stücke auch nicht in allen Punkten von Erfolg gekrönt waren, so gilt trotzdem von ihnen, was

Ludwig Speidel gelegentlich jener unvergeßlichen Aufführungen der Königsdramen schrieb: „Man sieht doch
immer den von Shakespeare erfüllten Menschen, man
merkt doch den Dichter heraus, der den Dichter wieder-
empfindet." Damals, um noch einmal mit den Worten
Speidel's zu reden, „wuchs das Burgtheater unter seinen
Händen. Es schien sich nach der Länge seines Directors
zu strecken." Die Kunst der Inscenirung, die Plastik der
Bühne hat Dingelstedt dem Burgtheater vermacht. Er
hat als Lenker des ersten deutschen Schauspielhauses sich
nur an das gehalten, was er einmal bezüglich seiner
„Bilder aus Hessen-Kassel" (erschienen in Lewald's „Europa"
1836) an General v. Bardeleben geschrieben: „Mein
Hauptbestreben ging dahin, allen Zuständen hier ein ge-
meinschaftliches Maß aufzufinden, alle Radien in einem
Brennpunkte zu vereinigen und aus einer Anschauung
verschiedene Gruppen zu construiren."

Mit der Herausgabe des Nachlasses, der dieses Bild
so klar vor unser Auge gestellt, hat Rodenberg dem ge-
schiedenen Heimatsgenossen einen litterarischen und einen
Freundschaftsdienst erwiesen. Gleichzeitig hat aber Rodenberg auch gezeigt, wie überhaupt ein Nachlaß zu ediren
ist, damit er seinen litterargeschichtlichen Zweck erfülle.
Nicht mit dem Zusammentragen von Blättern und Blättchen,
Interessantem und Belanglosem ist uns gedient. Wir
müssen die Zusammenhänge ersehen können, die all' dies
mit Zeit und Leben des Dichters verknüpfen. An den
richtigen Platz gestellt, mag da auch das Unscheinbare
charakteristische Bedeutung gewinnen. So hat es Roden-

berg verstanden, die einzelnen Stücke des Nachlasses, auch
wenn dieselben keinen hohen litterarischen Werth bean=
spruchen, zu einem Ganzen zu verbinden. Er hat mit
seinen „Randbemerkungen" keine Biographie liefern wollen,
sondern die verständnißvolle Uebersicht eines Lebens und
eines Schaffens.

Dieses Verständniß ward ihm dadurch erleichtert, daß
er in vielen Dingen eine Dingelstedt verwandte Natur ist.
Liebenswürdigkeit, frische des Tones, Treue der Em=
pfindung hat er mit diesem gemeinsam; wie dieser liebt
er sein braves Hessenland, wie dieser nennt er die Welt
seine Heimat. Und wie dieser weiß er mit raschem Blicke
Zeit und Menschen zu überschauen. Manchmal aber auch
hat das Herz des freundes statt des Auges gesprochen . . .

Nicht den Dichter Dingelstedt, den Menschen Dingel=
stedt hat das Buch erhöht. Das wollen wir ihm danken.

———

Aus dem Nachlasse Berthold Auerbach's.

(„Dramatische Eindrücke.")

In seinem als Charakteristik des Dichters wie des Menschen gleich bedeutenden und mustergiltigen Aufsatze über Berthold Auerbach hat Erich Schmidt das Leitmotiv für die Beurtheilung der Persönlichkeit wie des dichterischen Werkes in des Poeten eigenen Worten gefunden: „Der leichtlebige lustige Musikant von mütterlicher und der ernst vornehm grüblerische Rabbi von väterlicher Seite, das ist eine seltsame Mischung!" Er hat diese zwei Seiten seines Wesens in ihren Ausdrücken und Spiegelungen, im Conflict ihrer Gegensätze und in ihrer Vereinigung durch die Gnade der Poesie überall aufgezeigt und mit ihrer Hilfe das Bild ihres Eigners scharf umrissen. Keiner, der kritisch an die Betrachtung Berthold Auerbach's herangeht, kann diese Grundzüge seiner Artung verkennen. So hat auch Frenzel von der Verschmelzung eines naiven, idyllischen Dichters mit einem nachdenklichen, grüblerischen Talmudisten gesprochen, und so haben die Freunde und Feinde des Poeten bald ihr Lob auf die eine Seite, bald ihren Tadel auf die andere Seite gestützt.

Man könne faſt ſagen, daß der Philoſoph die ſtärkere
Natur in Auerbach's Weſen bildete. Von Reflexionen
ging er aus, und zur Reflexion kehrte er immer wieder
zurück. Jedes Ereigniß lockte ihn zu philoſophiſcher
Gedankenfolgerung, gewann erſt Werth, wenn er es im
Reflexlichte dieſer Betrachtung ſah. Solche Art des
Schaffens und des Denkens mußte nothgedrungen
dem Dichter bei dramatiſcher Arbeit ſtörend im Wege
ſtehen. Andererſeits half es ihm bei der Beurtheilung
dramatiſcher Kunſt und dramatiſcher Erzeugniſſe zu einer
reichen Fülle werthvoller Ideen. Dies beweiſt der Band,
der aus ſeinem Nachlaſſe erſchienen iſt.*) Es ſind Tage=
buch=Aufzeichnungen, niedergeſchrieben, wenn Auerbach eben
aus dem Theater kam oder gerade ein intereſſantes Buch
weggelegt hatte. Die friſche Unmittelbarkeit des Ein=
druckes giebt dieſem den Charakter. In den Urtheilen
über Dramen und Poeten iſt Manches übereilt und ver=
fehlt, in den Gedanken über das Weſen des Dramas
Manches von der Schlagkraft der plötzlichen Eingebung,
die dem raſch denkenden Kritiker im Theater mit Blitzes=
ſchnelle das Geheimniß der Bühnenkunſt entſchleiert.
Man kann förmlich beobachten, wie Auerbach harrend
und ſehnend vor dieſem Geheimniſſe ſteht, ängſtlich be=
dacht, wenn ein Zipfel des Schleiers ſich lüſtet, mit allen
Kräften den wunderthätigen Schatz zu faſſen, der dahinter
liegt. Er forſcht nach den Geſetzen des Dramas, um ein

*) „Dramatiſche Eindrücke." Aus dem Nachlaſſe von Berthold
Auerbach. (Herausgegeben von Otto Neumann-Hofer.)
Stuttgart, Cotta, 1893.

21*

eigenes in ihren Schutz zu stellen; er wendet alle Beobachtungen, die er an fremdem Schaffen macht, an sein
Werk, um über die eigenen Fehler und Vorzüge Klarheit
zu gewinnen. In seltsamem Gegensatze zur Freudigkeit
und zur Zuversicht, mit der Auerbach stets von Neuem an
dramatische Arbeiten geht, erscheint die strenge Kritik, die
er an seinen Stücken übt, wenn er sie auf der Bühne
erblickt. Und immer wieder strebt Auerbach zur Bühne.
Jubelnd verkündete er es seinem treuen Vetter Jacob,
wenn er ein neues Drama entworfen, wenn er es vollendet hat. So oft auch sein Weg in die Irre geht, er
beginnt ihn mit dem alten Optimismus von Neuem.
Mißerfolge, die Selbsterkenntniß, daß diese nicht ganz
unverdient gewesen, üble Behandlung seitens der Kritik
schrecken ihn nicht ab. Er sagte einmal in Stuttgart zu
Feodor Wehl, nachdem ihm just von der Kritik recht
übel mitgespielt worden war: „Ja, sehet Sie, lieber
Freund, mir ganget's mit dem Dramenschreibe wie jenem
Säufer, den man vom Trinke hat heile wöll'n und des-
wege ebbes galligs in's Gläsel that. Hm, hm, meinte
er, als er es leerte, der Wein hat ä Geschmäckle, aber
soffe wird er do!" Immer ist es der eine oder der
andere Dramenstoff, der ihn beschäftigt und von dem er
sich die endliche sieghafte Eroberung der Bühne verspricht.
Als Jüngling wollte er eine Tragödie, „Sand's Tod,"
eine Art deutschen Hamlet's, schreiben. Die tragischen Gestalten Kepler's und Judas Ischarioth's beschäftigten ihn
bis an sein Lebensende. Das Trauerspiel reizt ihn vor
Allem, da er findet, daß er zum Lustspiel weniger passe.

Man kann in seinem Briefwechsel mit Jacob diesen Kampf mit den Stoffen und der Bühne verfolgen. Besonders einmal scheint es, daß er mit der Gewißheit des Sieges in den Kampf zieht. Das war Anno 1878 zu Berlin, als er eines Abends einen Stoff mit Adolf Wilbrandt bespricht und dieser ihm, wie Auerbach berichtet, das „beglückende Wort" zuruft: „Dieser Stoff ist dramatisch geboren!" Ueber diesen Stoff, der mit so großer Begeisterung ergriffen und scheinbar gleich wieder fallen gelassen wurde — man begegnet nirgends mehr seiner Spur — schrieb mir jüngst Adolf Wilbrandt: „Auerbach hatte damals einen Roman: „Das Waldhaus," in der Handschrift vollendet, oder war nicht mehr weit davon; er wünschte aber ein Schauspiel daraus zu machen, und an jenem Abend erzählte er mir den Inhalt des Romanes, Buch für Buch, um meine Meinung zu hören, ob ich es für ein „geborenes Schauspiel" halte. Ich sagte endlich: Ja! Das zu dramatisiren wäre nicht schwer und nach meinem Eindrucke denkbar; während Sie erzählten, hat sich's schon in mir, Act für Act, gebaut. Er war sogleich Feuer und Flammen, zog den Rock aus, setzte sich in Hemdärmeln hin, schrieb: „Erster Act, erste Scene" und verlangte nun (ganz nach seiner Art): „Sagen Sie — fangen Sie an!" Kurz — eine oder zwei Stunden später stand der Plan, der ganze, von ihm und von mir im Plaudern und halben Dictiren gemacht, als Rohbau, in Auerbach's persönlicher Kurzschrift auf großen Bogen Papier; und er irrte dann in kindlicher, bacchantischer Freude durch das Zimmer umher,

faß auf Tischkanten, sang; endlich fuhr er noch, da er
„doch keine Ruhe fand", mit mir durch den Thiergarten
bis zu meinem Gasthofe — damals fest entschlossen, wie
es schien, aus dem Roman ein Drama zu machen. Er
kam dann doch nicht dazu; warum, wüßt' ich nicht zu
sagen. Ich verließ Berlin bald; als ich etwa nach
Jahresfrist wiederkam, war der Roman erschienen, er
verlangte aber von Neuem, daß ich ihn bei der Drama=
tisirung berathen solle, die er keineswegs aufgegeben
hatte; jenes erste Feuer war aber doch dahin. Viel=
leicht wäre es lebendig geblieben, wenn ich in Berlin
gelebt hätte, wo ich doch immer nur als Zugvogel
erschien."

Doch was der „leichtlebige Musikant" an Dramen
schrieb, der „grüblerische Rabbi" saß strenge darüber zu
Gerichte. Und aus dem Innern seines Herzens quoll der
Weheruf: „O, wenn ich das Theater hätte packen können!
Was nützt aber Wissen von den Bedingungen des echten
Volksstückes? Machen muß man's können!" Dieses
Wissen von den Bedingungen des Dramas sucht er in
seinen „Dramatischen Eindrücken" zu ergründen, freilich
um am Ende zu dem traurigen Schlusse zu kommen:
„Der Calcül macht kein Kunstwerk, Pectus facit verum."
In dieser dramaturgischen Grübelsucht, in diesem ewigen
Umackern des Bodens, in dem er die Keime zu seinem
Stücke heranreifen lassen wollte, berührt sich Auerbach mit
seinem großen Freunde Otto Ludwig. Auch in seinen
Anschauungen über das Wesen der dramatischen Kunst
läßt sich eine auffallende Uebereinstimmung mit dem Ge=

dankengange von Ludwig's dramaturgischen Aphorismen
constatiren. Der intime Verkehr, der lebhafte Gedanken-
austausch, in dem die beiden Dichter standen, das gemeinsame Sehnen nach dem idealen Bühnenwerke, erklären
dies zur Genüge. Bei Ludwig strebt jeder Gedanke zur
concisen, knappen Fassung, indeß Auerbach sich nicht der
auf ihn eindringenden Reflexionen erwehren kann, die mit
ihrem verschlungenen Rankenwerke oft den eigentlichen
ideellen Kern ganz umspinnen und verhüllen. Man kann
zu jedem Fundamentalsatze Auerbach's die Parallelstelle
bei Ludwig finden. So wenn er sagt: „Eine Hauptkraft
des Dichters, die als Wohlgefühl auf den Zuschauer
übergeht, besteht darin, daß wir gleich in der ersten Scene
wissen, wie Alles wird und werden muß, und doch wieder
überrascht sind von den Wendungen und Windungen im
Einzelnen und immer wieder in Furcht und Hoffnung
schweben, daß bald der Held, bald die Heldin die ange-
nommene Rolle nicht durchführen kann." Otto Ludwig
bespricht, von demselben Standpunkte ausgehend, die Erwartung im Drama: „Je früher die Erwartung des
unglücklichen Ausganges erregt wird, je früher die Möglichkeit eines glücklichen Ausganges verschwindet, desto
milder wird die tragische Stimmung. Die Personen dürfen
hoffen, der Zuschauer nicht; er muß immer wissen, daß
diese Hoffnungen und die Anstrengungen der Personen, sie
zu realisiren, vergeblich sind." Wenn Auerbach behauptet:
„Die echte Tragödie muß in jeder Zeit spielen können,"
wenn er als erstes Erforderniß des Dramas die stricte
Fabel hinstellt, die sich in wenigen Zeilen als Conflict

und Handlung erzählen laſſen muß; wenn er gelegentlich
ſeines „Andreas Hofer" (eines Stoffes übrigens, der für
die Epiker, die nach dramatiſchem Lorbeer ſtreben, einen
beſonderen Reiz hat) erkennt, daß nicht auf dem bloßen
Geſchehniſſe, ſondern auf der That das Schwergewicht des
Dramas liege; wenn er das Typiſche betont wiſſen will
und vor allzu großer Individualiſation warnt; wenn er
ſagt: „Das Mitleid mit der paſſiven Tugend hebt zugleich
die Theilnahme für den Träger auf — das Mitleid mit
der activen Tugend erweckt unſere höhere Sympathie," ſo
iſt's uns immer, als hörten wir den Widerklang eines
Geſprächs mit Otto Ludwig; manchmal glauben wir
auch Auerbach's milde Art mit Ludwig's puritaniſcher
Strenge im Streite zu ſehen, ſo z. B. in den oben ange=
führten Sätzen, wo der Eine dem Zuſchauer die Hoffnung
läßt, der Andere ſie ihm verbietet.

Auerbach kennt ſeine eigenen Fehler, die ihm dra=
matiſche Erfolge verſagten. Gelegentlich des „König
Lear" ſchreibt er einmal: „Shakeſpeare iſt auch darin
der größte Künſtler, daß er es verſteht, zu zeigen, was er
wollte, die Reflexion in die Perſon und Handlung zu
verarbeiten. Das kann man von ihm lernen; ich beſonders."
Auerbach liebt es, mit klugen Worten über ſein Erbübel,
die Reflexion, Betrachtungen anzuſtellen, ſo einmal nach
Freytag's „Journaliſten": „Gerade wie in der Schiller'ſchen
Tragödie der pathetiſche Held über ſich reflectirt und über
ſich den Chorus ſpielt, ſo reflectirt hier der humoriſtiſche
Held über ſich und ſpielt den Narren über ſich, der ja
auch eine Art Chorus iſt."

Aber so feine und weise Bemerkungen er zur dra=
matischen Technik im Allgemeinen zu machen weiß, so
sehr verläßt ihn oft die Besonnenheit des Urtheils angesichts
des einzelnen Falles. Der Affect siegt über die Ueber=
legung, das sanguinische Temperament verleitet ihn zu
Aussprüchen, die maßlos sind im Lobe und in der Ver=
urtheilung. Seine schrankenlose Bewunderung Goethe's
dictirt ihm die Bemerkung: „In Tasso ist eine weisheits=
volle Offenbarung, gegen die, nach meiner Ansicht, Aeschylus
und Sophokles dürftig und, ich möchte sagen, vergänglich
erscheinen." Hebbel haßt er mit wüthendem Ingrimme.
Den Eindruck, den er von „Maria Magdalena" empfängt,
schildert er: „Nie ist ein frevelhafterer Mißbrauch mit
der Dichtkunst getrieben worden, als in diesem Machwerk.
Und das wird als grandios gepriesen, weil es der gesunden
Vernunft Faustschläge in's Gesicht giebt." Und ein ander=
mal schreibt er: „Hebbel und Richard Wagner imponiren
dadurch, daß sie den Widersinn genial aufzubauschen ver=
stehen." Er ringt sich nur schwer zur Achtung Grill=
parzer's durch. Erst „Esther" zwingt ihm diese ab,
nachdem er gesteht, daß er bisher nicht anders konnte,
„als die antikisirenden Dramen Grillparzer's wie nachge=
machte Antike in Stearin zu betrachten, in einem bröcklichen,
aus dem Sud erkalteten Material". Im „Ottokar", im
„Traum ein Leben" findet er endlich den Dichter, wenn=
gleich gerade bei letzterem Stücke seine Grübelsucht allen
Schimmer des Märchenspieles zerstört. Zu Anzengruber
vermag er gar keine Stellung zu nehmen. Er schwankt
haltlos zwischen Lob und Tadel, manchmal von der echten

Dichterkraft hingerissen, manchmal sich dem Verdachte hingebend, als werde diese Dichterkraft vom „Theatralischen", von der „Mache" unterjocht. Er fühlt den ursprünglichen Volkspoeten in ihm, fast widerwillig zollt er dem Bewunderung, den er nicht ganz versteht. „Und schließlich ist er ehrlich genug, zu bekennen, daß er Unzengruber Unrecht gethan, daß Unzengruber „ein Dichter ist und ein echter dramatischer Dichter und Kenner des Volksthums und der besonderen Psyche im Bauernleben, wie ich nur noch Jeremias Gotthelf kenne".

Auerbach war in seiner Weise Realist. Er strebte zur Wahrheit und zur Natur. Einmal schrieb er an Vetter Jacob: „Wenn ich nur das machen könnte, was mir im Geiste ruht, ich meine: die Naturwahrheit stilisiren, die Realistik folgerecht in die reine Kunsthaltung heben." Und immer wieder versenkte er sich, um dies zu üben, in die dichterische Anschauung der Landschaft, des Waldes vor Allem. Dabei kam ihm die Erkenntniß: „Das Naturleben hat nichts Dramatisches. Das dachte ich so heute bei mir, durch die Felder schlendernd, und da setzte sich der Gedanke weiter fort: Die dramatischen Dichter, das heißt, die recht dramatisch sehen, haben keinen Natursinn: so Lessing, so Schiller. Anders dagegen Goethe. Aber Shakespeare? Freilich, bei diesem hört alle Regel auf." In Auerbach war der Natursinn das künstlerisch Schaffende.

„Künstler ist der," sagt Spielhagen in seiner Gedächtnißrede auf Auerbach, „welcher, um seine innere Welt zu äußern, das heißt um die Eindrücke, die Empfindungen

und Gedanken, welche der Contact mit der Welt in ihm
erweckt und entstehen läßt, wiederzugeben, des Gleichnisses
bedarf." Die Gleichnisse strömten Auerbach in unerschöpf=
licher Fülle zu. Nur ein echter Künstler konnte den Ein=
druck, den beispielsweise „Viel Lärm um Nichts" in ihm
hinterlassen, in eine so dichterische Form fügen, mit der
Kraft und der Schönheit der Gleichnisse, im Gemüthe des
Lesers die Wirkung hervorrufen, als hätte dieser selbst dem
köstlichen Spiele, wo „Phantastik, Realismus und Clownis=
mus sich mischen," beigewohnt. Glücklich faßt er den Ton
des Stückes in Bild und Wort: „Welch' eine glückselige
Champagnerlaune ist hier gestaltet! Das knallt, das perlt,
schäumt und kitzelt und spielt die ganze Tonleiter des be=
rauschten Lebens ab, der böse Zechgenosse macht Zerwürf=
niß und stiehlt sich weg, und die Personen sind die Ver=
treter der wechselnden Stimmungen beim Trunke. Da
sind die Lyrik und der schnalzende excentrische Humor, die
vorüberklingende Elegie und der derbe Blödsinn zu Personen
geworden: eine Person ist der Blick, der träumerisch in's
Glas sieht, eine andere ist die Bewegung, die es hochschwingt
und austrinkt, und eine andere das vor Urbehagen sich
wälzende Gelächter, und wieder eine andere die halb be=
wußte, halb unbewußte Verdrehung seiner eigenen Gedanken
und Worte, wobei man nicht mehr weiß: sind die Ge=
danken im Glas oder im Kopf?" Ein Bild folgt dem
andern, die Gleichnisse reichen einander die goldenen Eimer,
und es ist, als wäre der Born unergründlich, aus dem sie
schöpfen.

Doch hinterläßt dieser Band aus Auerbach's litte=

rarischem Vermächtniß, mag man sich auch an vielen Schön-
heiten erfreuen, durch Vieles zum Nachdenken angeregt
werden, keine reine Empfindung, wenn man ihn aus der
Hand legt. Dieses Mühen um etwas Unerreichbares, das
darin sich spiegelt, verstimmt Einen. Man fühlt sich wie
auf fremdem Boden und empfindet wie ein Heimweh nach
des Dichters eigenster Scholle, wo die Buchen rauschen und
die Linden blühen.

Aus dem Nachlasse Keller's*).

In einem stattlichen Bande hat Professor Bächtold den Nachlaß Gottfried Keller's vereinigt und uns als köstliche Gabe auf den Tisch gelegt. Er hat sorgsam die zerstreuten Aufsätze und Arbeiten des Meisters, wie sie da und dort in Zeitungen, in Zeitschriften und Almanachen erschienen sind, gesammelt, und wenn auch diese Opuscula kritischer, novellistischer und politischer Natur uns ihren Verfasser von keiner neuen Seite zeigen, so lassen sie doch das volle Licht ihres Humors, ihres Geistes und ihrer schlichten Herzensanmuth auf Denkart und Kunstweise des Dichters fallen.

An gänzlich Unbekanntem bietet der Band nur ein Stück, und dieses wird wohl das Interesse des Lesers in erster Linie auf sich ziehen. Es ist der Entwurf zu einem Trauerspiel: „Therese".

Keller hat sich Zeit seines Lebens mit allerhand dramatischen Plänen getragen, und seine Freunde ahnten oder wußten es. Als einmal C. F. Meyer Keller be-

_____

*) Gottfried Keller's „Nachgelassene Schriften und Dichtungen". Berlin, W. Hertz, 1893.

suchte, kam dieser auf das Drama zu reden und „sprach
sehr kluge Dinge, wie ich meine, die ich aber nicht ver-
nahm, da ich plötzlich damit mich zu beschäftigen begann,
ob dieser seltene Mann die höchste Form der Kunst, von
welcher er selbst mit einer gewissen Inbrunst sprach, vielleicht selbst einmal in's Auge gefaßt habe". Dies hat
wirklich Meister Gottfried schon sehr, sehr früh gethan.
Wie er in seiner Autobiographie (zuerst in der „Gegenwart" anno 1876 erschienen) erzählt, war er mit dreizehn
Jahren ein eifriger Dramaturg. Er verfaßte Puppen-
spiele, Teufels- und Höllenkomödien, die er auf einem
selbstgefertigten, mit selbstgemalten Decorationen ausstaffirten
Bühnchen in Scene gehen ließ. Mit vierzehn Jahren
reifte in seinem Kopfe der Plan zu einem „Herzog
Bernhard von Weimar", und zwei Jahre später, als er
schon Kunstschüler war, verlockte ihn „Emilia Galotti"
zu einer crassen Nachahmung: „Alle Gestalten, der Fürst,
der Höfling, die Maitresse u. s. w. fanden sich vor. Nur
war der Vater des virginischen Opfers ein furchtbar
ernster Historienmaler mit republikanischer Gesinnung und
Wittwer, so daß er ganz allein über die Tochter wachen
mußte. Indem mein Marinelli dem Fürsten den furchtbar ernsten Charakter des Alten beschrieb, hielt er ihm
einen ziemlichen Vortrag über den Unterschied zwischen
der Historien- und der Landschaftsmalerei, wie diese ein
sorgloses, lustiges Völklein hervorbrächte, während jene
nur von düsteren, wo nicht blutgierigen Graubärten be-
trieben würde, mit denen sich nicht spaßen ließe. Wenn
das traurige Manuscript mir später in die Hände fiel, so

war dies die einzige Stelle, welche mir einige Fröhlichkeit
erregte." Man hegte die Hoffnung, in Keller's hinter=
lassenen Papieren so manchen Dramen=Entwurf späterer
Jahre zu finden, hatte er doch wiederholt von diesem oder
jenem Stoffe gesprochen, von einer „Agnes Bernauerin",
einem „Johann von Schwaben", einem „Savonarola",
von einem Lustspiele: „Im Irrenhause" u. A. m. Da
aber Keller zu seinen Arbeiten wenig Aufzeichnungen
machte, sondern es liebte, sie fast bis zu ihrer Reife und
Vollendung im Kopfe herumzutragen, darf es Einen nicht
wundern, daß sich von all diesen Plänen so gut wie
Nichts vorfand. Nur das Rohmaterial zu dem Drama
„Therese" liegt vor, das der Dichter, als er in Heidelberg
(1849) und in Berlin (1851) studirte, angefangen hatte.

Das Motiv des Dramas fand Keller in der Ge=
schichte der eigenen Familie. Es behandelt das Problem
des Mannes, den zwei Frauen lieben, Mutter und Tochter.
Das Charakterbild der Frau Therese, die in der friedlichen
Ruhe ihres Daseins mit des Herzens und des Lebens
Kämpfen längst abgerechnet zu haben scheint, und über
die nun plötzlich die elementare Sturmgewalt der Sinne
hereinbricht und sie in Conflict mit ihrem ganzen Wesen
bringt, dem eigenen Kinde als Nebenbuhlerin gegenüber=
stellt, verlockte ihn. Zuerst beabsichtigte Keller, das Drama
in ein pietistisches Milieu zu bringen, in dem jungen
Manne einen Missionär zu zeichnen, der unter der Maske
eines liebenswürdigen Schwärmers einen heuchlerischen
Egoismus verbirgt. Später trat das pietistische Moment
zurück, und Keller trug sich mit dem Gedanken, es ganz

aufzugeben und durch ein wirkſameres zu erſetzen: „Ein
plaſtiſches äußeres Motiv muß die Handlung tragen. Die
Lage des Landhauſes an einem gefährlichen Fluſſe
(während ſie ſonſt ſonnig, fruchtbar und geſegnet iſt) kann
hierzu mitwirken. Eine drohende Frühlingsüberſchwem-
mung, welche abzuwehren iſt, begründet die Expoſition.
Notharbeiten, Hilfsbegehren und Verwirrung aller Art
treffen zuſammen und geben der Heldin Gelegenheit, ihre
Geiſtesruhe und Thatkraft, ihr ſicheres Urtheil zu zeigen.
Der Liebhaber wird als Ingenieur am beſten durch das
gleiche Motiv herbeigezogen. Im Moment der Gefahr
begegnet ſeine Ruhe und Ueberlegenheit der ihrigen. Zugleich haben die empörten, reißenden Fluthen des Stromes
etwas Verhängnißvolles. Während der hochgehenden und
drohenden Fluth überfällt Thereſen die Leidenſchaft, die
erſt mit dem Tode in den ruhig gewordenen Waſſern ihre
Erlöſung findet.“ Gewiß liegt in dieſer Idee die dem
Kunſtwerke nöthige tragiſche Kraft des Symbols. Eine
andere Frage iſt es, ob der Stoff ein für das Drama ge-
eigneter iſt. Und das läßt ſich nicht unbedingt bejahen.
Zuerſt ſtellte Keller den Liebhaber als ſchlechten Menſchen
hin, und dann erſetzte er dieſe Figur durch einen edlen
und guten. Dieſe Ungewißheit zeigt den Weg zum Fehler
des Stückes. An der Haltung des Mannes in der ent-
ſcheidenden Kataſtrophe krankt das Problem. Die paſſive
Natur, die unter einer Doppelliebe zuſammenbricht oder,
wie dies Keller andeutet, vor ihr die Flucht ergreift, kann
unmöglich der Held eines Dramas ſein. Im Roman, in
der Novelle wäre der Stoff zu mächtiger Wirkung ge-

kommen. Keller machte öfters Andeutungen, daß er die
Absicht habe, angefangene Dramen novellistisch auszu-
arbeiten. Vielleicht hatte er dabei auch „Therese" im
Auge. Es ist interessant, daß in letzter Zeit Guy de
Maupassant dasselbe Problem in seinem Roman „Fort
comme la mort" behandelt und daß ihm bei der Wahl
dieses Titels dieselbe Bibelstelle (aus dem Prediger
Salomo) vorschwebte — „Die Liebe ist stark wie der Tod
und Eifersucht fest wie die Hölle" — auf der Keller die
Schlußscene seines Stückes aufgebaut.

Die beiden letzten Acte hat Keller zum Theile ausgeführt. „Im Allgemeinen wußte ich nie Etwas mit
Sicherheit vorher als den Schluß," sagte er einmal zu
Adolph Frey. In der Art der Ausführung widerspricht
freilich die Anwendung seines Grundprincips: „Wahrheit
in Fülle zu sagen," den Geboten der dramatischen Knapp-
heit und Geschlossenheit. Die Reden seiner Personen sind
bei aller großen poetischen Schönheit zu langathmig, sie
fließen über die Grenze des Dramatischen hinüber in's
Lyrische. Die Scenenführung läßt die straffe, gedrungene
Composition, die energische Schürzung des Knotens, Dinge
die auch Keller's Novellen nicht eigen sind, überall ver-
missen.

Wenn dermaßen auch Keller als praktischer Dramatiker ein Platoniker blieb, so war er doch immer, wenn
er vom Drama sprach, ein Mann von kritischer Einsicht
und tiefem Verständnisse. Professor Bächtold theilt auch
die Gedanken mit, die dem Dichter bei der Beschäftigung
mit dem Trauerspiel gekommen: „Er hatte nämlich die

Ueberzeugung gewonnen, daß es bei einem rechten Bühnen,
stücke weniger auf Ueberraschungen und künstliche Ver=
wickelungen ankomme, als auf die vollständige Uebersicht
des Zuschauers über die Verhältnisse und Personen. Der=
selbe soll mit dem Dichter sehen, wie Alles kommen
müsse; er müsse vollkommen klar die Gegensätze und
Situationen durchschauen, welche den betheiligten Personen
selbst noch verborgen sind, oder welche zu beachten sie im
Drange der Handlung keine Zeit haben. Als die reinsten
dramatischen Erschütterungen betrachtete Keller diejenigen,
welche stufenweise schon vorher empfunden und vorausge=
sehen worden sind." Diese Anschauungen erscheinen uns
um so bemerkenswerther, als sie sich völlig mit den Prin=
cipien decken, die Otto Ludwig in seinen „Dramaturgi=
schen Aphorismen" entwickelt und mit Recht als Grund=
lage tragischer Kunst bezeichnet hat.

Wiederholt benützte Keller die Gelegenheit, vom
Drama, diesem „erhöhten Spiegelbilde des Lebens", zu
reden. Am eindringlichsten that er dies in seinem Auf=
satze: „Am Mythenstein" (1860). Da plant er eine
Wiedergeburt der dramatischen Kunst aus dem Schoße
des Volkes. Schützen= und Gesangsfeste sollten zuerst den
Anlaß geben zu volksthümlichen dramatischen Spielen.
Aus den Aufzügen, wie sie ja bei solchen Veranstaltungen
üblich sind, aus den Wett= und Wechselgesängen der Sänger=
chöre könnte sich eine Art nationaler Oratorien und im
Laufe der Zeit eine neue dramatische Kunst entwickeln.
In diesen großartigen Plänen sympathisirte Gottfried
Keller mit seinem Freunde Richard Wagner und ahnte

jene Zeit voraus, wo der Ruf nach Volksbühnen und Volksdramen allgewaltig sich erheben würde.

Der Aufsatz „Am Mythenstein" ist bemerkenswerth durch die hohe Vollendung seiner Diction. Er ist ein Musterstück Keller'scher Prosa. Keller's Technik dichterischer Landschaftsmalerei läßt sich an ihm mit Nutzen studiren. Er setzt nicht Farbe an Farbe, Strich an Strich, sondern zeigt uns den Eindruck, den seine Phantasie von der Außenwelt empfängt, und mit dem behaglichen Ausspinnen dieser Eindrücke zieht er unser Auge und unser Gemüth in den Kreis seiner Betrachtung. Der Duft, der um die Dinge liegt und der die Stimmung heißt, setzt sich bei ihm in Gefühlstöne um, und diese werden durch die Vorstellungen, mit denen der Dichter sie verbindet, dem Leser übermittelt. So kommt es, daß die Farben seiner Schilderungen um so glanzvoller erscheinen, je stärker die Vorstellungskraft des Lesers sich erweist. Und so preist Otto Ludwig (in einer in seinem Nachlasse gefundenen Besprechung von Keller's „Romeo und Julie auf dem Dorfe") „das tiefe und glühende Giorgionische Colorit, die compacte Tizian'sche Leiblichkeit der Keller'schen Novelle".

Keller's Phantasie liebt zuweilen ein seltsames Tänzchen. Sie ähnelt darin der schöpferischen Kraft Böcklin's, in dessen Gemälden man unschwer manchen dem Dichter verwandten Zug entdecken mag. Der treue Geleiter von Keller's Phantasie, der die Pfade erklärt und am Kreuzweg entscheidet, der den Meister stillestehen oder weiterschreiten heißt, ist der Humor. Es ist ein Humor der Wahrhaftigkeit. Er hält die Wünschelruthe,

22*

die ihm sagt, wo unter menschlichen Fehlern und Gebresten
eine Ader echten Goldes, lauterer Wahrheit läuft. Der
Mann, der beschaulich in seinem Winkel sitzt und hellen
Auges in's Freie schaut, wobei huschende Sonnenstrahlen
tausendfältig ihm um Aug' und Lippen spielen, ist ein
„Wissender"; und wenn es ihm Ernst wird in seiner
Rede, dann flammt dies sein Wissen auf, weithin leuchtend
wie zehrende Lohe. Mit ihr möchte Keller vernichten,
was er haßt, und er haßt vor Allem die Lüge, in welcher
Form sie ihm auch begegnet. Darum macht er auch
Front gegen alles Akademische in der Kunst, wo hinter
leerem Formelwesen Mangel an Kraft und Individualität
sich verbirgt; denn auch die Kunst lügt, wenn sie uns
irgend welches Können und Vermögen vortäuschen will.

Was Keller liebte und zu bilden trachtete, war der
Charakter. Das läßt sich auch aus allen seinen Kritiken
ersehen. Nicht zum Mindesten aus der großen Besprechung
Gotthelf's, die der Nachlaß uns wieder näher bringt.
Gotthelf legte in seinen Dorfgeschichten den Schwerpunkt
nicht auf Liebesconflicte und spannende Erlebnisse, sondern
auf die Schilderung von Charakteren. So that auch
Keller. Es ist nicht die Liebe, die in seinen Romanen
und Novellen die Hauptrolle spielt, es ist nicht die Intrigue,
die unser Interesse erweckt. Das volle Licht fällt auf die
Charakterbildung, Charakter-Entwickelung der Figuren;
nicht für Vorgänge, sondern für Menschen sucht der
Dichter unsere Theilnahme. Der Weg dieser Menschen
führt durch Irrungen und Wirrniß und geht bis zu dem
Punkte, wo der Held wieder auf gerader Straße steht oder,

wo der Dichter dem Leser die Richtung weisen kann. Keller's Menschen sind der Mehrzahl nach überreich mit Phantasie begabt. Manche von ihnen führen ein wahres Doppelleben. Sie träumen mit wachem Auge und ver= wechseln die wirkliche Welt mit der Scheinwelt ihrer Träume. Das Glück, das sie suchen und das sie finden, wenn sie zur Läuterung gelangt sind — ist die Güte! Wer gut ist, ist glücklich, so scheint Keller's Lebensweisheit zu lauten!

Keller kämpft in dem Aufsatze über Gotthelf, den er mit jungen Jahren zuerst veröffentlichte (1849/55), mit Zorn und Eifer gegen dessen kurzathmige Weltan= schauung, gegen den Pfaffen, der immer wieder dem Novellisten über die Schulter guckt und ihm in's Ohr bläst. In reiferen Jahren, wenn Keller, wie dies seine Absicht war, den Aufsatz überarbeitet hätte, würde er freilich diesen Eifer gekühlt, seine Schärfe gemildert haben, nicht etwa, weil sich seine Ansichten seitdem in ihr Gegen= theil verkehrt — es ist wohl übertrieben, anzunehmen, daß Keller aus einem Radicalen ein Conservativer ge= worden — sondern weil er eine höhere Stelle zur Aus= schau erstiegen und statt zu wettern, über Thorheit und Kurzsichtigkeit nur lächelte. Er lächelte allerdings dann auch über seinen eigenen ehemaligen Optimismus, und manchmal war auch sein Lächeln bitter und verdrießlich. Es ist be= wundernswerth, wie Keller mit seinen heftigen Angriffen auf Gotthelf's Denkweise die tiefste Achtung vor dessen Künstlerschaft verbindet. Er sieht in Gotthelf eines der größten epischen Genies aller Zeiten. Die Worte, die er,

Register.

www.ingramcontent.com/pod-product-compliance
Lightning Source LLC
Chambersburg PA
CBHW020240290326
41929CB00045B/953